农业大省的
乡村振兴之路研究

Nongye Dasheng De
Xiangcun Zhenxing Zhi Lu Yanjiu

曹健华　吴厚庆　主编

胡新良　高辉　副主编

人民出版社

目　录

前　言

务农重本，国之大纲。"三农"工作是我国经济社会发展大局中的"压舱石"，解决好"三农"问题，既事关国家大局稳定，也关乎民生发展。在中国革命、建设、改革和新时代各个历史时期，我党始终高度重视"三农"问题，一直把"三农"放在全党工作重中之重的位置。

党的十九大提出实施乡村振兴战略，并写入党章。这是新时代中国特色社会主义建设过程中解决"三农"问题的总抓手，是以习近平同志为核心的党中央着眼于决胜全面小康、建设社会主义现代化强国作出的战略决策。之后，习近平总书记就实施乡村振兴战略作出了一系列重要指示。他强调指出，各地区各部门要充分认识实施乡村振兴战略的重大意义，把实施乡村振兴战略摆在优先位置，坚持五级书记抓乡村振兴，让乡村振兴成为全党全社会的共同行动；实施乡村振兴战略要注意处理好的四个关系，即长期目标和短期目标的关系、顶层设计和基层探索的关系、充分发挥市场决定性作用和更好发挥政府作用的关系、增强群众获得感和适应发展阶段的关系；实施乡村振兴战略要统筹谋划，科学推进，坚持乡村全面振兴，抓重点、补短板、强弱项，实现乡村产业振兴、人才振兴、文化振兴、生态振兴、组织振兴，推动农业全面升级、农村全面进步、农民全面发展；实施乡村振兴战略要尊重广大农民意愿，激发广大农民积极性、主动性、创造性，激活乡村振兴内生动力，让广大农民在乡村振兴中有更多获得感、幸福感、安全感；实施乡村振兴战略要坚持以实干促振兴，遵循乡村发展规律，规划先行，分类推进，加大投入，扎实苦干，推动乡村振兴不断取得新成效；实施乡村振兴战略要建立实施乡村振兴战略领导责任制，党政一把手是第一责任人。习近平总书记关于实施乡村振兴战略的一系列重要指示，系统全面、内涵丰富、博大精深、意义深远，是指导广大干部群众扎实推进乡村振兴工作的行动指南和根本遵循。

在实施乡村振兴战略过程中，农业大省必须担当作为。以湖南省为例，把以人民为中心的工作导向贯穿乡村振兴全过程，将打好脱贫攻坚战与实施乡村振兴战略结合起来，真正使乡村振兴的过程让群众参与、效果让群众检验、成效让群众受益，致力补齐农村基础设施和公共服务短板，不断改善农村民生；把新发展理念贯穿乡村振兴全过程，坚持质量兴农、绿色兴农，以实施"百企千社万户"现代农业发展工程、"百片千园万名"科技兴农工程为抓手，着力打造以精细农业为特色的优质农副产品供应基地；把推进治理体系和治理能力现代化的要求贯穿乡村振兴全过程，坚持走乡村善治之路，突出抓基层打基础，注重现代治理理念、手段和传统治理资源相结合，构建自治为基、法治为本、德治为先的乡村治理体系，促进共建共治共享；把加强党的领导贯穿乡村振兴全过程，坚决落实党管农村工作重大原则，健全完善党委统一领导、政府负责、党委农村工作部门统筹协调的农村工作领导体制，认真落实中央统筹、省负总责、市县抓落实的工作机制，落实五级书记抓乡村振兴的要求，推动农业农村优先发展要求落到实处。

本书主要立足湖南省，就农业大省谱写乡村振兴辉煌篇章进行论述，采用十三章的篇幅，分别阐述了提升农业发展质量、分类推进乡村发展、发展壮大乡村产业、推进乡村绿色发展、繁荣兴盛农村文化、构建乡村治理新体系、提高农村民生保障水平、打好精准脱贫攻坚战、保障乡村振兴制度性供给、夯实乡村振兴人才基础、强化乡村振兴投入保障、坚持城乡融合发展、加强党对乡村振兴工作的领导。通过这样的研究，旨在力求全面、准确地践行习近平总书记关于实施乡村振兴战略的一系列重要指示。

编　者

第一章 提升农业发展质量

由高速增长阶段转向高质量发展阶段是新时代我国经济的阶段性特征。作为国民经济基础的农业，其高质量发展显得尤为紧迫。从目前中国农业发展的情况来看，农产品供给由数量不足转为供给的结构性矛盾，同时农业可持续发展挑战大，我国农业生产发展还面临"舌尖安全"等突出问题，迫切需要加快转型提质升级。因此，推动农业高质量发展既是适应我国社会主要矛盾变化即不平衡不充分发展的必然要求，也是保持农业持续健康发展的必然要求，更是实现乡村振兴战略目标的基础。湖南省作为农业大省，其高质量农业发展的程度，扮演着对国人"舌尖安全"的重要角色，肩负着高质量农业发展的责任。

第一节 "两山"理论引领农业高质量发展

"两山"理论是新时期农业高质量发展的重要指南，树立资源高效、环境安全与高质高效并重的发展观。要转变传统工作方法，由靠行政推动转为注重全社会参与和市场引导，实现从数量优先转向质量第一的战略转化，辅之以从增产导向转到提质导向的政策。

一、"两山"理论是农业绿色发展的重要指南

（一）"两山"理论的内在逻辑

党的十九大报告与习近平同志的"两山"理论辨明了"金山银山"与"绿

水青山"的内在逻辑:"必须树立和践行绿水青山就是金山银山的理念"①,"既要绿水青山,也要金山银山。宁要绿水青山,不要金山银山,而且绿水青山就是金山银山"。②

"两山"理论作为新时代农业高质量发展的重要指南,深刻阐明了经济发展与生态保护之间的辩证关系,同时强调长远利益优于短期利益的发展基调,这种生态哲学观的逐步成熟体现了人们开始跳出自我中心论,寻找一种更朴素的"人"的发展路径,进一步来说,站在人类共同体建设的高度,"两山"理论为全人类的进步提供了朴素逻辑。

(二)"两山"理论的实践价值

"两山"理论经过近年的实践,其创新价值与突破性发展所取得的成绩进一步印证了绿色发展的重大意义。以保护生态为发展前提,坚守可持续发展的底线,既要充分利用资源又要时刻保持对资源的敬畏,在环境资源优势转化为经济发展优势之间寻找动态平衡。当前的生态维护与经济建设实践是建立在充分反思过去几十年经验教训基础之上的全新模式和思路,多维度的"自然—经济—社会—文化"复合型生态经济成为全中国绿色发展理念的底线思维。

二、"两山"理论是农业生态保护的现实依据

(一)农业生态资源脆弱,生态环境问题不可低估

从全国来看主要表现在:一是耕地质量问题日益突出。农田过度利用带来耕层变浅、容重增加、养分效率降低;不合理施肥、耕作、植保等造成耕地生态质量下降,全国耕地点位污染超标率为19.4%。二是农业面源污染及环境恶化。不仅影响农产品质量安全,威胁到人类生存质量,更涉及社会稳定,已经无法回避。三是农业水资源严重缺乏。每年农业生产缺水200亿立

---

① 《习近平谈治国理政》第三卷,外文出版社 2020 年版,第 19 页。

② 《习近平关于全面建成小康社会论述摘编》,中央文献出版社 2016 年版,第 171 页。

方米，农业用水份额已从 1980 年的 88% 下降到目前的 60%；北方地区普遍超采地下水灌溉，华北平原已形成 9 万多平方公里的世界最大漏斗区，三江平原近 10 年来地下水位平均下降 2—3 米。①

湖南省的农业生态环境问题和困难也不小。一是耕地酸化、水体富营养化趋势尚未得到有效遏制，农村人居环境整治覆盖面不广，农业农村污染防治形势仍然严峻。农作物化肥和农药使用量实现零增长到负增长还需加强实施，主要农作物测土配方施肥率比 2017 年提高 4.6 个百分点，达标仍要加油。抓重金属污染耕地修复治理落实工作任务艰巨。二是湖区养殖污染治理，规模养殖场粪污处理设施改造还没有完成。《中华人民共和国环境保护税法》已于 2018 年 1 月 1 日起施行，与全国大部分省份一样，湖南省人大常委会相继审议通过本地区环保税方案，猪场环保面临的问题有如何利用最低代价实现废弃物减量化排放、无公害处理、资源化利用，这将直接影响到规模养猪场自身的效益和生存发展。尽管以 34 个生猪调出大县为重点全省推进畜禽养殖废弃物资源化利用无害化处理中心、65 个收集储存转运中心，但要实现养殖大县病死畜禽无害化处理全覆盖工作仍有压力。非洲猪瘟疫情防控工作也只是得到一定程度控制。目前种植业与养殖业存在脱节，一方面舍弃有机肥而大量使用化肥，而另一方面粪肥还田难，使其没有了消纳的去路而大量累积为养殖废弃物，导致水体污染、空气污浊，影响土壤质量，造成了土地和水体富营养化，严重的将危及人畜的饮水安全和生命健康，种植业在遭受农药和化肥污染的同时降低了土壤的肥力和农产品质量。三是农村基础设施欠账较多，农村环境和生态问题比较突出。据专家分析，环境保护投入占 GDP 的 2% 时，环境污染可以得到基本控制；当其占 3% 时，环境质量会有所改善。然而，湖南环保投入占 GDP 的比重比全国平均水平低 0.25 个百分点，加强农村基

① 参见孙其信：《"两山理论"引领农业科技创新和绿色发展》，中国农业新闻网，2018 年 5 月 26 日。

础设施投入，改善农村环境和解决生态问题还需要付出一定的努力。

（二）以绿色发展理念为引领，普及绿色文化

广泛开展农产品质量安全的各环节教育与培训，让绿色发展理念深入人心，增强全社会农产品质量安全的意识。以农药、兽药、饲料及饲料添加剂等投入品合理使用为重点，加强对生产者、经营者和管理者的培训，提高绿色文明意识，通过培训，使所有从事农药、兽药、饲料及饲料添加剂管理、经营、使用人员能了解合理安全使用投入品的有关知识，指导农民使用合国家强制性标准的农业投入品，选准对口农药和安全用药，建立农业生产档案，帮助经营者增强法律观念，提高依法经营意识。同时，强化生态建设的考核标准，完善考核手段，从政策法规层面对生态文明建设进行系统监督和指导，如《生态文明建设目标评价考核办法》的出台为生态建设与社会经济建设筑牢了底线。

三、"两山"理论是提升农业质量的科学方法

（一）人均农业资源短缺，要求走质量发展之路

有比较就有鉴别。我们的人均农业资源短缺情况别说与美国、澳大利亚等国相比，即便与日本相比，也凸显人均农业资源短缺。至 2019 年，中国人口 14 亿多，日本是 1.28 亿，中国人口是日本的 10 倍多。就国土面积，中国是日本的 25 倍左右。但是中国的国土中西部有 40%是不可用国土，而日本没有沙漠，且海岸线很长，海洋经济区域大，海产品极其丰富。日本对资源保护高度重视，且卓有成效。所以，从人均占有资源上来讲，我们并不比日本有优势，而是人均农业资源短缺。湖南是农业大省，农业省情是"七山一水两分田"，人均不到一亩地，且地形地貌以山地丘陵为主，具有典型的"小农"经济特征，决定了不能走大一统式的规模发展之路，必须走精细农业为特色的优质发展之路。

（二）注重质量发展，增强农业竞争力

与其他产品的市场需求相比，农产品消费者需求有其特殊的要求和规律

性。从农产品的需求结构呈现的阶段性特点来看，随着经济的发展，人们的农产品消费心理，已从 20 世纪七八十年代吃得饱，到 20 世纪 90 年代吃得好，到现在吃得安全。要吃出营养，吃出健康。不仅要满足物质享受，还要满足精神享受。这样，优质农产品的消费者关注的是安全、营养、差异化，人们最关心的三点就是农产品的安全、新鲜、天然"土气"，却对价格的关注次之。而安全是老百姓现在在购买农产品时首要关注的问题，因为病从口入。民以食为天，食以安为先。近年来，为了提高经济效益，靠化学农业增加了农产品的产量，但是品质没有保障，特别是营养价值大打折扣，尤其是农产品的生命元素的流失。我国农产品供应逐渐丰富了，但与此同时，"菜无味、瓜不甜、果不香"的现象也时常出现。在千百年传承的饮食文化的影响下，天然"土气"的农产品才是高品质的农产品，只有生产出符合消费观念的农产品，才能既卖得好又卖得贵。在我国农情基本面为小农户的现实条件下，在开放的农产品市场上同台竞技要有竞争力，农民从事生产的一个重要目标就是追求质量，农产品不但销路畅，而且价格优。

第二节　运用农业大数据夯实农业基础生产能力

农业大数据是被称为当下生产力新三要素（人力资本、科技和大数据）的组成部分。要实现农业高质量发展，需要新三要素支撑，活劳动为主导，软价值驱动。现阶段，农业产业各领域、各环节的信息应用系统建设已逐步完善，但存在重复建设、数据无法互联互通等问题。因此，必须在夯实乡村信息化基础上，摸清农业资源家底，建立起农业大数据基础库。

一、以农业大数据为支撑，优化农业区域布局

近年来，湖南省为落实"藏粮于地、藏粮于技"战略，以农业大数据平台的建立作为整个农业体系建设与布局的参考，深入实施以精细化、特色化现代农业的"百千万"工程和"六大强农"行动，形成了"四带八片五十六

基地"特色产业布局，现代农业引领乡村产业振兴，有效开创了全省乡村振兴工作新局面。2019 年，湖南省实现农林牧渔业增加值同比增长 3.5%，增速高于全国水平 0.3 个百分点；全省粮食总产量 2974.8 万吨，属于历史较好年份，高档优质稻面积同比增长 11.8%，超级杂交稻亩产再创新高。畜禽、粮食、蔬菜全产业链产值突破 3000 亿元。

2020 年 6 月，湖南省级贫困县麻阳县能胜利完成摘帽，全部贫困村出列、全部贫困户脱贫的任务，就是依据本县自然条件、发展基础、技术优势和市场潜力等因素的大数据，科学选定水果、养殖、瓜菜和优质稻四大产业，作为麻阳特色支柱产业来巩固发展壮大，立足"中国冰糖橙之都""全国蔬菜生产重点县""全省粮食生产标兵县""湖南省水果之乡"等县情特点科学规划特色支柱产业区域布局。麻阳冰糖橙有"中国驰名商标"之称，麻阳白鹅、麻阳黄桃、麻阳红心猕猴桃、小籽花生获"中国地理标志证明商标"，质高价优，提升了产品市场的认可度，带来明显的经济收益。

二、以农业大数据为支撑，改善农业生态系统

通过几十年的高速发展，中国农产品质量、产品类型、生产规模、产业深度和广度以及产业链都有了整体全面发展。然而，传统农业发展模式也带来了不少问题，生态资源匮乏，人地矛盾凸显；环境污染严重，特别是工业污染和城市生活废物污染给整个农业体系的发展带来了困境。如耕地面积流失和质量下降、重金属超标、黑土层变薄、土壤酸化在局部地区造成的影响已经十分严重。水土流失、草原过载、湖泊和湿地退化的情况十分突出，整个生态系统遭到破坏造成物种减少，濒危物种增多。同时，由于监管监督体制尚不健全，污染主体责任不明确，污染惩戒和维护激励机制不健全，使得我国农业整体处于高投入低收益的状况。

农业大数据平台的建立与完善可以为弥补自然资源利用监管与经济发展之间的空白地带提供有力支撑。一是以农业大数据为支撑，为治理农业生态

保护突出问题设立台账和日程表。生产方式上大力倡导清洁化生产，减除不必要的环节，剔除不合理的干扰因素，确保高效率治理。同时有针对性地强化某些关键问题如水土流失、耕地退化和重金属超标等方面的治理强度。例如，依靠农业大数据的支持，湖南有序治理农业生态突出问题，如修复已被破坏的生态资源，保证耕地尽快修复和恢复农产品的根本"土气"已抓出成效。全省就"大棚房"问题专项清理整治行动项目推进扎实，至此，已整改完成 480 个，完成率 63%，774.6 万亩耕地恢复农业生产功能。二是以农业大数据为支撑，为修复已被破坏的生态资源订立规划和时间表。生态资源的修复是个系统工程，需要订立合理规划，同时注重多维度施力。如农业节水工程需要形成激励和惩戒机制，推动农业水价综合改革。耕地保护需要从合理施肥、休耕和用药等环节入手，夯实农业经济发展基础，保证耕地修复和保护实现量质齐涨。例如，湖南省十分重视抓好重金属污染耕地修复治理，完成长株潭地区种植结构调整、休耕和修复治理 119 万亩。划定永久基本农田 4958 万亩、水稻生产功能区 3850 万亩，高标准农田面积累计达到 2552 万亩。三是以农业大数据为支撑，为生态补偿机制落实落地制定政策和推进表。修复生态环境资源流失，离不开政策的积极引导，要善于用外部补偿刺激农业产业主体主动承担修复和保护责任，让保护生态环境的主体真正享受到由此带来的收益。

"橘生淮南则为橘，橘生淮北则为枳"，这一句成语说的就是同一品种，因为气温、气候、光照、土壤等方面存在差异，从而长出不同的果子。特别是区域特色农产品，靠的就是原产地，才独显价值，不同区域的水土、气候、周期生产出不同品种和品质的农产品。我们喜欢吃赣南的脐橙、新疆的苹果、五常的大米、焦作的铁棍山药等，就是这个道理。像日常的蔬菜、猪肉、鸡蛋等很多农产品虽然在各地都能生产，但是，在土里种的蔬菜和无土栽培靠营养液的蔬菜，品质显然不同。究其根本原因，就在于千百年来，农产品的生产依附于生态环境，只有以"原生态"的生产方式生产出来的农产品，才是真正符合农产品本来属性的产品。因此，"土气"才是农产品的本质。"土气"是老百姓认定农产品高品质的根本，在人们心中很自然地把"土"和"原始""生态""天然"等现代生活消费的时尚元素联系起来。其实，这就是体现保护生态环境带来的增值。

三、以农业大数据为支撑，加强农田设施管网建设

农田是农业产业的根，近年的生态修复和高标准的农田改造与建设实现了耕地面积与耕地质量齐涨的良好局面。这几年，全国通过推进高标准农田建设，提高了耕地质量，也增加了耕地数量。尽管近年耕地增长有所减缓，主要是缘于一些省份自身后备资源匮乏，进行耕地补偿的效果并不是十分理想。同时，单纯依靠复垦以往未利用地进行补偿的方式并不符合当前生态保护的标准和要求。大数据支撑带来的是管网的科学布局和系统利用。抓住农业节水的关键环节，一方面杜绝受重金属和其他废物污染的废水渗入地下，造成地下水源的污染；另一方面，改造耕地的配套设施，预埋水管和顶棚架管的方式为种植灌溉做准备。

湖南农业的省情"七山一水两分田"，夯实农业基础生产能力，适合从支持设施农业发展着手。设施农业是发展精细农业的重要形式。目前，湖南省农业设施化水平总体较低。如湖南省蔬菜面积 1800 万亩左右，在全国排名第 5 位，但设施率仅 7%，远远低于山东省 70% 的水平，比邻省湖北的 25%、江西的 23% 也有很大差距。通过发展大棚蔬菜，每亩可比露地蔬菜增加收入 1500 元以上。据初步估算，如果全省蔬菜设施化水平提高 1 个百分点，即可多增收 2.7 亿元，效益十分明显。再如通过实施果茶园"水肥一体化"，每亩可实现节水 30% 以上、化肥减量 15%、农药减量 25%，减少投入和用工成本 30%，增收节支 1200 元以上，生态效益、社会效益明显。建议政府组织研究制定设施农业发展措施，可以考虑把它与扶贫专项产业资金结合起来，让蔬菜大棚、水肥一体化、林果采摘等设备纳入农机购置补贴范围，支持适地适业机械研发，推进丘陵山区机耕道建设，全面提升设施农业水平。

四、以农业大数据为支撑，有效管理产销全过程

（一）农业大数据能有效提升农业投入品的使用效率

高质量的农产品，既是"长"出来的，更是"管"出来的。一方面，以农业大数据为支撑，推进农业投入品科学使用，在产地环节对生态环境进行保护与治理。切实实施化肥农药零增长行动，湖南省主要农作物测土配方施肥率达到94%，比2018年提高4.8个百分点，农作物化肥农药使用量实现负增长。推动农资领域信用体系建设、建立农资连锁直供体系，将放心农资下乡与农资打假相结合，指导农民科学购买农资产品，切实加强农业农村投入品监管，尤其是严格实行农业农村投入品市场禁入和限入制度，引导农民科学合理使用农业农村投入品，提高利用率，特别是化学品的减量问题。严厉打击生产、销售和使用违禁投入品行为，提高绿色化、规范化、制度化、法制化水平。同时，通过改良、改种、改制等技术措施，治理污染产地，净化产地环境。以湖南省34个生猪调出大县为重点整省推进畜禽养殖废弃物资源化利用，对3.2万个规模养殖场治污设施进行升级改造；累计建成29个无害化处理中心、65个收集储存转运中心，基本实现养殖大县病死畜禽无害化处理全覆盖。全面实行产地安全分类管理，全面开展农业环境污染防控，杜绝工业"三废"排放和城市生活垃圾对农业农村生态环境的污染，严格行业准入，加强产地源头监控，实现经济发展与生态文明的有机统一。

（二）农业大数据能推进农业的标准化生产

农业大数据为农业标准化生产提供了参照支撑，能够从源头普及和提升农业农村清洁化生产技术，以预防为主，进一步转变农业农村增长方式，推进农业农村生产过程清洁化，大力推进食品安全"三品"的认证，也就是无公害农产品、绿色食品和有机农产品。湖南重点打造了"湖南油茶""湖南红茶""安化黑茶"三大区域公用品牌，支持市县培育地方特色品牌，全省"三品一标"农产品达到3944个，比2017年增加338个。依靠农业大数据，强化农业科技创新，多点试验控镉实现镉低水稻，填补了湖南省杂交稻没有

一等米的空白,其中杂交稻"悦两优 2646""泰优农 39"米质达到国标一等。由此形成高质量农产品与良好市场口碑和影响力的良性促进。

现在,农业巨头中粮和首都农业集团纷纷打出"安全"牌,"产业链、好产品,安全品质、好生活"的健康理念逐渐深入人心。"安心之选"等广告语也成为农产品在市场中的立命之本。无论是中粮集团打出的安全品质,还是首农集团的"安心之选",无一例外都在关注农产品本身的安全问题。发展无公害农产品和绿色食品,推广节肥节药节水技术。安全成为各种农产品的核心品牌战略,以求通过安全的品牌口碑赢得市场,提升影响力。

当前在农业生产环节,由于中国农业基本面是小农户的分散经营,农产品生产环节大多数是个人的生产行为,为了多盈利节约成本,靠化学农业提高了农产品的产量,甚至生产过程中超量使用农药、化肥,激素、除草剂等化学物质,使得农产品农药残留超标,老百姓日常消费的主要农产品米面、蔬菜水果、肉蛋奶、水产品,现在吃的大米含重金属镉过量,蔬菜有农药残留,鸡是吃激素和抗生素长大的鸡,猪是瘦肉健美猪等。在包装销售环节,新鲜是农产品营养价值的保证,水果、蔬菜在采摘后,仍然是一个活体,是具有生命力的碳水化合物,具有易腐败、不易保存的特点,如不及时消费,一段时间后,就会腐败、变质,失去原有的营养价值。新鲜是农产品外观价值的直接表现,老百姓买菜,无法从蔬菜的营养品质、卫生品质去判断,最直观方式是外观,觉得水灵的蔬菜水果就是新鲜的,显得红润的肉就是新鲜的。因此,新鲜的程度直接决定老百姓是否购买。温度是农产品保鲜最重要的条件之一。尽量保持温度的稳定,降低温度和能耗,抑制微生物繁殖,保持品质的新鲜。然而,也有些经营者为了有好的卖相,各种能节约成本、增加收益的手段如蔬菜保鲜用甲醛、水果保鲜加层蜡等都用上。不仅农产品安全没有保障,营养价值也大打折扣。因此,只有通过利用农业大数据为农业标准化生产提供参照支撑,才能够从源头普及和提升农业农村清洁化生产到包装销售环节,来确保农产品质量安全。

（三）物联网试验示范能加强农产品质量追溯体系建设

以物联网试验示范为契机，加强农产品质量追溯体系建设迫在眉睫。质量追溯是建立在生产档案、产地证明、包装标识及市场准入为一系列制度之上的体系。为此，要重点抓好以下工作：一是提高规范化、集约化水平，推行农产品生产记录。加强生产源头监管，建立从生产到经营再到销售的整体记录。重点记载农业农村投入品的购买和使用，动物疫病、植物病虫害的发生和防治情况等内容。二是提高规范化、集约化水平，建立农产品购销台账。督促农产品批发市场、经营超市及其他农产品经营企业建立农产品购销台账，保证从进货到保存再到购销各层面都有迹可循。三是规范农产品标签标识。按照《国家质量兴农战略规划（2018—2022年）》的要求，积极推行农产品标识流通，在产品包装上明确标识产品生产和质量信息。通过产品标识将生产记录与购销台账结合起来，实行农产品质量安全可追溯。四是加快开发农产品质量安全的全过程控制技术。重点研制、开发现有高毒、高残留农药的替代品，研究清洁生产、有害物质形成规律和控制、保鲜剂、保鲜纸、辐射和气调包装技术。

（四）农业大数据能拓宽农产品的销售模式和渠道

"互联网＋"是目前发展迅速的农产品的主要销售模式和渠道。通过电商系统与质量追溯系统交互，随着农业数据资源总量、种类和共享水平不断提高，从而实现了农产品全程可溯源、信息可查询、责任可追究、质量有保障，消费者对农产品安全程度的信心大大增强，农产品的经济附加值大幅度提升，销售收入自然就提高了。

第三节　切实提升新时代农业发展质量的基础能力

我国农业经营中由于小生产与大市场的矛盾还很突出，导致标准化难推行和农产品成本居高不下。而湖南农业的资源状况大致可描述为"七山一水两分田"，农业生产经营的不规模尤为突出。因此，加快小农户和现代农业的对接，建设中国特色的农业现代化，在区域内具备条件的地域先建立起优质标准化农产品示范基地，同时，通过加快发展家庭农场、把农民组织起来，发展农民专业合作社来提升小农户发展能力，还需要运用各种现代化技术手段，促进家庭经营与社会化服务有机结合，切实提升规范化、集约化水平。促进生态农业系统发展、绿色理念与产品质量深度融合，坚决贯彻落实2019 年中央一号文件和 2019 年 2 月农业农村部、国家发展改革委、财政部等 7 部委联合颁布的《国家质量兴农战略规划（2018—2022 年）》精神，提升农业发展质量的组织基础，必须加强小农户和现代农业的对接。2020 年中央一号文件再次强调："以实施乡村振兴战略为总抓手，深化农业供给侧结构性改革，推进农业高质量发展，突出保供给、保增收、保小康，着力稳定粮食生产，抓好生猪稳产保供，促进农民持续稳定增收，稳步推进农村改革，保持农村社会和谐稳定，毫不松懈、持续加力，发挥好'三农'压舱石作用，为确保经济社会大局稳定提供有力支撑。"

一、打造优质标准化农产品示范基地

坚持绿色引领，推广普及专业化标准化技术。向农产品生产者提供综合配套的技术服务，从根本上降低农产品生产成本，提升农产品质量安全。一方面，各级农业农村技术推广中心要调整思路，转变职能和服务方式，强化农产品质量安全意识，切实把推广农产品质量安全作为重点工作内容，把经过实践检验的切实可行的高质量农产品生产技术制定成技术规范或地方标准。另一方面，普及推广农产品质量安全技术。以农业标准化实施示范县、绿色食品原料标准化生产基地以及优势优质农产品生产示范县为重点，深入推进优质粮食工程，打造一批绿色农产品优势区，大力推进投入品减量，不断扩大标准化示范区的数量和规模，提高示范区的辐射力和影响力，为子孙后代留下"绿色银行"。同时，要充分利用龙头企业实力雄厚、市场开拓力强、带动辐射作用大的优势，加大培育市场主体规范化发展的力度，根据产业特征和技术分类，对农业整条产业链的发展进行合理布局，促进从种植到初加工再到深加工的综合水平提升。大力培育绿色支柱产业企业，促进企业走上依靠绿色科技、创新绿色产品、实现绿色效益的发展新路。

湖南省第十一次党代会就作出了"着力打造以精细农业为特色的优质农副产品供应基地"的重大决策。湖南农业沿着精细农业发展方向，固本强基、提质增效、转型升级，迈入了高质量发展的快车道。供给侧结构性改革在农业产业成为主线，三个"百千万"工程为主抓手，用精细理念谋划产业，用精细生产提升品质，用精细经营拓展市场，以精细农业为特色的优质农副产品供应基地建设取得重大进展。至 2019 年 1 月，建设农业标准化基地 4200万亩，2393 个名特优农产品纳入"身份证"管理。深入落实"藏粮于地、藏粮于技"战略①，划定永久基本农田 4958 万亩、水稻生产功能区 3850 万亩，高标准农田面积累计达到 2552 万亩。农业经济发展方式发生历史性变革，开创了农业现代化建设新局面。

二、提升小农户自我发展能力

一是加快发展家庭农场。立足于中国实情，要提升小农户发展能力，需要加快发展家庭农场，从而推动中国从农业大国向农业强国深度转型。家庭农场是提升农业发展质量的生力军。至 2019 年 10 月，全国纳入名录的家庭农场近 60 万家，经营土地 1.6 亿亩。②目前，湖南省家庭农场发展还很不充分。2017 年，湖南省登记的家庭农场 3.7 万家，村均 1.5 个，家庭农场总产值 220 亿元。因此，今后要进一步加大对农村职业农民、返乡农民工发展家庭农场的支持力度。

二是把农民组织起来，发展农民专业合作社。农民专业合作社的发展及其在提升农业发展质量方面有重要的贡献。至 2019 年 7 月，全国依法登记农民专业合作社达 220.7 万家。目前，湖南省农民专业合作社总数 8.9 万家，

---

① 湖南省农业农村厅工作总结，2019 年 2 月 22 日。

② 参见高云才、汪哲平：《家庭农场　农业高质量发展生力军》，《人民日报》2019 年 10月 14 日。

村均 3 个左右，成员 344.3 万户，占湖南省农户总数的 24.9%。湖南省尚有 75% 的农户没有加入合作社，提高组织化的任务还十分艰巨。特别是在湖南省山区，土地零碎分散、不能实现规模化。只能通过合作社形式，农民把土地、房产等资源入股到合作社，由合作社统一品种生产、统一安排劳动、统一产品销售、统一财务结算，实现按劳分配与按资分配相结合，使农民专业合作经济组织成为农产品质量安全技术推广应用的重要载体。

三是运用各种现代化技术手段，促进家庭经营与社会化服务相结合。规范化、集约化水平低是阻碍农产品质量安全的重要原因。农产品生产经营方式粗放，生产过于分散，没有形成规模，良种、良法未能广泛应用，无法按标准化组织生产，农业农村技术标准推广实施率低，质量控制能力差，使得标准实施和质量控制难以落到实处，再加上组织化与产业化程度偏低，千家万户搞生产、批发和销售，还未形成真正的生产、加工等整个生产过程的标准体系，使得农产品质量安全监管工作难度大、成本高、矛盾多。种植领域的标准化程度偏低，各地的产品加工到包装销售很多还处在模仿阶段，影响了农产品质量的整体提升。造成这种情况的原因是农业生产规模小，生产者整体素质偏低，社会化服务不到位。为此，一要提升社会化服务水平，特别是提升小农户的发育能力和水平，帮助其从依赖自身便能克服生产销售中的诸多问题。比如，病虫害统防统治、作物节水灌溉、机械耕种与收割、市场信息服务等。这些事项由政府在介入，通过扶持第三方服务组织为农户提供优质服务。湖南省在推进实施"千社"工程，至 2019 年 1 月，全省经工商注册的农机合作社达到 5684 家，农机合作社作业覆盖面扩大到 45%。大力实施农机"三减量"行动，扎实推进水稻和油菜全程机械化，水稻、油菜综合机械化水平分别达到 73.8%、57%。实施全省推进信息进村入户示范工程，建成村级益农信息服务社 6000 余个，2018 年增加近 4000 多个。二要通过"订单"农业，成为龙头企业基地，让农民的产品有销路。目前，湖南省有农产品加工企业 4.84 万家，2017 年实现产值 1.5 万亿元。有国家级龙头企业 46 家、省级龙头企业 603 家、市级龙头企业 3053 家，龙头企业联结基地 8800 万亩，带动农户 968 万户。湖南省农业龙头企业总体上规模偏小、知名度不大、产品竞争力不强。农企利益联结还不紧密，契约不牢靠。今后，重点是加强对龙头企业的监管，完善利益联结机制，使强企业与富农户协调推进，改变粗放型生产方式，发掘产业本身的潜力和提升农户自身的能力。

第四节　培育农业新产业新业态

"农业是安天下、稳民心的战略产业"[①]。农业是基础性的战略产业和战略性的基础产业，这是对我国建设现代农业的历史定位。2016 年至 2020 年连续 5 年中央一号文件明确提出，要促进农村一、二、三产业的融合，延伸农业产业链，大力开发农业多种功能，培育农业新产业新业态，建立现代农业产业体系。因此，作为农业大省的湖南省，要牢牢把握培育高效新产业新业态的历史机遇，加大调整农业经济结构、提高农业综合效益、促进乡村经济发展，这必将具有重要的现实意义。

一、积极开发农业多种功能

农业多功能之间是彼此依赖，既相互促进又相互制约的。各自功能的大小，不仅影响农业总功能的大小，而且直接或间接影响彼此功能的作用发挥。近年来，湖南积极开发农业多种功能，加强科学规划引导，加大配套公共设施建设支持力度，促进乡村三大产业融合发展，延伸农业产业链、增强价值链、完善利益链。同时，通过保底分红、股份合作、利润回报等多种形式，使农民合理分享整个产业链的增值收益，这不仅有助于完善现代农业产业体系，还有利于开发农业多种功能。

---

① 《中共中央关于推进农村改革发展若干重大问题的决定》，人民出版社 2008 年版，第 6 页。

（一）夯实农业经济功能

农业经济功能是农业的基本功能，对国民经济发展起基础支撑作用，主要为人类生存和发展提供农副产品需要，以经济价值形式得以表现。例如，2020 年 8 月，为助力湖南特色农业企业及品牌拓展长三角市场，推动"湘品出湘"，湖南省农业农村厅遴选了 25 家优质特色农产品企业参展第四届上海全国优质农产品博览会，展出湘粮、湘油、湘茶等七大主题品类，参展企业实现现场销售额 15.7 万元，确定意向采购商 47 家，洽谈金额 2044.1 万元。农业经济功能还表现在为实现国民经济协调与可持续发展的作用上，同时农业对国民经济发展作出了产品、市场、要素和外汇四大贡献。农业产业基础是一个国家经济发展的物质基础，也是延长农业产业链的前提条件，因而湖南基层政府要结合当地实际条件，充分发掘地方优势农业资源，探索出一条具有湖南特色的农业产业发展之路。实践表明，农业规模化、机械化、特色化、优良化是夯实农业经济功能的重要基础。因此，湖南要着手以质取胜，彻底改变农业先前那种单打独斗的发展思路，积极促成一、二、三产业融合发展，协调产业对接，从而不断夯实农业的经济功能。

（二）促进农业社会功能

农业社会功能主要表现为解决劳动力就业、提供社会保障和促进社会发展。就业不仅是民生之本、财富之源、社会稳定之基，更是改善人民群众生活的根本前提。农业作为一个产业，能解决许多劳动力就业。例如，近年来湖南长沙县积极创新实践"两山"理论助力美丽乡村建设，紧紧围绕"品牌产业、高效产业、富民产业"的目标，加快推进长沙绿茶全产业链发展。目前长沙县已成为产茶重点县、茶叶"千亿产业十强县"，茶园种植达 9.3 万亩，通过茶叶增收增产，不仅带动了周边农户脱贫致富，还实现了劳动力就地就业。因此，湖南要把扩大就业作为农业经济发展的优先目标，在农业经济结构优化和产业转型升级过程中，大力开发和利用农业多种资源，发展农产品精细加工，加强农产品贸易流通，积极发展相关产业，拓展农业多环节的增收之道，努力实现农业经济增长与扩大就业良性循环，从而不断创造更多的就业岗位，实现更加充分就业，不断促进社会和谐、经济发展。

（三）提升农业政治功能

长期以来，农业被看作"国家自立"的供给者，是农业政治功能的主要体现。从一定程度上来说，农业发展的程度被看作评价一个国家自立能力的指标，同时农副产品被当作国家的战略储备物资。历史和实践都表明：我国粮价一涨，人心就发慌。我国是世界上人口最多的国家，粮食和其他基础性的农产品都必须做到基本自给。如果农、副产品连基本的自给都不能够保证，甚至过多地依赖进口，这样就会使我们处于被动的地位。更可怕的是，一旦国际政治局势发生大变化或大动荡，国家安全都不能够得到保障。因此，湖南作为农业大省，各级政府要时刻牢记"民以食为天，国以粮为安"这一理念，始终抓住农业基础地位不放松。例如，2020 年 5 月，湖南省韶山市韶山乡为切实抓好粮食生产、遏制耕地抛荒工作，党委、政府连续召开专题工作会议，将遏制土地抛荒、早稻粮食生产纳入全乡"百日攻坚"竞赛行动，通过日排名、周通报的形式推动工作落实落细，目前共完成摸清抛荒耕地 3032 亩，制定整改计划 1277 亩，上半年全乡早稻种植面积达 2500.77 亩，旱杂粮播栽 105.31 亩。因此，农业基础地位是否稳固，直接或间接影响着国家进步、社会经济发展以及广大人民切身利益的命脉，也关乎在国际竞争中保持独立自主的原则。

（四）改善农业生态功能

保护生态环境就是保护生产力，改善生态环境就是发展生产力。农业生态功能主要表现在对生态环境的支撑和改善上，它对农业经济的持续发展、人类生存环境的改善、保持生物多样性、防治自然灾害，为二、三产业的正常运行和分解消化其排放物，都具有十分重要的积极正效用。例如，湖南泸溪县洗溪镇是一个分布在沅江支流武水峒河尾端以及西水河流的乡镇，镇内有两河以及多条大小溪流交叉纵横，为搞好水下生态养殖、促进人与自然的平衡发展，2020 年 6 月，湖南泸溪县畜牧局联合洗溪镇以人工增殖放流鱼苗保持区域生态平衡。当前，湖南要基于资源、环境两道"紧箍咒"越绷越紧的现实，迫切需要推行绿色生产方式，全面推动农业绿色发展，坚持人与自然和谐共生，坚持节约优先、保护优先、自然恢复为主的方针，积极拓展湖南农业生态功能。

（五）强化农业旅游功能

农业旅游功能主要体现在把农业与旅游业有机结合起来，以农、林、牧、副、渔等农业资源为载体开发旅游产品，同时利用农业景观和农村空间吸引游客前来参观的一种新型的农业经营形态，并为游客提供特色服务的旅游业。例如，近年来湖南长沙县开慧镇锡福村已有 30 多家农户发展了民宿，还有很多村民开始养鸡、养鱼、种水果、种青菜，发展绿色生态农业，或者自制水果酒、坛子菜等特色产品，游客可购买、可体验，村里的产业链不断丰富，农民收入水平不断提高，真正实现了家门口就业创业，让绿水青山带来真金白银。农业旅游又称为观光农业、旅游农业、乡村旅游等。湖南作为农业旅游大省，不仅要积极拓展旅游空间，还要满足人们回归大自然的愿望，从而不断带动餐饮、农产品加工、交通运输、旅游等行业发展，增加农业生产附加值，维护农业与农村自然景观，改善农业生态环境。

（六）打造农业文化功能

农业文化功能主要表现为文化多样性的保护和教育、审美和休闲的提供。在中国，农业是一个古老的产业，承担着传承民族文化载体的职能，其内部蕴藏着丰富的文化资源，同时对提升人们的价值观、教育观、审美观有积极作用，也有利于人与自然的和谐发展。例如，2020 年 8 月，湖南展馆在上海光大会展中心采取现场品鉴、展品展示等多种形式宣传品牌、推介产品，让观展市民、客商全方位感受了湘味农产品特色和品牌文化，湖南果秀食品有限公司的"果秀橘子果杯"，湖南临武舜华鸭业发展有限责任公司的"186 克充氮酱板鸭"，凤凰县民瑞水果种植专业合作社的"锦绣黄桃"等 8 个优质特色农产品获评博览会金奖。因此，湖南要紧紧围绕"美丽乡村、地域文化、特色产业、生态农业"等基本要素，依托全省各地丰富的文物资源和非物质文化遗产资源，通过文化遗产与文化旅游、文化创意、互联网技术进行有机组合，发挥文化产业引领辐射作用，促进文化价值与经济价值相统一，让优秀传统文化真正融入百姓生活，促进文化与农牧产前、产中、产后蔓延与融合，打造独具特色的湖南地方文化品牌。

二、加快推进农村流通现代化

流通现代化是指伴随工业化、信息化发展，在流通领域实现动态发展的现代化过程。农村流通现代化是为了高效组织农产品流通，运用先进的流通技术设施、手段与现代化的流通方式、组织形式和管理方法，对传统农产品流通体系进行不断改造与升级的动态发展过程。因此，对农业大省湖南而言，当前加快推进农村流通现代化显得尤为紧迫而重要。

（一）加快农村电商发展

当前，湖南乡村农产品流通主要还是传统小农模式，具有规模小、组织能力差和管理水平低等特点，显然这种流通模式组织化程度不高，加之农产品流通基础设施的社会化和专业化服务水平较低，使得农产品流通成本居高不下，严重阻碍湖南农村流通现代化，因而目前全省农村电商发展亟待有所突破。

农村电子商务带给湖南乡村的不仅是一种全新的交易形式，还是振兴乡村的绝好机会。据统计，目前中国县域人口约为9.6亿人，占全国总人口的70%。从总经济量角度来看，中国县域经济总量占全国经济总量的56%左右，县域经济社会消费总量占全国的50%左右。令人欣喜的是，当前湖南县域经济极具发展潜力，加之电子商务方兴未艾，使得湖南农业和乡村焕发出前所未有的生机与活力。例如，近年来湖南祁阳县在突出地域自然、人文特色农旅融合推进"一村一品"的同时，借助消费扶贫与电商扶贫结合拓宽农产品销售渠道，逐步实现了"产区变景区、产品变商品"，增收效益明显。因此，农村电子商务已成为湖南摆脱贫困、实现致富的重要工具，还能解决农产品生产和销售过程中的诸多问题。目前湖南农村拥有许多产品资源、人力资源和生态资源，农村电商能将农村分散的资源集中起来，带动和盘活整个农村市场，加速推进农村企业转型升级。

（二）加强城乡物流体系建设

在湖南农村地区，许多优质农产品因流通渠道不畅，阻碍了正常流通，影响了农民收入。目前城乡物流快速发展，正在逐步改变湖南乡村营商环境，但大量商品的配送范围仍然无法到达交通不便的乡村地区。

近年来，农村电商确实为湖南农村发展带来了机遇。例如，近两年湖南省农业农村厅组建贫困地区优质农产品展示中心，通过线上线下深度融合，不断拓宽产品营销渠道，支持更多的贫困地区优质特色农产品走向了市场。然而，湖南农村地区基础设施建设滞后、乡村道路通勤率低、物流业发展水平总体不高等问题依然相当突出。因此，为进一步推动湖南发展电商、促进乡村经济持续增长，应大力发展乡村物流，实现城乡物流有机衔接。一是加强乡村"最后一公里"配送基础设施建设，利用现有邮政、供销、交通等物流资源，建设一站式农村物流公共取送点。二是完善农产品物流设施建设，提升农产品流通速度。三是强化城市配送物流设施建设，在社区、机关、学校和商务区等场所建设配送点，并纳入公共服务项目，让城市居民能够及时享用优质的农产品。

三、促进乡村旅游和农业融合发展

伴随国家经济持续稳定发展，乡村旅游和农业融合发展方兴未艾，乡村中出现了越来越多的休闲旅游目的地。同样，湖南美丽乡村既要美丽也要富裕，二者相互促进、相辅相成。一方面，全省地方政府和民间组织要充分利用当地旅游资源，坚持走可持续发展道路，竭力保护和培育乡村生态环境、山水风光、乡风民俗、人文古迹等资源，推动乡村旅游产业快速发展。另一方面，要在乡村培育农业新业态新动能，促进乡村传统农业转型升级，整合农业资源，发展现代特色农业，让农民增收致富，实现自然、乡村、农民多方共赢的和谐局面。例如，近年来湖南靖州县注重乡村旅游和农业融合发展，全县目前杨梅基地已有 10 万亩，年产鲜果 6.9 万吨，年产值达 14.6 亿元，通过打造杨梅品牌，梅农、梅企收入显著提高，切实走出了一条以民族文化乡村旅游为牵引、以发展杨梅生态产业为主线的乡村旅游和农业融合发展之新路子。

当前，促进湖南农业与旅游产业融合发展，正恰逢历史的机遇期。因此，要坚持以农促旅、以旅强农的原则，对农业资源和田园风光进行统筹规划和联合开发，才能产生 1+1>2 的良好效果。实践表明，发展乡村旅游离不开农业，农业发展要注重特色，因而要坚持农业与旅游融合发展，这不仅是实现农业增产、农民增收、旅游增色的有效途径，也是实现社会效益和经济效益的重点举措。湖南农业和乡村旅游产业融合发展的理想效果，就是要让乡村居民区、旅游风景区、产业发展区相互融合，这不仅能使乡村地区变得更加生机勃勃，也能使老百姓生活更加富裕，从而实现人与自然的和谐共生。

目前，湖南旅游消费市场增长较快且不断升级，旅游产业正处于大转型和大融合的调整期，机遇与挑战并存。因此，湖南应亟须对旅游产业和农业融合发展的模式进行创新，在吸收和借鉴以往成功经验的同时，要做好顶层设计，进行调查研究，发挥主观能动性，创造性地推动产业融合。一是开发与保护并举，不搞粗放式融合发展，避免对原有资源的破坏型开发。二是注重当地村民有序参与，让村民参与建设、参与发展，最大限度地享受农业与旅游业融合发展所带来的成果。

四、鼓励创意农业和特色文化产业发展

创意农业起源于 20 世纪 90 年代，是融入科技、文化等要素的多功能现代农业，它模糊了传统农业的边界，实现了农业生产、农民生活和生态保护的有机统一，它既是农业又是旅游业，现已成为乡村经济发展的重要引擎。湖南各区域地理特征差异明显，历史文化源远流长，孕育出了众多独具湖南特色的文化形态。因此，要大力发展湖南创意农业，需充分挖掘和利用宝贵的历史文化资源和优美的生态环境，打造以乡村社会为生成土壤、以广大村民为参与主体、以乡村文化资源为重要依托的文化创意、文

化生产和文化服务。

（一）发展创意农业

创意农业是一种全新的发展方式，主要有附加值高、集聚化程度高、融合性高、效益显著等特点，这为湖南乡村经济和社会发展开辟了全新的空间。创意农业的灵魂是创造力，旨在通过创造力打破长期以来形成的一、二、三产业之间的壁垒，通过各产业之间的联动，形成一种高附加值的经济形式。发展湖南创意农业，要有发散性的开拓思维和系统优化的分析方法，着力面向市场，充分利用美学、生态学、园艺学等多学科知识，融入文化和现代科技元素，打造全景产业链，让现代与传统实现有机融合，突破单一产业藩篱，带来巨大经济效益。

（二）打造特色文化产业

特色文化产业是一项利用现代经济思想和产业管理模式，并基于民间文化传统和独特文化资源的经济活动，具体表现为乡村旅游、乡村美食、乡村民间艺术和乡村农耕等文化行业，具有鲜明的当地特色和浓郁的乡土气息。当前，湖南打造特色文化产业必须迎难而上，要在提升文化品位和产品质量上下功夫。一是打造特色文化产品和服务。要立足于湖南特色生态资源和民俗风情，展现新时代乡村的文化魅力。二是营造良好的营商环境。要研究制定符合湖南当地条件的地方性产业政策和项目规划，建立完善产业激励机制，鼓励民间资本投入特色文化产业。三是深化乡村特色文化企业改革。积极推动公司股份制改革，引进现代公司管理制度，激发文化企业活力。四是培育本地文化人才。政府要主动与当地高校和文化培训机构开展合作，多渠道培养文化人才，制定优惠政策，吸引更多优秀人才留在乡村，使之成为新时代打造湖南特色文化产业的先锋。

第五节　改革和完善农业支持保护制度

保障现代农业产业体系安全、健全农业支持保护制度、防范农业系统性风险，已成为农业现代化过程中的政策选择。新中国成立以来，我国长期依靠工农业价格"剪刀差"为工业发展提供了大量的原始积累，直到2004年9月党的十六届四中全会首倡"工业反哺农业"的政策，农业支持保护制度才作为一项制度得以确立。党的十九大报告提出：要"构建现代农业产业体系、生产体系、经营体系，完善农业支持保护制度"①。因此，面对当前国内外严峻复杂的农业生产形势，湖南需不断完善农业支持保护制度，实现从增产导向转向提质导向。

一、积极改革农业补贴制度

农业补贴是一国政府对本国农业支持与保护政策体系中最主要、最常用的政策工具。过去的农业补贴制度曾对粮食安全发挥过重要作用，但面临当今纷繁复杂的国内外环境，湖南应积极改革和完善农业补贴制度。2017年10月，习近平总书记在党的十九大报告中指出：要"确保国家粮食安全，把中国人的饭碗牢牢端在自己手中"②。因此，湖南要切实制定更多科学有效的农业支持保护政策，逐步推进农业补贴制度改革。

（一）从均补改为差额补贴优质农产品

国家为了向农业生产者提供价格补贴，通过设立农产品最低价格，保证农业生产者的最低收益。当保证价格低于市场价格时，农业生产者可以自由进行出售；当保证价格高于市场价格时，政府会给予农业生产者补贴。农产品价格补贴一般有三种主要形式：通过金融机构提供粮食抵押贷款；政府干预性收购；政府直接补贴。按现有存量发放均补，虽然实现了不动摇农民既得利益的目标，但无法满足优质农产品的差额补贴。基于此，湖南应实行从均补改为差额补贴优质农产品的方式。一是保证存量，优化增量。农业"三

---

① 习近平：《决胜全面建成小康社会　夺取新时代中国特色社会主义伟大胜利——在中国共产党第十九次全国代表大会上的报告》，人民出版社2017年版，第32页。

② 习近平：《决胜全面建成小康社会　夺取新时代中国特色社会主义伟大胜利——在中国共产党第十九次全国代表大会上的报告》，人民出版社2017年版，第32页。

项基本补贴"，包括直接补贴、良种补贴和农资补贴。当前湖南需调整农业均补政策，在指向性和精准性上下功夫，新增补贴需要集中投入到产粮集中区，以便整合资金和优化投向。另外，可将补贴直接投入给种粮大户，用来优化增量推广使用优良品种。二是拓展补贴范围，优化补贴途径。当前"三项基本补贴"范围较窄，补贴效益不足，需进一步实施农业生态补贴和农业科技服务补贴，补足农业生产专业化、科学化和规模化的短板。三是提升补贴标准，增强补贴效应。目前农业生产成本上涨速度较快，远高于农业补贴上涨速度，但粮食价格一般比较稳定，进而使得种粮收益很难有显著增长。因此，只有不断提高补贴标准，才能确保粮食生产者获得稳定收益。四是优化金融支持，提高补贴效能。新型经营主体在适度规模经营中，常遇到的难题就是资金问题。要解决之，需应用和创新金融支持手段。比如，要完善农业信贷担保体系，需为农业经营者提供风险补偿和信用担保，方能达到解决经营主体的资金问题。五是把握重点，善待新型经营主体。在补贴实际操作过程中，由于对不同经营主体没有实行差异性补贴，长此以往这将不利于充分调动新型经营主体的积极性。"三项基本补贴"通常依据播种面积大小进行发放，而那些从事优质农产品生产的种植大户和经济合作社，却没有给予适当补贴倾斜。因此，对新型经营主体要进行有针对性和指向性的专项补贴，通过这种补贴来激励种植大户和新型经营主体。

（二）创设普适性农业政策

目前，我国农业保险、农村信贷和农民社保政策与发达国家相比，尚不健全且存在较大差距，因而要在农业保险上扩大保险品种，提升保险赔付标准，真正让农业生产全部成本、各类特色品种、农民收入得到保障；在农村信贷方面应加快机构创新、产品创新、服务创新步伐，及时满足普通小农户生产信贷需求。因此，湖南要积极完善农业支持保护政策，创设更多普适性农业政策。一是加大农业基础设施建设。当前广大农村地区面临通达度较差、生产设备缺乏等问题，因而亟须合理规划和建设农村干线公路网以及乡村联网公路，以便能够快速到达各个产业集中区，有效促进乡村一、二、三产业融合发展；提升乡村休闲旅游场所的配套设施建设，科学规划和布局标准化的农业生产项目；拓宽农机道，方便大型农机作业，提升机械化水平。二是守住耕地和农业基础设施用地。耕地保护是一个必须长期坚持的国策，要科学划定农业用地、工业用地和生态用地边界，及时更新和调整基本农田保护规划和土地利用总体规划等政治和法律文件，用经济、行政、法律和技术等手段，保护耕地和农业基础设施用地的可用面积和质量，为农业、旅游业等产业融合发展提供充足的优质土地。三是完善涉农财政资金统筹使用制度。农业投资一般资金回报时间较长，需要长期投入资金，农业经营者十分需要财政支持。但基层政府对农业财政支持的自主权一般较小，导致出现财政使用效率不高和针对性不强的问题。因此，必须整合财政资金，转变农业财政资金使用方式，赋予地方政府更多的农业财政资金使用自主权，从而提升农业财政资金的使用效率。四是健全农村产权交易和风险防范制度。土地所有权、承包权和经营权交易市场发育不成熟，产权流动性差，风险也较高，收益率较低，金融机构放贷积极性不高。农业保险产品和保险评估机构数量不足，因而湖南各地急需建立健全农村综合产权流转交易中心，加快土地流转，对土地租用或入股等进行风险评估和防范，创新金融保险产品，优化农业保险费财政补贴机制，健全产权交易和风险防范考核监管机制。

二、完善落实好农产品质量安全标准体系

党中央、国务院对实施质量兴农战略作出了重要部署，2019 年初印发了《国家质量兴农战略规划（2018—2022 年)》，体现了党和政府对提升农产品质量的高度重视。党的十九大报告明确提出实施食品安全战略，让老百姓吃得放心。而作为农业大省的湖南，应积极实施食品安全战略，需完善监管标准体系，建立农产品质量和食品安全监管体制，尤其要加强对基层的监管力度。

（一）落实好现有农产品质量标准体系

农产品质量标准体系，是对农产品的种类、质量、储存、包装和运输作

出严格规定的一系列标准。农产品质量的检测和管理，都要严格遵循农产品质量标准。这些标准的建立要体现科学性、严谨性、合理性和先进性，也要立足于农业生产的具体实践，考虑当今科学技术的发展水平，体现国家的经济政策和人民群众的生活习惯，在研究农产品质量的历史资料后，经过多方面论证和协调，最终形成最接近于合理的农产品质量标准。农产品质量标准一经发布，各单位和个人必须严格遵守与执行，不得擅自降低标准和改动。一是强化农产品质量标准体系。要充分利用政府权力和社会资源，建立一个政府主导、全民参与的农产品质量标准工作机制，构筑彼此配合、上下联动、层层监管的规范化工作格局，从而使得农产品质量监管全方位、不留死角。二是控制农产品质量标准体系。落实农产品质量安全工作，要善于抓住主要矛盾，对农业生产化学品实现全封闭、全过程的严格管理；对进入流通市场的所有生产商和产品实行严格的市场准入制度；对所有直营商店严格落实购买登记制度，确保商品来源可靠、去向可查；对农资市场要保持常态化的不定期检查，对违法行为严厉追责或惩戒。三是健全检测监控标准体系。利用政府、企业和社会的多渠道资源，建立以大型实力企业和基层检测资源为主体、农产品安全检测机构为中心、全社会各类食品检测机构共同参与的严密检测网络。四是完善科技标准服务体系。建立农业科技标准服务中心，设立远程在线培训中心、庄稼疾病诊断中心、土地流转政策咨询中心、农业违法行为举报中心等标准化服务平台，为农民群众提供便民的农业技术服务，为农产品的质量安全保驾护航。五是规范诚信管理标准体系。要为农业经营者、农资产品生产和经营者，建立标准化的电子诚信档案，定期评价并及时发布诚信信息；对失信经营者进行罚款教育，情节严重时，取消其市场准入资格并追究其法律责任，与此同时，对长期诚信经营的主体予以适当奖励。

（二）建立食品安全监管的质量标准体系

"民以食为天"，食品是老百姓最离不开的消费品。食品安全度，体现一个国家经济发展的水平和人民生活的状况。食品安全监管是旨在保护消费者食品安全的一种政府强制性管理活动，而实施和强化食品安全监管是一项长期性、复杂性、艰巨性的历史任务。因此，湖南要着眼当前，未雨绸缪，治标治本，建立食品安全监管的质量标准体系。一是健全法律法规体系。完善的法律体系是食品安全监管的制度基础和执法依据。为此，要以《中华人民共和国食品安全法》为核心，建立健全食品安全法律体系，确保监管部门有据可循、有法可依；对规范性文件、规章以及法规要进行系统性的修订、配套和完善，实现食品安全监管从生产到消费的全覆盖；针对违法行为，要提升违法成本。二是规范统一质量标准。要制定统一的食品安全国家标准，需广泛听取食品厂家、各相关部门、消费者和其他社会各界人士的意见。同时，要积极借鉴和学习发达国家先进经验，整合现有质量标准，针对食品不同类别，细化质量标准的范围和内容，建立一套与国际接轨、适合社会发展以及保障公众健康的质量标准体系。三是明确企业主体责任。相关部门要对企业市场准入资格进行严格控制，明确企业质量第一负责人地位，建立质量追溯机制，从源头把控质量安全。四是完善监管体系。要明确监管主体，对食药监、工商、质检、卫生及农业等部门，需赋予与之相匹配的职能与权力；要充分利用、整合监管资源，切实做到全面监管与全程监管有机结合，建立和完善职责追究和考核制度，对那些监管不力的违法行为要严肃处理；要借鉴发达国家监管先进经验，支持第三方发挥监管作用，同时让民间食品安全监管机构积极参与相关工作；要切实增强公众食品安全意识，借助媒体（电视、广播、微博、微信等）广泛传播食品安全知识，对披露食品安全事件、举报不法商贩和黑心企业的群众应给予适当奖励，从而让全民参与、全民监督成为新的常态。

三、积极参与全球粮食安全治理和农业贸易规则制定

中国 14 亿多人的吃饭问题始终是一个长期的战略性问题，这正如毛泽东同志所言："全党一定要重视农业。农业关系国计民生极大。要注意，不

抓粮食很危险。不抓粮食，总有一天要天下大乱。"①中国是一个负责任的大国，为维护世界粮食安全和促成国际粮食合作作出了重要贡献。近年来，我国不断加强与"一带一路"沿线国家的粮食安全合作，达成了一系列农业贸易合作协议，参与了各种粮食安全治理和农业贸易规则制定的双边和多边国际会议，为建立和维护公平合理的国际农业贸易新秩序作出了不懈努力。一方面，中国主动扩大农业领域的对外开放，取消一些进口农产品的非关税措施，放宽外资在农业领域的投资限制。另一方面，中国主动参与国际合作，秉持真实亲诚合作理念，积极参与全球粮食安全治理和农业科技合作，通过粮食援助和农业科技支援，这不仅成功解决了中国人自己的吃饭问题，也帮助了其他发展中国家实现粮食的自给自足和粮食安全。2019年，我国粮食产量总计13277亿斤，创历史新高，已连续五年稳定在1.3万亿斤以上，这是一个了不起的成就。

党的十八大以来，湖南粮食生产能力稳步提高，全省人民种粮积极性不断增强，粮食市场更加规范有序，粮食相关产业经济不断发展，粮食科技创新逐步加快，农业经营规范不断增强。目前，湖南粮食安全形势不断向好发展，2020年湖南省粮食生产面积有望达到7150万亩，比上年增加226万亩，增长3.3%；总产量达到605亿斤以上，增加10亿斤，增长1.7%，但仍需逐步提升粮食的生产、储备、运输和监管能力。

然而，目前全球仍有8亿人面临着饥饿问题，特别是非洲粮食不安全状况令人担忧，要是不积极作为，到2030年就无法实现全世界消除饥饿的可持续发展目标。为更好地保障全球粮食安全，湖南应积极参与全球粮食安全治理，促进形成更加合理的国际农业贸易新秩序，使其更有利于广大发展中国家。一是加强联合国粮农组织在内的多边合作，推动全球粮食安全治理变革和农业贸易规则制定，弘扬多边主义和共商共建共享的全球治理观，把握设置农业相关议题的主动性，积极加入世界贸易组织农业相关协议谈判，推

---

① 《毛泽东文集》第七卷，人民出版社1999年版，第199页。

动国际农业贸易规则朝着更公平合理的方向前进。二是加大对外援助，增加对外农业投资，主动同非洲联盟等一些落后国家和地区进行国际协调与合作，提供技术支持与管理指导，让那些粮食不能自给自足的国家，通过自力更生逐步解决吃饭问题。三是加强粮食安全和农业贸易研究，提升中国参与粮食安全治理和农业贸易规则制定的话语权，不断扩大中国在农业方面的影响力和号召力。四是增强湖南涉农机构和高校培养相关人才的力度，努力建立一支热爱祖国、业务精通、深谙国情和具有全球视野的粮食安全治理和农业贸易规则研究的人才队伍，从而为全球粮食安全治理和农业贸易规则制定的国际谈判提供中国智慧和中国方案。

四、积极支持农业"走出去"

改革开放以来，我国农产品总产量呈现连续增长的良好态势，但随着人民收入不断提高，农业结构性矛盾也相当突出，国内农产品的有效供给无法满足人民群众日益增长的、多样化的农产品需求，中国每年大量进口各种农产品，而国内很多农产品却滞销浪费，这种境况对我国农业产生了巨大冲击。我国人口世界第一，自然资源承载力接近极限，而人民群众对优质农产品的需求却越来越旺盛，在此背景下，农业供给侧结构性改革已迫在眉睫。为此，湖南农业企业要加快"走出去"的步伐，统筹好国际国内两个市场、两种资源，深度参与全球农业分工，抓住全球化机遇，切实降低成本、提高农业产量、调整农业结构。可见，积极支持农业"走出去"，不仅是解决湖南农业长期供求矛盾的必然选择，也是实现农业供给侧结构性改革的历史机遇。

迄今为止，农业"走出去"已有30多年的时间，特别自2007年国家提出农业"走出去"战略之后，湖南农业"走出去"的步伐不断加快，发展潜力巨大。例如，近年来湖南隆平高科为实现"推动种业进步，造福世界人民"的企业使命，积极探索"走出去"并形成了自己独特的"市场化海外拓展＋公益性国际援助"的国际化路径，同时在菲律宾、印度、东帝汶等地设立海外子公司，并与多个国家和地区建立贸易关系、传播先进农业技术，特别是2017 年携手中信农业基金收购陶氏益农巴西特定玉米种子业务，成为中国种业"走出去"具有历史里程碑意义的事件。因此，湖南要鼓励那些有实力的企业，积极创新海外投资和运营新模式，不断提升农业企业在国际农业供应链中的地位。一是加快农业"走出去"步伐，推进农业供给侧结构性改革，从战略上进行总体布局，着力构建农业对外开放的新格局。二是主动融入全球农业产业分工，鼓励非国有企业参加海外农业投资，彻底改变过去都是国有企业参与的单一行为，力求实现投资主体多元化，加大资金帮扶力度。三是鼓励海外中国企业相互帮助，尽量避免国外扎堆投资甚至出现相互激烈竞争的不利局面。四是引导企业在对外投资时，积极拓展海外农业投资区域、行业领域，统筹考虑产业链的整体布局，重点支持那些补充中国全球农业产业链不足的境外农业投资项目，增强农业企业在海外农业产业链中的掌控能力。五是力求投资模式多样化，充分利用海外已有的农业基础设施和服务体系，更加注重创新投资和多样化的合作方式，不断提升湖南海外农业企业的竞争实力。

第二章　分类推进乡村发展

2018 年 9 月 26 日，中共中央、国务院颁布的《乡村振兴战略规划（2018—2022 年）》明确提出，要顺应村庄发展规律和演变趋势，根据不同村庄的发展现状、区位条件、资源禀赋等，按照集聚提升、融入城镇、特色保护、搬迁撤并的思路，分类推进乡村振兴，不搞一刀切。乡村发展受到地理环境、区位条件、资源禀赋、制度文化等多因素的综合影响，呈现出明显的差异性和分化态势。[①] 因此，各地区各部门在实施乡村振兴战略的实践中，应坚持因地制宜、分类指导、精准施策，针对不同区域、不同类型的村庄，实行分区分类的差别化推进策略，鼓励探索多种形式的乡村振兴模式，打造各具特色的乡村振兴样板。

第一节　集聚提升类村庄的发展

集聚提升类村庄是现有规模较大的中心村和其他仍将存续的一般村庄，占乡村类型的大多数，是乡村振兴的重点。对于这类村庄的发展，要科学确定村庄发展方向，在原有规模基础上有序推进改造提升，激活产业、优化环境、提振人气、增添活力，保护保留乡村风貌，建设宜居宜业的美丽村庄。鼓励发挥自身比较优势，强化主导产业支撑，支持农业、工贸、休闲服务等专业化村庄发展。

---

① 参见乔陆印：《乡村振兴村庄类型识别与振兴策略研究——以山西省长子县为例》，《地理科学进展》2019 年第 9 期。

一、坚持规划引领

习近平总书记强调,乡村振兴是一盘大棋,要沿着正确方向把这盘大棋走好,必须规划先行,科学制定乡村振兴战略规划。随着乡村振兴战略的深入实施,村庄规划愈发成为村庄发展振兴的基本前提和重要指引。现阶段,乡村振兴战略正在各地如火如荼地开展,但一些村庄缺少规划,无序建设;一些地方急于求成,盲目大拆大建,从而导致乡村振兴发展过程中产生诸多"乱象"。因此,有序推进实施乡村振兴发展,首先要编制科学合理的村庄规划体系。无论是从国家层面还是省级层面来看,集聚提升类村庄占据乡村类型中的绝大多数,是乡村振兴中的重点,更是乡村发展中的难点。可以说,集聚提升类村庄的振兴发展面临的任务最为繁重、问题最为复杂,更应该以科学规划为先导,充分发挥规划的引领和约束作用。

(一)完善乡村振兴的地方规划

各地要坚持因地制宜原则,科学编制乡村振兴的综合性规划和专项规划,并强化对各类规划的有效衔接与统筹管理,形成多规合一、城乡融合、区域一体的规划体系,明确乡村振兴推进的"时间表"、"路线图"和"任务书",做到乡村振兴事事有规可循、层层有人负责,持之以恒推动乡村振兴战略落实落地。

(二)编制县域层面的村庄规划

在乡村振兴国家规划、地方规划以及各类专项规划的指导下,加强县域层面村庄规划建设,编制县—镇—村域的实用性村庄规划体系。要从村庄实际出发,尊重村民意愿,体现村庄特色,因地制宜搞好村庄规划编制,避免"千村一面";要合理划分县域村庄类型,对连片同质化的村庄要采用去行政边界化的思维,在村庄规划方面注重区域协同,对异质化的村庄要采用差序化的思维,合理安排村庄规划时序,编制差异化村庄规划;要根据村庄现状条件和发展需要,对村庄发展定位、支柱产业选择、土地利用、人居环境治理、生态保护、建设项目安排等进行统筹谋划,形成科学合理、详略得当的村庄发展规划，做到与当地经济发展水平和民众需求相适应。

（三）做好集聚提升类村庄规划

坚持以乡村振兴规划体系和县域村庄规划为"龙头"，恪守国家、省、市、县、乡、村各级规划一脉相承、层层细化的原则，针对集聚提升类村庄的特点具体做好村级规划。要根据集聚提升类村庄的区位条件、资源禀赋、发展需求等因素，对这类村庄的土地利用、产业发展、人居环境治理、居民点建设、生态保护以及历史文化传承等进行统筹规划和通盘考虑，明晰村庄的发展方向、发展路径、要素保障等；要做到一个村庄一本规划、一幅蓝图，有效解决现有各类规划自成体系、内容冲突、缺乏衔接等问题；要注重发挥村民主体地位，做到"村民易懂，村干部易操作"，确保村庄规划能落到实处。

二、培育主导产业

产业是乡村发展的核心。产业兴则乡村兴，如果没有产业作支撑，乡村发展就成为无源之水、无本之木，推进乡村全面振兴也就会流于空谈。从国内外的乡村发展实践来看，培育特色优势产业，强化主导产业支撑，并在此基础上推动一、二、三产业融合非常重要。集聚提升类村庄是乡村振兴的重点，而产业发展是促进集聚提升类村庄经济繁荣的根本。集聚提升类村庄应立足自身实际，充分发挥比较优势，以现有产业基础为依托，着重培育壮大相应主导产业，强化主导产业支撑，并紧密围绕乡村一、二、三产业融合发展，打造产业联动模式，促进村庄产业功能拓展与业态延伸。一般来讲，集聚提升类村庄可以进一步细分为三类：第一类是以工贸为主的村庄，具备交通条件较好、经济实力较强、二、三产业发展较好以及基础设施相对完善等特点；第二类是以农耕为主的村庄，该类村庄种养资源比较丰富，种植业、养殖业有优势，但二、三产业相对较弱；第三类是生态资源丰富的村庄。

（一）农耕类村庄因地制宜发展特色农业

对于农业资源特色较为突出、农业基础条件较好的村庄，应该坚持农业优先发展来做产业兴旺的大文章，可依托农业资源优势，因地制宜发展多样性特色农业，倡导"一村一品""一县一业"。一方面，要积极发展现代农产品加工业，以"农头工尾""粮头食尾"为主要抓手，依托县域将主产区打造成农产品加工产业集群，引入二产加工，突出农产品的附加价值，延长传统农业产业链，拓展农业的多重功能，吸引客流，促进村庄产业经济提升，带动村庄复兴；另一方面，需要搭乘"互联网+"的快车，大力发展数字农业、电子商务、高效农业等涉农新业态、新模式，延伸农业产业链条，增加农业附加值，加快农业产业的商业模式创新，逐步形成以第一产业为核心的三次产业融合发展的农村现代产业体系。

（二）工贸类村庄大力发展新型服务业

对于以特殊工艺和手工制造为核心资源、工贸业基础较为突出的村庄，可利用加工业的基础优势，带动原材料种植行业发展，并培育乡村新型服务业，支持供销、邮政、农业服务公司、农民合作社等开展农资供应、土地托管、代耕代种、统防统治、烘干收储等农业生产性服务业，改造农村传统小商业、小门店、小集市等，发展批发零售、养老托幼、环境卫生等农村生活性服务业，形成完整的产业链条，促进村庄产业转型与升级。

（三）生态型村庄大力发展旅游业

对于田园风光较为突出、生态资源保护性较好、适合开发深层次"旅游经济"的村庄，可发展休闲农业和文化旅游产业，带动农业观光与体验产业发展，同时以手工艺品销售为载体，带动手工艺品加工，突出品牌效应。

三、加快人口回流

人才是第一资源。乡村要振兴，关键一点就是要改变人才由农村向城市单向流动的局面，让更多"城归族"到农村投资兴业，带动乡村人气旺起来。回顾农村发展历程，乡村的每一次跃升，都离不开产业发展带来的人气集聚。同样，一些乡村的落后和衰败，也正是因为人才的"失血""贫血"，失去了"人气"。改革开放以来，随着城市化进程的快速推进，大量农村人口涌入城市，广大农村地区空巢化、空心化、老龄化问题日渐突出，这在集聚提升类村庄中表现得尤为严重，甚至已成为制约该类村庄发展的瓶颈性因素。因此，推动集聚提升类村庄的发展，当务之急是要加快人口回流，逆转村庄空心化的发展趋势，吸引返乡创业人群和外地游客，以人才振兴带动村庄复兴。

（一）培育现代职业农民队伍

2018 年中央一号文件指出："实施乡村振兴战略，必须破解人才瓶颈制约。要把人力资源开发放在首要位置。""人才兴则事业兴，人才强则乡村强。"这就要求，以提升农民素质、扶持农民、富裕农民为方向，以吸引更多年轻人务农、培养现代职业农民为重点，加强农村基础教育与职业教育并举，围绕当地农村的发展需求，实施精准培养，着力打造一支有文化、懂技术、善经营、会管理的新型职业农民队伍，为乡村发展涵养住最稳固的人力资源根基。

（二）探索村庄人口发展新模式

要以多元化的人群集聚为依托，以乡情乡愁为纽带，为乡村注入创新的科技要素，带动村庄各类人才发展，将城市人口、创客文化带到村庄，促进外来消费，激发乡村的多元业态发展，建立起村庄人口发展新模式。

（三）大力引进各类人才

要"筑巢引凤"，以开放的姿态欢迎各类人才到农村，鼓励社会各界投身乡村建设，促进人才智力向乡村流动，通过下乡投资兴业、行医办学等方式，为乡村振兴引入"活水"，同时吸引党员干部致力于农村治理工作，引进技术骨干发展现代农业，吸引人才返乡支持家乡建设。

（四）构筑用人留人的基础保障

引进人才之后，关键需要用好人才、留住人才。这就要求构建人尽其才、才尽其用的保障体系，需要在基础设施建设，公共服务保障、政治、经济待遇等方面体现出优势，真正从根本上解决人才的后顾之忧。

四、改善人居环境

乡村发展，宜居宜业是关键。改善农村人居环境，建设美丽宜居乡村，是实施乡村振兴战略的一项重要任务。集聚提升类村庄的振兴发展，不仅要求产业复兴、人气聚集，而且要求环境优美、生态宜居。让乡村成为生态宜居的美丽家园，让居民望得见山、看得见水、记得住乡愁，是实现集聚提升类村庄振兴发展的题中应有之义。

（一）牢固树立绿色发展理念

要以绿色发展理念为指导，认真贯彻落实绿水青山就是金山银山理念，科学认识和把握美丽乡村建设与经济发展之间的辩证关系，将经济发展与生态文明建设有机融合起来，努力实现美丽乡村建设与经济高质量发展相得益彰，让美丽乡村的建设尊重自然、顺应自然、保护自然。

（二）加强农村生态环境整治

要以农村垃圾处理、农村污水治理以及村容村貌美化为主要抓手，重点强化农村突出环境问题的综合治理，做好推进农村"厕所革命"和新能源利用，改善农村人居环境，让农村像城市一样干净、整洁和美丽。要加强"空心村"服务管理和旧宅拆除土地整合利用，加大危房改造和移民搬迁的补贴，做好乡村特色风貌保留保护，实施乡村绿化行动，统筹山水林田湖草沙建设，持续推进宜居宜业的美丽乡村建设。

（三）加强农村精神文明建设

要坚持物的美丽与人的美丽并重、"富口袋"与"富脑袋"并重，注重将法治和德治相结合、教育引导与实践养成相结合，将农村人居环境治理的要求融入村庄的一切规划和建设之中，把垃圾处理和污水治理以及村容村貌整治等当前农村人居环境存在的突出问题纳入村规民约，教育和引导村民养成文明行为习惯、提升文明素养。

第二节　城郊融合类村庄的发展

城市近郊区以及县城城关镇所在地的村庄，具备成为城市后花园的优势，也具有向城市转型的条件。综合考虑工业化、城镇化和村庄自身发展需要，加快城乡产业融合发展、基础设施互联互通、公共服务共建共享，在形态上保留乡村风貌，在治理上体现城市水平，逐步强化服务城市发展、承接城市功能外溢、满足城市消费需求能力，为城乡融合发展提供实践经验。

一、融入城市发展

城郊融合类村庄通常位于城市周边，与城市之间天然有着千丝万缕的联系，这就决定了此类村庄的发展必然离不开城市发展的影响。应当认识到，城郊融合类村庄只有融入城市发展之中，实现城乡深度融合，才能真正实现振兴目标。因此，推进城郊融合类村庄的振兴发展，要综合考虑城镇化、工业化以及村庄自身发展需要，在形态上保留乡村风貌，在产业发展、基础设施建设、公共服务供给等方面全面对接城镇，实现城乡融合发展。

（一）促进城乡发展战略的融合

一般来讲，城郊融合类村庄规划由中心城市在产业空间布局、基础设施建设及生态环境保护等方面予以原则性的指导，这就要求这些村庄在发展战略上注重体现"都市圈一体化"意识，主动接受城市辐射，依据城市区域分工，合理确定符合自身经济发展规律的战略、方针、政策及职能定位，从而加强自身经济发展的内在动力。

（二）强化城乡空间功能的融合

要打破行政区划的限制，加强与城市边缘的建设用地功能的衔接，突出节约集约用地理念，统筹安排、功能互补、协调发展；要将村庄的绿色空间纳入整个区域的绿色空间建设中来，补充和拓展区域绿色空间，为城市提供生态屏障，为市民近郊出游提供活动空间。

（三）推进城乡基础设施和公共服务的融合

要推动公共服务向村庄延伸、社会事业向村庄覆盖、基础设施与村庄共享共建，加快推进城乡基本公共服务的标准化、均等化，通过建立健全城乡教育资源均衡配置、乡村医疗卫生服务体系、城乡公共文化服务体系、城乡统一社会保险制度、统筹城乡社会救助体系、城乡路网统一规划建设等具体措施，实现乡村基础设施条件改善和公共服务的全覆盖，推动形成城乡融合与协调发展。

（四）增强城乡社会治理的融合

要打破城乡二元体制分割，将城市社会治理理念、方式方法、体制机制等引入乡村社会治理之中，注重加强法制化、民主化、数字化建设，完善乡村社会治理体系，提升乡村社会治理能力和水平，融入城市内涵。

二、服务城市发展

无论是从理论层面还是实践层面来看，城镇化与乡村振兴是相辅相成、互相促进的，必须统筹规划、协同推进、融合发展，不能厚此薄彼、顾此失彼，不能只讲城镇化，不讲乡村振兴，或只讲乡村振兴，不讲城镇化。城郊融合类村庄在地理空间上毗邻城市，是城市发展最便捷、最直接的供养站，也是能最容易、最充分享受城市辐射效应的村庄，更是推动城乡融合发展的最前沿阵地。因此，推进城郊融合类村庄的振兴发展，关键是要在产业发展方面立足于服务城市发展，塑造与城市相融合的现代化产业体系。

（一）明确产业定位

城郊融合类村庄要结合自身资源禀赋、发展实际以及上位规划要求，寻求合理的产业定位。一方面，要立足自身禀赋优势和发展需要，明确产业发展方向，走出一条特色产业发展之道；另一方面，应坚持城乡功能分区原则，重点培育和发展城市所需要的配合、接续、辅助产业类型。此外，要大力发展产业的自主创新与持续发展能力，形成有核心竞争力的主导产业类别。①

（二）发展特色产业

在精准的产业定位下，城郊融合类村庄应加快培育和发展特色和优势产业，不断优化自身产业体系。对于农业条件好的村庄，可充分利用地处城郊的地理优势，发展城郊休闲农业；对于自然资源和历史文化资源丰富的村庄，可把握全民消费升级和全域旅游带来的机遇，大力发展乡村旅游业；对于劳动力和土地资源丰富以及产业基础良好的村庄，可承接中心城市产业外溢；对于人力资本丰富、基础设施良好、交通条件便利的村庄，可重点培育节约环保产业、生态产业、新能源产业等新兴产业，满足城市发展需求。

三、善用城市资源

城市是一个坐落在有限空间地区内的各种经济市场——住房、劳动力、土地、运输等等——相互交织在一起的网络系统②，具有吸纳大量人力、物力和财力的内聚力，能够在更大的区域范围内实现各种要素与资源的最优配置，促进区域共同发展。城郊融合类村庄最大的区位优势就是在地理空间上毗邻城市，与城市之间形成了"你中有我、我中有你"的密切关系。因此，城郊融合类村庄要扬长避短，善于利用城市的优势来促进自身社会经济的快速发展。

（一）依托城市资源发展村庄经济

要发挥村庄的区位优势，积极依托城市雄厚的资本、先进的科研技术和管理经验、丰富的人力资源、信息以及市场等优势资源，拓展经济发展空间，扩大产业发展潜力。例如，可以利用城市现代科技来改造传统农业、用城市的工业发展来延长乡村的农业链条、用移动互联来丰富和发展农业业

---

① 参见石会娟、李占祥、刘慈萱：《城郊融合类乡村产业振兴思路探讨——以西安市雁塔区三兆村为例》，《城市发展研究》2019 年第 S1 期。

② 参见［英］K. J. 巴顿：《城市经济学：理论和政策》，上海社会科学院部门经济研究所城市经济研究室译，商务印书馆 1984 年版，第 14 页。

态，形成以现代农业为基础，以农村一、二、三产业融合发展、乡村文化旅游等新产业、新业态为重要补充的经济形态。

（二）与城市统筹协调发展

要抓住机遇，按照错位发展、优势互补的原则，吸引承担适合其功能定位的产业转移，促进资源分配和产业布局的合理化，与城市统筹协调发展，实现区域分工协作。例如，可以积极吸引资源型产品开发、农业初级产品加工和一些劳动密集型产业更多地布局到乡村，降低生产成本，增加农村就业机会，活跃乡村经济，壮大村庄经济实力。

第三节　特色保护类村庄的发展

特色保护类村庄是指自然历史文化特色资源丰富的村庄，包括历史文化名村、传统村落、少数民族特色村寨、特色景观旅游名村等，是彰显和传承中华优秀传统文化的重要载体。这就要求，统筹保护、利用与发展的关系，努力保持村庄的完整性、真实性和延续性。切实保护村庄的传统选址、格局、风貌以及自然和田园景观等整体空间形态与环境，全面保护文物古迹、历史建筑、传统民居等传统建筑。尊重原住居民生活形态和传统习惯，加快改善村庄基础设施和公共环境，合理利用村庄特色资源，发展乡村旅游和特色产业，形成特色资源保护与村庄发展的良性互促机制。

一、统筹保护、利用与发展的关系

特色保护类村庄通常拥有非常丰富的自然历史文化特色资源，承载着中华传统文化的精华，凝聚着中华民族精神，是农耕文明不可再生的文化遗产，更是维系华夏子孙文化认同的纽带。加强对这类村庄的保护，是繁荣发展民族文化的根基。然而，随着工业化、城镇化的快速发展，许多特色保护类村庄或因未加以有效保护而衰落、消失，或因大肆开发利用而惨遭破坏。正如著名作家冯骥才所感叹的那样："每座古村落都是一部厚重的书，不能没等我们去认真翻阅，就让这些古村落在城镇化的大潮中消失不见。"如何以敬畏之心、历史之责守护好祖先留下的宝贵遗存，是我们当前面临的一项刻不容缓的重要任务。因此，特色保护类村庄的发展，要按照"深度保护、适度开发、合理利用"的原则，留住特色村庄风貌，深入挖掘特色村庄风貌的历史文化底蕴，做好特色村庄风貌规划保护与开发，既要体现出"历史价值、文化价值、审美价值"，又要发挥好"生态效益、社会效益、经济效益"。

（一）守住乡愁

特色保护类村庄在发展过程中，始终注重乡村发展与自然历史文化遗产保护相结合，乡村建设规划充分结合地形地貌、山体水系等自然环境条件，不搞大拆大建，对乡村路网、房屋等设施建设，不搞"一刀切"、不"开膛破肚"，尽量实行"微创手术"；并在古村落的保护与修缮中，注重保持风貌的统一性，保持自身的文化特色，确保"修旧如旧"。

（二）不同的村庄采用不同的组织模式方法进行保护

按照自然资源型、历史物质文明型、历史精神文明型三类村庄，采用不同的组织模式方法进行保护。对于自然资源型村庄，要以保护为核心，兼顾当地产业发展和环保情况，同时要注意当地村民的人为破坏行为，通过政府的长期规划来实现全面协调。历史物质文明型村庄则应当以开发为主，资金将来源于当地旅游基金、文化遗产基金和外来的投资集团，并可鼓励外来投资者与本土村民共同成立商贸集团，作为让渡给投资开发集团的利益。历史精神文明型村庄主要在于保护传统工艺与传统生活方式，这部分主要在于创新和产业化，保护是主要工作，但发展方向却在创新，鼓励本土企业集团和当地村民结成对子，利用电子商业发展大潮，让精神文明在传播、宣传中保留，通过"利益共沾、风险共担"的发展方式，解决"同质"发展难题，不断提升经济效益。①

---

① 参见张广辉、叶子祺：《乡村振兴视角下不同类型村庄发展困境与实现路径研究》，《农村经济》2019年第8期。

二、发展乡村旅游和特色产业

乡村旅游利用乡村特有的自然或人文资源，将农耕活动与休闲农业、传统农业文明和现代乡土文化有机结合起来，能够有效促进农村一、二、三产业融合发展，推动乡村生产、生活、生态三位一体发展，是实现乡村振兴的重要力量、重要途径、重要引擎。相比于其他类别的村庄，特色保护类村庄最大的优势在于历史文化特色明显或自然资源丰富。因此，对于这类村庄来说，以村庄特色资源为底本、以优良的生态环境为支撑，合理开发民俗、康养、文化等特色旅游产业，植入生态农业、观光旅游、休闲娱乐等业态，实现特色资源保护与农业农村发展的有机融合，是其振兴发展的主要出路。

（一）充分挖掘村庄特色资源

要在政府引导下实现对自然特色资源的合理开发与综合利用，并与农、林、牧、渔等资源相结合，根据村庄资源条件、产业基础和市场需求，合理引导种植业、手工业、旅游业等产业的发展，打造具有鲜明地方特色的乡村旅游产业，从而提升村庄发展的活力。要充分挖掘村庄独特的历史文化资源，发展乡村特色文化产业，推动文化、旅游与其他产业深度融合、创新发展，将文化因素有机融入乡村旅游的各个环节之中，赋予乡村旅游独有的文化内涵，让乡村旅游成为寻根文化、美食文化、乡愁文化、生态文化、田野文化的延伸，不断满足游客的文化体验需求。

（二）推动一、二、三产业融合发展

"一花独放不是春，百花齐放春满园"，特色乡村旅游，是农旅一体、文旅一体，是资源共享、产业共建、互相融合、共同升级，是产品本身与旅游功能的优势叠加。这就要求，努力实现乡村地区由现有的一、二、三产业低度融合向一、二、三产业之间的高度融合发展，大力发展休闲农业、创意农业、精致农业、科普农业、休闲渔业等新型业态，推动形成农产品深加工、乡村文创、田园度假、生态旅游等为内容的大乡村旅游产业集群，进而实现乡村产业资源的整合、产业结构的持续升级以及产业价值的不断增值。

三、构筑村庄保护发展的基础保障

2019 年 9 月 16 日，习近平总书记在河南考察时指出，搞乡村振兴，不是说都大拆大建，而是要把这些别具风格的传统村落改造好。要实现生活设施便利化、现代化，能够洗上热水澡，村容村貌要整洁优美。特色保护类村庄的持续健康发展，需要努力保持村庄的完整性、真实性和延续性。切实全面保护村庄的整体空间形态与环境以及传统建筑，尊重原住居民生活形态和传统习惯。然而，当前许多村庄在发展过程中过于急功近利，盲目追求经济利益和个人利益，导致文化遗产毁坏、生态环境恶化、文化传承断裂等一系列严重问题。因此，亟须采取一系列保障性举措来促进特色保护类村庄健康持续发展，让其特色资源能够"留得住、保得深、传得远"。

（一）建立特色村庄长效保护机制

村庄特色资源的持久延续，需要充分发挥政府的主导作用和调控职能，建立长效保护机制。要把保护特色资源与产业发展有机结合起来，科学编制乡村旅游和特色产业的发展规划，对村庄特色资源保护与乡村旅游项目推进进行统筹安排、统一规划，因地制宜、因势利导地推进乡村旅游和特色产业的发展；要建立特色村庄保护责任制，严格落实党政"一把手"负责制，明晰特色村庄保护的职责范围，并将特色村庄保护纳入政府绩效考核环节，督促相关职能部门全面做好特色村庄保护的相关工作；要健全评估与监管机制，凡是涉及特色村庄保护与开发的建设项目或工程，必须经过法定评估和认定之后才可启动；建立定期检查报告和责任追究机制，防止因旅游开发而导致原有生态、景观、建筑、环境的破坏。

（二）改善特色村庄的人居环境

特色村庄有很多分布在贫困地区、民族地区，生产生活环境一般都比较恶劣。这就要求，在加强特色村庄保护工作的同时，着力改善基础设施条件和公共环境。要大力完善消防、防灾避险等必要的安全设施，合理改善和更新村庄内垃圾、供水、污水处理、道路等基础设施，积极引导村民开展传统建筑的节能改造和功能升级，改善村民生活条件；要以建设美丽乡村为导向、村庄环境整治为重点，通过美化、绿化、亮化、净化工程，强化对文化遗产周边、公共场地、河塘沟渠等公共环境的综合整治，全面改善村庄的生态环境、人居环境和发展环境，实现特色村庄的可持续发展。

（三）强化特色村庄保护发展的资金保障

鼓励地方各级财政在中央补助基础上加大投入力度，特别是省级财政要统筹有关专项资金，加强对特色村庄保护发展项目的支持力度，并探索建立传统建筑认领保护和特色村庄保护发展基金制度；建立政府推动、社会参与的协同保护发展机制，引导社会力量通过捐资捐赠、投资、入股、租赁等方式参与保护发展工作，发挥村镇集体收入的力量，多渠道筹措保护发展资金，解决保护资金严重短缺的问题；引入工商资本，探索村庄保护发展的市场化运作模式，在确保特色村庄不被破坏的前提下，把特色村庄交由企业或个人业主开发经营。

（四）夯实特色村庄保护发展的人力资源基础

乡村居民是乡土文化、农耕文化的传承者、创新者，其综合素质的高低直接决定村庄保护发展的质量和水平。要广泛开展特色村庄保护发展的教育培训，加强民间工匠、专业技术人才以及管理人才队伍的培养，为特色村庄保护发展提供充足的人才储备；要充分利用电视、广播、报刊、宣传册、壁画板报、网络等多种渠道向广大村民和基层干部宣传特色村庄保护发展的基本知识，提高村民的文化自信自爱与自保意识，调动村民和基层干部参与村庄保护的积极性。

第四节　搬迁撤并类村庄的发展

对于位于生存条件恶劣、生态环境脆弱、自然灾害频发等地区的村庄，因重大项目建设需要搬迁的村庄，以及人口流失特别严重的村庄，可通过易地扶贫搬迁、生态宜居搬迁、农村集聚发展搬迁等方式，实施村庄搬迁撤并，统筹解决村民生计、生态保护等问题。拟搬迁撤并的村庄，严格限制新建、扩建活动，统筹考虑拟迁入或新建村庄的基础设施和公共服务设施建设。坚持村庄搬迁撤并与新型城镇化、农业现代化相结合，依托适宜区域进行安置，避免新建孤立的村落式移民社区。搬迁撤并后的村庄原址，因地制宜复垦或还绿，增加乡村生产生态空间。农村居民点迁建和村庄撤并，必须尊重农民意愿并经村民会议同意，不得强制农民搬迁和集中上楼。

一、循序渐进推进村庄搬迁撤并

一般来讲，搬迁撤并类村庄一般又可以细分为五类：一是生存条件恶劣的村庄，这类村庄因处于深山老林或荒漠化地区，村民的生活条件极其恶劣，也不具备发展条件。二是生态环境脆弱的村庄，由于历史原因，水土流失、荒漠化、环境污染等很严重，村庄生态环境变得极其脆弱。三是自然灾害频发的村庄，这类村庄因常年有自然灾害发生，严重威胁农民的财产和人身安全。四是因重大项目建设需要搬迁的村庄，比如因水利工程建设或其他重大项目需要占用村民的土地和住宅，这些村庄可能被列入易地搬迁的范围内。五是人口流失特别严重的村庄，在一些地区，由于人口迁移，村庄也渐渐空心化，这样的村庄也不具备发展建设条件。对于这五类村庄，可以按其搬迁撤并迫切度进行统筹规划，优先对自然灾害频发、生态环境脆弱、生存条件恶劣等地区的村庄进行搬迁，对人口流失特别严重的村庄和因重大项目建设需要搬迁的村庄做好前期引导。

（一）生存条件恶劣的村庄要优先安排搬迁撤并

对于生存条件极度恶劣的村庄，要优先安排搬迁撤并。应坚持政府投资为主，根据实际情况进行统筹规划，采取整体搬迁、局部搬迁等措施进行有步骤、有计划的搬迁。搬迁村庄要合理规划选址，向条件较好的地区搬迁，避免二次搬迁。

（二）生态环境脆弱和自然灾害频发的村庄要逐步有序迁建村庄

对于生态环境脆弱、自然灾害频发的村庄，要逐步有序迁建村庄。应在政府的主导下，建立健全生态补偿机制，综合运用多种迁建途径，逐步改善生态环境。原则上搬迁到保留并重点发展的村庄，也可根据村民意愿部分迁入城镇。

（三）因重大项目建设需要搬迁的村庄要有序引导迁建村庄

对于因重大项目建设需要搬迁的村庄和人口流失特别严重的村庄，要有序引导迁建村庄。应在政府主导下，根据村民意愿，通过市场化运作与配套政策的有机结合，采用土地置换等多种举措，统筹安排迁建时序，逐步引导村民向城镇或保留并重点发展的村庄聚集，并统筹村庄搬迁与新型城镇化发展，对原址进行绿化建设，形成城镇周边的绿色走廊。

二、探索多样化的搬迁安置模式

"搬到哪里去"是搬迁民众最关心的问题，也是搬迁后能否实现脱贫致富的关键。总的来说，搬迁安置要坚持政府主导、民众自愿的原则，坚持与新型城镇化相结合，采取集中与分散相结合的安置方式，依托小城镇、行政村、工业园区、乡村旅游安置区、移民新村等适宜区域进行稳妥安置，避免新建孤立的村落式移民社区。

（一）规范安置区的选址问题

在选择具体安置区时，要遵循城乡统筹、布局合理、用地集约、规模适度的原则，注重与城乡建设总体规划、当地土地利用总体规划的系统衔接，且要特别考虑可操作性问题，尽可能在同一行政辖区内统筹。集中安置区选址应把有利长期稳定发展作为主要考量标准，尽量选择那些资源禀赋条件较好、开发利用潜力较大的地区，主要是基础设施比较健全、产业发展较好、公共服务水平较高的小城镇、产业园区和中心村；要充分考虑搬迁地农民的技能特点、经济能力、生活习惯、文化氛围等，选择能够促进与当地村民融合，能够发挥搬迁村民技能，促进就业的地区。

（二）科学合理地选择安置方式

搬迁安置方式通常分为集中安置和分散安置，其中集中安置主要包括行政村内就近集中安置、依托乡村旅游区安置、依托小城镇或产业园区安置、建设移民新村集中安置等，而分散安置主要包括插花安置、投亲靠友等。各地要从实际情况出发，科学选择适合本地区搬迁的安置方式，鼓励以小集中为主，尽量采取就近安置的方式。对于农业技能较强的搬迁群众，可引导其向中心村或移民新村搬迁；对于文化程度较高、具有一定劳动技能的搬迁群众，可鼓励其向城镇、产业园区、旅游景区搬迁；对于劳动能力较弱的搬迁群众，可通过相关社会保障政策进行兜底。

三、有效解决搬迁撤并的后顾之忧

村庄搬迁撤并本身是土地、人口、生产资料等要素的重新整合，不仅涉及空间层面的土地整理、人口迁移、住房、生产资料等的简单搬迁，还涉及拆迁补偿、新建补贴、基础设施补充、公共服务完善、生态保护、社区管理等一系列问题。搬迁并非一搬了事，只有从基础设施、优势资源开发、特色产业培育、村容村貌整治、生态环境治理与保护等方面入手，扎实解决好搬迁撤并后续发展问题，全面打通安置区"最后一公里"问题，才能真正实现搬得出、稳得住、能致富。

（一）培育和壮大基础产业

坚持搬迁安置与产业配套统筹规划、协同推进、同步验收，最大限度利用资源禀赋优势，既要立足解决好眼前就业和增收问题，又要着眼长远发展，着力发展见效快、收益好且可持续的特色基础产业，突出"一村一业、一村一品、一村一特色"，走出一条特色化、规模化、标准化的产业发展道路。

（二）完善基础设施和基本公共服务

按照"宜居宜业、规模适宜、功能合理"的原则，强化安置区内供水、电网道路、污水治理、垃圾处理等配套基础设施的建设，统筹推进卫生、教育、文化等基本公共服务的供给，加快完善便民超市、集贸市场、商业网点等生活服务设施，为搬迁群众的生产生活活动提供一个良好的环境。

（三）强化相关配套政策支持

全面落实各项惠农政策和各类保障政策转移衔接工作，积极做好搬迁群众房产登记、户口迁移、土地承包和流转等工作，切实维护好搬迁群众的根本利益；加强搬入地社区公共服务机构和党组织的建设，落实好养老、教育、医疗等相关配套政策，积极开展对搬迁群众的就业培训，为搬迁群众的生产生活解决后顾之忧。

（四）帮助搬迁群众顺利融入新社区

坚持"共建、共治、共享"的基本方针，积极推行社区网格化管理，广泛引导搬迁群众共同参与社区事务治理，增强搬迁群众的主人翁意识；加强对搬迁群众心理疏导，营造开放包容的社区文化，帮助搬迁群众养成与新环境相适应的生产方式和生活习惯，提高搬迁群众对新家园、新环境的认同感和归属感。

第三章　发展壮大乡村产业

产业振兴是乡村振兴的基础和重点，也是乡村振兴的核心和载体，是新时代解决"三农"问题的关键一环。只有把乡村产业振兴的基础夯实了，才有可能把乡村环境基础、文化基础、社会基础建设好，才有可能不断拓宽农民增收渠道，更好地满足人民群众对美好生活的需要。乡村产业内涵丰富、形式多样，各地只有从自身实际情况出发，实事求是地分析现有乡村产业基础，以农业供给侧结构性改革为线，以一、二、三产业融合为主要抓手，着力构建现代乡村产业体系，努力提高乡村产业的竞争力和创新力，才能不断发展壮大乡村产业，提高乡村产业发展水平，进而加快实现乡村产业兴旺。

第一节　推动农村产业深度融合

产业融合是指在产生时间上有先后、结构层次上有不同的农业、工业、现代信息业和现代服务业等不同产业元素，在乡村同一个产业中跨界融合、交叉重组、衍生发展的经济形态与经济增长方式，它是以无形渗透有形、高端统御低端、先进提升落后、纵向带动横向来实现产业优化升级的经济增长方式和发展模式。一般来说，现代乡村产业是农业产业融合现代发展理念、现代服务要素和现代信息环境而成长起来的产业，它既体现以人为中心的发展观，又能大幅度提高产品产业附加值，不断形成新的经济增长点。

一、发掘新功能新价值

随着城乡居民消费水平的提高，全社会农产品消费层次不断提升、消费方式日趋个性化多样化，呈现出从基本生存型消费向追求全面发展型消费形态的加速转变。为了让消费这驾马车能够更好地拉动乡村经济增长，就需要利用好农产品消费的高端化和个性化的时代趋势，努力消除体制机制障碍，发掘乡村产业新功能新价值。

（一）涵养生态

乡村产业经过长期的发展，逐渐形成了一种有别于城市生态环境系统的乡村生态环境，与之同时，乡村生态环境系统内部的物质与能量循环，又为乡村产业提供了一种更加友好的发展空间。因此，推进产业生态化和生态产业化的良性互动，不仅有利于优化乡村产业布局，也有利于推动农业供给侧结构性改革，最终实现乡村产业的高质量发展。

1.有效推进农业绿色发展。农业产业的生态化发展是挖掘利用乡村产业生态价值的关键途径，因此，必须有力有效地推进农业产业的绿色发展。针对目前我国农业高碳化发展的实际，主要是要积极推进化肥农药农膜的减量化使用，把废弃物循环利用起来，进行农业立体种养与资源综合利用。同时，需要强化水土保持与农业污染防治，创新农产品品种选育技术与农产品加工技术。此外，还要因地制宜依托生态资源，不断提高绿色农产品供给能力，提供农耕文化体验、生态宜居和休闲养生旅游产品，保持农业生态化发展。从湖南的情况看，到 2020 年底，通过推进"精细农业"和"循环农业"方式，省域范围内的规模养殖场粪污处理设施装备配套率达到95%以上，畜禽粪污综合利用率达到 75%以上，秸秆综合利用率将达到85%。①

2.积极推动乡村生态产业发展。推动乡村生态产业发展，首先是要进一步挖掘乡村产业的生态涵养价值，加速生态文明理念对乡村产业的渗透和改造。特别是要以城乡产业一体化发展为契机，深入挖掘乡村产业的生态价值，精准把握着力点，实施协同攻关与统筹兼顾，加大财政扶持、金融支持等政策扶持力度，精准把握乡村生态产业发展与生态文明建设的融合点及突

---

① 参见中共湖南省委、湖南省人民政府：《湖南省乡村振兴战略规划（2018—2022 年）》。

破口。其次要结合乡村发展实际，培育乡村美丽业态，挖掘乡村景观优势，发展乡村产业新业态，发挥其多功能作用，构建现代生态农业体系。近几年，湖南以打好洞庭湖区农业生态环境污染防治攻坚战为突破口，推进湘江保护三年行动，湘江流域500米以内为禁养区、洞庭湖1000米以内为禁养区，大批的畜禽养殖场从禁养区退出，初步探索出了一条现代生态农业发展的新路子。

（二）休闲观光

乡村地区特有的自然景观、文化环境、村落形态以及生活形态正逐步成为乡村休闲观光产业发展的重要资源。而积极发展休闲观光农业，对于充分开发利用农村旅游资源、调整和优化农业结构、拓宽农业功能、延长农业产业链、夯实乡村产业振兴基础等均有重要意义。

1.科学谋划休闲观光农业布局。在高度重视休闲观光农业发展研究的基础上，科学谋划休闲观光农业发展总体布局。坚持以生态资源为基础，以旅游带动发展为纽带，分地区和特色确立产业发展重点，培育拳头产品，逐步实现"一村一品""一域一业"的规模特色发展。

2.突出休闲观光农业产业化和品牌化建设。首先是要充分挖掘品牌资源，积极发展农家土菜、田园风光等满足消费者需要的产品，拉长农业生态旅游链条，促进休闲观光农业的产业化发展。把满足广大游客消费的时令蔬菜等农产品，不断更新为现代农业发展的重点产业，通过产业选择、市场培育和政策引导等举措，积极引导农民及龙头企业等市场主体走集约化生产经营的路子，大力开发高附加值产品，如开发高端个性化农产品，把休闲观光农业做强。其次是要充分发挥农民专业合作社、专业大户、龙头企业等新型市场主体的主体作用，通过扩大生产经营基地、扩张市场交易规模等手段，逐步实现休闲观光农业规模化发展。

3.夯实休闲观光农业发展基础。着眼于完善和提高农业基础设施建设水平，不断加大对农村和农业基础设施建设的投入力度，使之形成通畅的"电网"、"路网"和"通信网"等；着眼于打造优质生态环境，大力推行农村人居环境整治，积极开展植树造林、退耕还林、退耕还湖等生态修复工程，为休闲观光农业发展营造良好的生态环境；着眼于夯实民心思想基础，高度重视对农民思想观念的引导，加强新发展理念的宣传教育，高度重视对农民的职业技能培训，科学制定休闲观光农业发展考核评价体系。从上述三方面入手，把休闲观光农业发展的"软""硬"基础打牢，休闲观光农业又好又快发展就有了现实可能。

4.加大对休闲观光农业区的要素扶持力度。休闲观光农业的建设离不开大量的资金投入，也离不开高素质的人才队伍。因而，地方各级政府及其相关部门在政策方面应给予大力扶持，强力推进休闲观光农业产业发展。

（三）文化体验

乡村产业的特色文化价值不仅是田园风光等物质文化的综合体现，同时也是农耕文化等非物质文化的重要集合。随着城镇化的不断发展，越来越多的人喜欢返璞归真的田园生活。这种留得住乡愁的农事体验活动，让游客流连忘返，回味无穷。因而，在经济发展与消费升级的环境下，农耕文化体验已成为乡村产业振兴的重要战略资源，可以激发乡村产业振兴的内在活力。

1.加强农耕文化的保护与利用。农耕文化是人与自然和谐互动的历史成果，也是各民族生产生活方式的历史记忆，它形态多样、历史悠久，具有深厚的人文、历史、美学价值。发掘农耕文化遗产的人文价值、历史价值和美学价值，探寻农耕文化新时代发展之路。关键是要焕发传统农耕文化的新生机，要精准把握时代脉搏，依托新时代的朝阳产业，把农耕文化与乡村旅游有机融合起来，也就是把农耕文化基因植入乡村旅游产业，既发展壮大乡村旅游业，又在开发利用过程中保护和传承农耕文化，一举两得。

2.开发更多的农耕文化体验性乡村旅游项目。总体上看，我国历史悠久，农耕文化博大精深，文化类型极为丰富，地域性、民族性和差异性十分明显。因此，我国农耕文化发掘的潜力巨大，既可以开发利用农副产品的传统加工技艺，也可以开发利用农事活动的经典谣谚，还可以开发利用传统耕作方式和生产习俗等。此外，农耕文化又有别于其他文化，其显著特点是依赖劳动生产过程，具有明显的参与性和体验性。而在乡村旅游产业发展的实践中，体验式的旅游活动十分容易受到游客的青睐。因此，在制定乡村旅游发展规划时，可根据当地农耕文化的特点，设计开发更多的诸如瓜果采摘之类的体验性旅游产品项目，让游客返璞归真，尽情地享受田园生活的魅力，更加真切地领略当地农耕文化的特色。

3. 打造农耕文化旅游品牌。当下，在全域旅游时代背景下，乡村旅游正如雨后春笋般蓬勃发展。农耕文化旅游要想在全域旅游"重围"中得到快速发展，必须找准发展项目定位，强化自身特色，要通过项目包装策划、宣传展示等手段，有计划地打造具有浓郁农耕文化色彩的乡村旅游品牌，不断提高其知名度和美誉度。近年来，湖南新化县通过挖掘紫鹊界梯田文化，紫鹊界的乡村旅游品牌在市场上已真正叫响，其知名度和美誉度得到市场认可，目前已成功跻身中国首批 19 个重要农业文化遗产之一，游客人数与日俱增。

（四）乡村康养

乡村康养是现代朝阳产业，是以乡村独有的自然人文资源为基础，通过综合开发利用休闲娱乐、中医理疗、养生养老等多种功能作用，全面提升传统健康疗养业态而产生的一种符合现代消费需求的新业态。这种新业态以亲密接触大自然为特色，以现代养生养老为内容，回归自然，放飞天性，在享受生活的过程中强身健体、颐养天年。当前，湖南乡村康养产业正如雨后春笋般蓬勃兴起，正在逐渐成为乡村旅游业的新增长极。早在 2012 年，湖南就启动了乡村康养产业，2017 年又着手实施首批 20 个森林康养试点示范基地建设，目前已取得了很好的成效。①

1. 科学开发有特色的乡村康养产业。乡村康养业立足健康养生养老主题，开发方式可以多样化，但必须特色鲜明，否则，就不具有长久的生命力。比如，湖南宁乡拥有著名的地理标识性农产品——花猪，可以根据花猪这种地理标识性农产品开发系列美食康养业；湖南麻阳县长寿现象明显，就

---

① 参见刘勇：《湖南首批 20 个森林康养试点示范基地出炉》，华声在线，2017 年 2 月 28 日。

应以长寿文化为基础，结合养老民宿，发展中长期的家庭养老产业。一般来说，乡村康养产业的发展目标是在优质生态基础上，逐步引导和培育养生养老产业，在一定规模后再导入医药产业，最终形成康养小镇。

2.促进相关多产业的深度融合。利用独特的自然人文资源，乡村康养业一般从单项突破慢性病疗养等现代城市人口的难题入手，再延伸发展与康养相关的产业，运用"康养＋""生态＋"等模式，推进康养与农业、教育、文化、旅游等产业的深度融合。通过精准定位区域康养主导产业和服务产品，催生一系列新产品新业态，并使之成为新时代乡村康养产业发展的新动能。实现"康养＋农业""康养＋旅游"等特色产业和康养产业融合互动局面，促进多元化、多层次、全链条的康养产业发展。

二、培育新产业新业态

随着现代科学技术的快速发展和创新应用，不断深化的农村改革正在有效释放发展活力，农村资源要素的组合利用方式正在发生前所未有的新变化。农业与现代信息业等众多产业正在发生深度耦合，不断衍生出多种多样的新产品新产业新业态。近年来，湖南乡村产业新产品新业态层出不穷。通过"互联网＋""生态＋""旅游＋"等多种途径，催生出了休闲农业、会展农业、创意农业等大量农业新业态。

（一）服务型农业新业态

农业与其他产业的耦合交融，不仅可以拉伸产业链条，而且可以产生休闲农业、会展农业、创意农业等众多服务型农业新业态，并大大拓展现代农业发展的利润空间。

1.休闲农业。休闲农业是通过开发利用自然人文资源，实现生产经营集休闲观光、娱乐体验于一体的一种新型农业形态。当前我国休闲农业已进入成长期，正在呈现出蓬勃发展态势，产品类型不断丰富，产业规模不断扩大，产业利润空间不断拓展。与之同时，休闲农业的市场竞争也在不断加剧，面临着转型升级的巨大压力。

2.会展农业。会展农业是指以会展为依托的一种农业经济形态。具体包括各种农业博览会、交易会等。发展会展农业可以促进农业品牌的建立、农业信息的交流与传递、农产品的贸易与推广，甚至能够带动一地物流、旅游、信息、房地产业的发展。当前湖南会展农业的发展已成功迈过初创阶段，具有一定的产业规模，但全国性的会展农业形式不多，还需要在增强展会、节庆衍生产品开发的基础上，努力培育全国性大型有特色的会展农业品牌。

3.创意农业。创意农业是将农业形态与各种创意深度融合后产生的一种新型农业经济形态。其借助于科技创意、文化创意、服务创意、生态创意等方法，达到实现大幅度提升农产品附加价值的目的。总体上看，湖南的创意农业目前仍处于初创阶段，基础比较薄弱，创意产品种类较少、市场份额较小，面临产品创新性不强、文化挖掘不深等实际困难，需要政府加强引导和扶持。

4.阳台农业。阳台农业是指在房屋阳台空间所进行的一种农业生产形态。一般来说，阳台空间虽然比较狭窄，但其利用光热资源比较充分，管理相对轻松，产品新鲜，质量可靠，在追求绿色无公害农产品的现代社会，阳台农业具有很强的吸引力。不仅如此，阳台小菜园还已经成为一种崭新的家庭消费时尚。总体上看，目前湖南的阳台农业尚处在零星发展阶段，大多以情趣式的方式存在，与发达国家或地区相比较，湖南阳台农业还有许多空白发展领域，主要受配套设施不全、品种开发不多、养护指导缺乏等问题的严重制约，需要逐步破解。

（二）创新型农业新业态

现代农业与现代科技联系紧密，尤其与现代科技中的生物技术、信息技术直接相关。近年来，经过现代高科技成果的改造，我国农业出现了生物农业、智慧农业等创新型农业新业态。

1.生物农业。生物农业是指广泛运用现代五大生物工程技术而产生的一种新型农业生产形态。现代生物工程技术在农业生产领域的推广应用，已经形成了涵盖生物制种、生物农药等众多新业态在内的现代农业生产形态。近年来，湖南生物农业产业规模正在不断扩大，产业结构正在不断优化升级。但由于受湖南生物技术原始创新能力不足的制约，生物农业发展成本居高不下，发展依然比较缓慢。

2.智慧农业。智慧农业是将物联网技术运用到现代农业生产经营活动中，运用传感器和相关软件对农业生产经营活动进行决策控制的新型农业形态。智慧农业技术使得传统农业生产经营活动变得更加"聪明"，更具有"智慧"。智慧农业技术可以深入农业生产经营活动的每一个环节和每一个细节，可以提供农产品生产经营的个性化服务。当前，湖南的智慧农业发展刚刚迈过萌芽期，全社会正在形成一种大力发展的共识，但受人才储备不足、基础设施短缺、技术研发运用落后等短板的制约，实现大规模商业化应用还需要较长时间。

3.农业大数据。在推进现代农业发展的进程中，为及时全面地掌握农业发展动态，依托和利用大数据分析处理技术，自然而然地产生了农业大数据分析应用平台。农业大数据分析应用平台可以实现数据库的交互，形成数据的采集和公开发布机制，实现平台分析人员的交流合作等。因此，农业大数据平台可以助推农业资源的开发利用，挖掘农业生产潜力，是典型的农业数字经济。从发展实践看，湖南农业大数据资源的有效开发应用模式目前已经取得初步成效，2016年12月，湖南农业科技大数据平台构建完成。

4.农产品电子商务。农产品电子商务是指用电子商务的手段在互联网上直接销售农产品及生鲜产品。农产品电子商务的出现大大加快了现代农业发展的步伐，真正实现了农产品交易方式的彻底转变，极大地节约了农产品交易成本和机会成本。当前，湖南农产品电商产业已进入快速发展阶段，直播带货甚至已成为一种社会时尚。全省2020年统计完成电商销售农产品零售额210亿元。其中，51个贫困县将达90亿元，6920个贫困村线上线下结合销售当地农特产品的交易额将达18亿元。值得注意的是，湖南农产品电商产业发展过程中的各种制约因素也显现出来，比如仓储物流不畅、农产品标准化建设不足等，这些弊端都需要尽快消除。

（三）社会化农业新业态

随着现代农业的加速发展，农业社会分工不断深化，农业生产组织方式不断变革，从组织方式看，农业产业已经出现了订单农业、社区支持农业、农业生产性服务业等社会化农业新业态。

1.订单农业。订单农业又叫合同农业，农户等农业生产经营主体根据其与农产品需求方之间所签订的订单，有针对性地安排农产品生产的一种农业产销模式。这种模式可以有效避免盲目生产，最大限度地满足市场消费者的需求。目前，湖南订单农业的新表现形式主要有两类，一类是相关市场主体向前延伸产业链，通过订单把农产品的生产场所演变成农产品原材料直供基地；另一类是企业与农产品基地通过订单建立合作关系，将农产品基地作为公司员工消费农产品和体验农业的场所，最大限度地为公司员工提供消费福利。

2.社区支持农业。社区支持农业又称市民菜园，本地社区消费者通过支付预订款，农场蔬菜基地按需求向消费者提供新鲜蔬菜，这是消费者参与生产，生产者和消费者风险共担、利益共享的城乡合作新的农业形态。市民菜园在生产者和消费者之间架起了直接联系的桥梁和纽带，也为消费者获取健康安全的农产品提供了一条可靠途径。[①]

3.农业生产性服务业。农业生产性服务是指为了提高资源配置效率，将生产服务贯通于农业产前、产中、产后和产业链全过程的社会化服务产业。农业生产性服务业的发展解决了过去单个农业生产主体办不了、办不好、办起来不合算的一系列难题，大大降低了农业生产成本。目前，湖南农业生产性服务业不仅是独立的产业，而且正在构建一个完整的体系，共享农机服务、共享农技服务等共享共生方式层出不穷。

---

① 　参见陈慈等：《当前农业新业态发展的阶段性特征》，《中国果业信息》2018年第5期。

三、打造新载体新模式

为促进农村生产生活生态的协调发展，加快一、二、三产业的深度融合，各地通过积极探索，努力建设乡村产业振兴的平台和载体，目前已形成了一批乡村产业振兴的新载体新模式。

（一）田园综合体

田园综合体是以农民合作社为主要载体，以自然村落或特色片区为开发单元，以生产经营体系、生态服务体系、发展运行体系为重点，集循环农业、创意农业、农事体验、田园社区为一体的复合体。[1]2017 年 8 月，湖南首次启动浏阳市、衡山县田园综合体国家级试点建设，围绕"生产生活生态同步、三次产业高度融合、农民充分参与受益"的目标，积极探索科学合理的建设运营管理模式，妥善处理政府、企业和农民三者之间的关系。

（二）现代农业特色产业园

现代农业特色产业园就是运用新发展理念，不断做大做强优势特色农业产业，并将其打造成为现代农业特色产业园区集群。让现代农业特色产业园迭变为技术先进、支持有力、设施配套的现代农业产业集成区，既需要引导加工企业向园区集聚，也需要推进农科教、产学研的协作，还需要有效探索科技成果应用机制。自 2017 年起的连续 3 年，中央一号文件中都提出要大力发展现代农业特色产业园，并且相关部委出台了具体指导意见和实施方案，全国各地也针对创建现代农业特色产业园出台了扶持政策。可以说，现代农业特色产业园既是时代红利，也是政策风口。2017 年首批国家现代农业产业园共确立 11 家，涉及 10 个省份的多个产业。2018 年湖南省下发了《湖南省农业委员会湖南省财政厅关于 2018—2020 年全省现代农业特色产业园创建工作的通知》，分三年扶持发展 1000 家现代农业特色产业园。

---

① 陆波：《青岛深度打造乡村振兴七大平台》，《青岛日报》2019 年 10 月 29 日。

（三）美丽乡村示范片区

美丽乡村示范片区是为提升美丽乡村建设水平，选取一定数量具有良好基础的村庄，开发利用优势资源，将其打造成为规划科学合理、生态环境良好、优势产业突出的区域。建设美丽乡村示范片区的目的是积极发掘乡村产业的新功能新价值，培育新产业新业态，促进乡村多产业、多业态融合发展。① 湖南省早在 2014 年就印发了《湖南省改善农村人居环境建设美丽乡村工作意见》，多年来，湖南省持续推进农村人居环境整治和美丽宜居乡村建设，扎实实施"千村美丽、万村整治"工程，取得了显著成效。仅 2019 年一年，全省就创建了 67 个"湖南省美丽乡村建设示范村"。

（四）特色小镇

特色小镇是指集明确产业定位、文化内涵、旅游和社区等多种功能的空间发展平台。特色小镇的建设，既有利于挖掘优势资源，发展壮大特色产业，也有利于改善城镇发展面貌，提高人民群众生活质量，更有利于处理好新时代城乡关系，破解"三农"难题。2016 年 7 月，国家相关部委联合发布通知，决定在全国范围内培育建设一批特色小镇，提出培育 1000 个左右各具特色、富有活力的休闲旅游、商贸物流、现代制造、教育科技、传统文化、美丽宜居的特色小镇。2019 年 7 月，湖南宣布建设 10 个农业特色小镇，将按照"发展有规划、功能布局好，产业有规模、示范带动好，加工有龙头、品牌形象好，三产有融合、致富效果好，建设有特色、镇域环境好"的标准，集中资源力量打造一批在全国有知名度、有影响力的特色小镇。

（五）国际种都

国际种都是指集种业研发、生产、加工物流、会展等业态于一体的空间运行平台。通过建设开放式生物育种技术平台，积极探索农作物种业创新成果转化和共享新体系，提升农作物种子质量检测中心能力，构建以企业为主

---

① 参见陆波：《青岛深度打造乡村振兴七大平台》，《青岛日报》2019 年 10 月 29 日。

体、市场为导向、人才为根本、资本为纽带、产学研融合、育繁推一体化的现代种业发展体系。[1] 自 2013 年起，湖南就启动了长沙国际种都项目建设，重点打造"水稻博物馆、国际种业交易中心、国际会展中心、分子育种中心"等"一馆三中心"。

（六）农业产业化联合体

农业产业化联合体是指依托特色农业产业，以龙头企业为引领，以合作社、家庭农场、专业大户、研发机构等为主体，以规模化、标准化、品牌化经营为路径，以利益联结为纽带，集科研、生产、加工、储运于一体的全产业链发展的农业经营组织联盟。[2] 它通过推动要素融通，挖掘产业集聚效应，促进一、二、三产业相互渗透，延长产业链、提升价值链，最终实现在产业增值的基础上让广大农民受益。2017 年 11 月，农业部等六部委联合发布《关于促进农业产业化联合体发展的指导意见》，2019 年 9 月，湖南省农业农村厅又发布了《关于加强农业产业化联合体培育的通知》，不断加大培育力度。到 2019 年底，湖南省共创建了 171 家农业产业化省级联合体。[3]

第二节　完善紧密多元的利益联结机制

乡村产业融合发展的重要特征是联农带农，让农民分享更多增值收益。而实现这一目标，关键是要完善紧密多元的利益联结机制，真正实现利益融合。党的十八大以来，中共中央十分关注乡村产业融合的利益联结机制问题。习近平总书记 2014 年在内蒙古调研时曾指出："要探索一些好办法，建立企业与农牧民利益联结机制，帮助农牧民更多分享产业利润效益，真正同龙头企业等经营主体形成利益共同体。"

---

[1]　参见陆波：《青岛深度打造乡村振兴七大平台》，《青岛日报》2019 年 10 月 29 日。

[2]　陆波：《青岛深度打造乡村振兴七大平台》，《青岛日报》2019 年 10 月 29 日。

[3]　湖南省人民政府门户网站，2020 年 3 月 4 日。

一、提高农民参与程度

伴随着产业主体的多元化、复杂化，如何进行价值分配、平衡好各方利益就成了乡村产业健康发展的关键问题。这就要求在各类新型经营主体之间、新型经营主体与普通农户之间构建起利益激励相容机制，有效规避道德风险和逆向选择，形成不同经营主体之间分工协作、优势互补、互惠共赢、风险共担的利益格局。

（一）把农民利益放在首位

产业融合发展进程中，新型经营主体与农户的地位容易出现不对等情况，一般来说，农民容易处于弱势地位。要科学处理好农户与新型经营主体的关系，调动农民群众的积极性、主动性和创造性，不断提升农民的获得感、幸福感、安全感，就必须首先考虑农民的利益，农民能否致富增收是检验产业融合发展成败的决定因素。

把农民利益放在首位，就要以问题为导向，完善农村产权制度，明晰产权归属、完善权能配置，赋予农民更多的财产权利；要充分保障农民应有的经济政治权利，保持农村土地承包关系长久不变，积极探索土地股份合作制度，创新发展宅基地、承包地股份合作的方式方法；畅通农民意愿表达渠道和意见反馈渠道，化解各种矛盾和冲突，处理好坚持农村集体产权和保护农民财产权益的关系，做好现代市场农业与小农户经营的有效衔接，既保障国家粮食安全，又能实现农民稳步增收。

（二）发挥农民主体作用

乡村产业植根于农业农村，产业融合发展的主体必然是农民。因为只有农民才对土地最珍惜和熟悉，只有让农民来经营农地，才能保障乡村产业可持续健康发展。不能让农民成为产业融合发展的旁观者，而应让其有切身的参与感，让农民成为产业融合发展的主要受益者。因此，实施乡村产业融合依靠的应是广大农民，离开农民参与的乡村产业融合很难有活力，排斥农民分享利益的乡村产业融合纵然轰轰烈烈也将毫无意义。

尊重和保障农民的各项权利，是发挥农民主体作用的基础。实现好、维护好、发展好农民的根本利益是农村产业融合发展的出发点和落脚点。推进农村产业融合发展的成效，最终要落到促进产业健康发展、增加农民收入上来。发挥农民的主体作用，首先是要充分尊重农民的意愿。各级政府部门应积极培育农民主体意识，深入农村知民情、察民意、解难题，真正了解、发动和引导农民参与到产业融合发展上来。其次是发挥农民的首创精神，支持和鼓励农民因地制宜、积极探索，凝聚农民的智慧结晶，充分激发农民的内在动力，发挥村民自治作用，鼓励农民围绕产业融合发展进行大胆的探索、实践，并认真研究和总结发扬农民创造的新经验，共同蹚出产业融合发展的正确路子。

（三）开展农民素质培训

农民的素质越高，对农村产业融合发展的认识就越深，参与产业发展的积极性就越高，效果就越明显。只有提高农民的综合素质，才能促进农民在产业融合发展中更好地发挥主体作用。推进农村产业融合发展，要扎扎实实地搞好宣传教育，形成正确的舆论导向，动员广大农民踊跃参与建设，大力营造良好的环境氛围。

要针对乡村产业发展要求，广泛开展现代产业发展技能培训。结合当前科技发展情况，在农村构筑有效的技能培训体系，借助农民夜校等平台对农民亟须提升的各种技能进行培训。同时注意结合农民需求，分门别类培养，满足农民的个体化需求。

二、创新收益分享模式

收益分享是利益联结机制的核心，只有不断创新收益分享模式，才能构建起紧密多元的利益联结机制，才能更好地促进乡村产业的深度融合发展。

（一）订单型利益联结机制

订单型利益联结机制就是在农业产业化联合体中，通过"公司＋合作社＋农户"的模式，以长期订单为媒介，引导龙头企业、合作社与农户建立紧密的利益联结关系，从而提升生产的集约化组织化水平，更好地保障农户利益。在这种模式下，龙头企业负责统一的生产标准、农资供应、产品收购、品牌建设，合作社负责技术培训服务与管理，农户负责直接生产经营过程，这样，农户在降低劳动强度和经营风险的同时，可以不断提高生产效率、产品质量和经营收益。在这种模式中，我们可以看到，产业发展的根基在农民，龙头企业通过保护价收购和利益兜底等方式，与农户建立起"风险共担、利益共享"的紧密利益联结机制。目前，湖南有500多万农户与农业产业化龙头企业签订订单，签约农户的生产经营收入通常超过未签约农户的50%。

(二) 股份型利益联结机制

股份型利益联结机制就是通过龙头企业领办或入股合作经济组织，或是通过支持农户以土地、林权或其他资产折资入股合作社，再以合作社为主体，打包入股龙头企业，从而建立起企业与农户之间的股份合作关系，进而构建起企业与农户之间紧密的利益联结机制。在这种模式下，农户以契约价格流转土地，企业可以把土地资源集中起来，推进规模化连片发展，开展生产经营后，企业再聘用农民务工，使之获得工资收入，最终让农户获得"股金＋租金＋薪金"三大块收入。在实际操作中，农户的股金收入一般遵循"负盈不负亏"的原则，即"保底收益＋按股分红"，若以土地入股的，保底收益一般不低于土地市场流转的平均租金，按股分红则取决于经营内容和经营状况。这种利益联结机制目前深受基层干部群众的欢迎，它可以让农村"沉睡"的资源活起来、分散的资金聚起来、增收的渠道多起来、百姓的日子好起来。

(三) 托管型利益联结机制

托管型利益联结机制就是依托农村社会化综合服务主体，推广土地代耕代管代种、农产品代加代销代售，农户与服务主体之间最终形成紧密的利益联结。在这种模式下，主要是要利用乡村产业融合发展的优惠政策，通过完善农业生产加工销售社会化服务体系，建立综合性产业服务平台，构建全链条服务，将小农户生产引入现代农业农村发展轨道，进而带动农户收入持续稳定增长。2019 年 2 月，湖南省组建了宁远县农村资源运营管理公司，在湘首创"土地超市＋土地银行"托管服务宁远模式，实现了让农村土地资源资产变成财产的目的。

（四）市场型利益联结机制

市场型利益联结机制就是商贸类流通企业以区域交易市场为载体，引导小微农商户免费进入市场交易，共同汇聚人气、繁荣市场，让农户分享流通环节的增值收益，形成大市场与小微农商户群互惠互利的利益联结机制。近年来，湖南省张家界市武陵源区通过建设农产品运营中心、益农信息社服务站点，为小微农商户销售农产品开辟了便捷通道，让一批建档立卡贫困户实现了脱贫致富。

三、强化政策扶持引导

当前，我国乡村产业的融合发展总体上正处于加速推进阶段，成就不小，但面临的困难也不少。一是融合发展的观念不强。一些地方往往只注重农业生产功能的开发，不注重发掘现代农业的多重功能，缺乏三次产业融合发展的总体规划和整体布局。二是融合发展的层次不高。三次产业融合发展的市场主体数量少、规模小，农产品加工深度不够，质量档次不高，品牌影响力不强。三是融合发展的要素不足。土地、资金、人才和技术等要素缺乏，土地流转困难，融资难融资贵，人才短缺，技术开发能力偏弱，要素支撑能力脆弱。四是融合发展的利益联结机制不科学。农民利益不能得到有效维护，农户与新型农业经营主体联系不紧密，带动农民增收的能力不强。五是融合发展的协调机制不健全。政府各有关部门的协同推进能力弱，资源不能得到有效整合。针对现实中存在的困难和问题，唯有坚持创新，强化政策扶持和引导，才能不断把乡村产业的融合发展推向纵深。

（一）积极探索乡村产业融合发展方式

农村产业融合发展的方式、类型和模式多种多样，必须因地制宜，勇于创新。

1. 产业内部融合。以农林结合、农牧结合为导向，加大农业种植结构和养殖结构的调整力度，发展绿色农业、低碳农业和循环农业，不断迈向农业生产链条的中高端。

2. 延伸产业链。主要是要提高农产品加工的深度和精度，并把农产品特色加工和农产品流通批发市场建设有效结合起来，不断拉伸农业生产链、产品链和价值链。

3. 开发农业多种功能。提高农业与旅游、康养等众多产业的融合水平，不断拓展农业产业的利润空间。

4. 发展产业新业态。实施"互联网＋"战略，广泛运用现代信息技术，不断提升乡村产业生产经营和管理服务的水平。

5. 促进集聚发展。在特色农业发展优势区，建设农产品集散中心、物流配送中心和展览展销中心，与此同时，加快培育农产品品牌，不断推进农产品品牌建设。

（二）努力培育乡村产业融合发展主体

乡村产业融合发展主体的强弱决定了其带动能力的大小，只有努力培育，才能发挥其作用。

1. 培育农民专业合作社。鼓励农民专业合作社做大做强，支持其不断拓展经营范围，发展加工流通业，开展综合性服务，建设农业电子商务平台，充分发挥农民专业合作社的龙头带动作用。

2. 鼓励农民创新创业。发挥农民的首创精神，尤其是要支持和鼓励农民工、大学生、退伍军人等人才返乡创业，为他们提供施展才能的空间。

3. 加大产业政策支持力度。通过设立产业发展引导基金、贷款贴息等方式，重点扶持那些带动能力强、辐射范围广的新型农业经营主体。

（三）切实加大财税支持力度

运用政府宏观调控工具和手段，不断健全促进乡村产业融合发展的政策体系。

1.加大财政支持力度。要将财政现有资金、预算内资金、农业综合开发资金等向农村产业融合发展项目倾斜，支持农民专业合作社、家庭农场等新型主体优先承担政府涉农项目，通过财政贴息等多种方式，引导社会资本积极向农村产业融合发展领域投资。

2.加大税收支持力度。进一步加大涉农企业及产品的减税降费力度，扩大农产品加工税收优惠范围。

3.加大用地用电支持力度。在农村建设用地指标中，应设立一定比例，专门用于新型农业经营主体进行农产品加工、流通等设施建设；落实农产品加工用电与农业用电享受同等政策等。

（四）着力强化金融支持力度

只有强化金融机构支持，才能有效破解融资难融资贵问题。

1.推广产业链金融模式。扩展农户和农村企业的可抵押物范围，在一定区域内积极试点农村承包地的经营权抵押贷款，搞活资金融通；同时，还要平稳有序地开展农民住房财产权抵押贷款试点，为产业链发展提供更多的金融服务。

2.发展普惠金融。加快农村村镇银行、农村资金互助社、农业投资基金、农村信用担保公司等新型主体发展，有序开展小额信贷、财政贴息贷款等普惠性金融业务。

（五）不断深化行政管理体制改革

农村产业融合发展涉及政府部门较多，需要不断改革创新行政管理体制机制，坚决打破部门分割，实现多部门、多层次、多环节和跨空间的组织协同，形成工作合力。

第三节　激发农村创新创业活力

2016年5月，习近平总书记在黑龙江考察调研时指出，把振兴发展的基点放在创新上。创新人才是乡村产业振兴的关键，乡村产业振兴离不开打造一批高素质的创新人才队伍。构建起我国地域特色鲜明、承载乡村价值、创新创业活跃的现代乡村产业体系，必须聚焦重点特色产业，聚集资源要素，强化创新引领，培育发展新动能，才能为实现乡村振兴奠定坚实的产业基础。

一、培育壮大创新创业群体

持续改善农村创新创业环境，提高乡村产业要素配置效率，打造一支眼界开阔、理念先进、敢于奋斗的创新创业人才队伍，就一定能走出一条人无我有、人有我特的乡村特色产业发展之路，焕发出农村的生机与活力。

（一）建设助力产业融合的乡土人才队伍

乡土人才指的是具有一定的知识技能、专业特长、能在农村经济社会发展中作出积极贡献、群众公认的乡土能人。乡土人才通过传播新理念，传承老技艺，开发新工艺，可以带来产业发展的新动力，促进农村经济结构的多元化高端化，建立起新的激励机制和动力机制，促进农业产业链价值链延伸，提高乡村产业的发展效益。培养土专家、"田秀才"，让乡土人才成为乡村科技致富的先行者和推动者，应将培养本地乡土人才与引进外来人才有机结合起来。真正让人才带动一方百姓，搞活一片经济。

1.多措并举育人才。制定符合本地实际的乡土人才专项培育计划，定期举办各种类型的乡土人才培训班，不断提升乡土人才的专业水平和专业技能。通过举办乡土人才技艺技能大赛等活动形式，打造乡土人才职业技能展示平台。通过设立乡土人才职称评聘制度，打通乡土人才职业发展通道。

2.聚焦四方引人才。乡村产业振兴需要加强人才引进工作，只要用得上、用得好的人才就要积极引进。既要以乡情呼唤人才，也要通过搭建平台，不断强化措施吸引外出创业成功人士和乡贤回乡创业，鼓励外出人才返乡哺业，并把这些人吸纳到乡村产业融合发展中来，让他们建言献策，积极参与乡村发展。此外，乡村还要不断提高教育、医疗、社保等基本公共服务水平和交通、通信等基础设施建设水平,将农村打造成宜居宜业之地,把四方人才吸引到农村来,让他们能够自愿来、主动留。

3.围绕产业用人才。积极推行乡土人才进合作社的方式,把分散的乡土人才聚集到一起,引导乡土人才群体走上产业化发展经营之路。打造"乡土人才大师工作室""乡土人才产业园"等创新创业载体,为乡土人才构建施展才干的平台。鼓励金融机构开发针对乡土人才的个性化定制金融产品,为乡土人才扎根乡村、服务产业融合提供资金保障。

(二)培养创业致富的乡村产业"领头雁"

创业致富的"领头雁"是农村先进生产力的代表,是带动农民加快脱贫致富的骨干力量。一个乡村往往是因为有了一个"领头雁"就能发展壮大鲜活起来。充分利用和发挥"领头雁"作用,是实现乡村产业振兴的主要途径。"领头雁"根植于农村创业兴业,领衔发展乡村特色产业,带动和激发农民的内生动力。有了"领头雁",就能让产业融合发展项目"落地生根、开花结果",真正实现产业振兴的目的。

1.优选激励使用"领头雁"。党委和政府应就如何选择好、培育好、使用好"领头雁"作出系统的制度安排,做到目标清晰、任务明确、措施有力、考核规范。比如由组织部门牵头,结合加强农村基层组织建设,配套实施培育"领头雁"工程,把"领头雁"不断培养成长为党员、村干部、乡镇干部,培养成长为乡村产业振兴的中坚力量。

2.投入资金培育"领头雁"。党委和政府要主动担当作为,对于"领头雁"所需的创业扶持资金,积极做好协调落实工作;努力推行部门联动,共同开展创业扶持活动,为"领头雁"做好精细化融资协调服务工作。

3.及时跟踪问效"领头雁"。通过建立责任制,对花在"领头雁"身上的每一分扶持资金都有严格的跟踪问效制度,直到工作落实落小落细。在跟踪的过程中,及时总结经验、发现问题、坚决整改。特别是要坚持问题导向,聚焦未落实的项目,积极整改,确保"领头雁"培育工作不走偏,保证"领头雁"培育工作的质量。

党的十八大以来，多支人才队伍汇聚乡村创新创业，演绎出了一部部精彩的创新创业大剧。这其中返乡农民工、大学生"创客"、农村能人和入乡城市老板是创新创业队伍的主力，大多干得风生水起，形成了要素聚乡、产业下乡、人才入乡和能人留乡的生动局面，农村创业创新焕发出勃勃生机。据农业农村部最新统计，全国返乡入乡创业创新人员已达 850 万人，在乡创业创新人员达 3100 万人。①

二、完善创新创业服务体系

健全的公共服务体系是推进农村创新创业的重要保证，在这一创新创业可以大有作为的时代，政府主动担当作为，努力完善农村创业创新公共服务体系，以创业创新汇聚乡村产业振兴新动能新活力，让乡村产业成为有奔头的产业，让农民成为有吸引力的职业，让农村成为安居乐业的美丽家园。②

（一）优化农村创新创业政策服务体系

政策服务体系是推进农村创新创业最重要的支撑和保障，内容丰富、贴心暖心的"政策礼包"可以厚植创新创业沃土。当前，优化我国农村"双创"政策服务体系，可以从六个方面着力：一是要提高政策设计的科学性和精准性。"创客"的思维逻辑和行为方式与常人有异，有独特的基本规律。只有精准把握"农创客"的行为特征和要求，才能精准分类设计，科学制定政策，才能从市场准入、融资服务等方面为"农创客"提供优质高效服务。二是要提高政策安排的协同性和系统性。对于"农创"，既要简政放权，为创客投资发展提供便利化服务，又要放管结合，在整合财政、税收、信贷等各项优惠政策的基础上，有效衔接各级各类政策，形成政策合力。三是要提高政策设计的针对性和有效性。提高政策的针对性有效性就是提高政策的生命

---

① 参见吉蕾蕾：《返乡入乡创业创新人员达 850 万人 农村创业创新正当时》，《经济日报》2019 年 11 月 21 日。

② 参见高昕、庄少峰：《发挥农民主体作用 服务乡村振兴战略》，《决策参考》2018 年 10 月 28 日。

力，设计的政策要"上接天线""下接地气"，既与国家大政方针相符，又要满足"农创"需求，增强政策供给的有效性。四是要提高政策运行的灵活性和导向性。政策落实的关键在于执行，但政策的执行又不能刻板甚至死板，应保持适度的灵活性，比如在专利申请和成果转化应用等方面就应开辟灵活有效的绿色通道，实施一站式便利服务，这样才能最大限度地发挥出政策的激励导向作用。五是要提高政策执行的动态性和前瞻性。由于创新创业具有高风险性特征，在政策执行过程中，对"双创"进行动态跟踪和预警服务显得十分必要。既要鼓励创新创业，又要明确风险边界，让创新创业保持适度理性。六是要提高政策宣传的广泛性和普及性。政策宣传力度决定政策实施效果，政府鼓励创新创业的好政策，需要运用多种渠道和多种方式对群众进行宣传推介，营造良好的舆论氛围，最终赢得人民群众的广泛支持和参与。

（二）搭建农村创新创业平台服务体系

平台支撑是推进农村创新创业的重要基石，因为只有拥有好的平台，才能聚集更多的资源，从而才能更好地为创新创业服务。当前，搭建湖南农村创新创业平台服务体系，主要是要做到三个加强：一是加强平台资源整合。自成体系的单个平台往往很难有效发挥作用，只有把这些独立平台互联互通起来，才能让每个平台发挥出最大的价值。因此，必须整合各级各类平台资源，借助于现代互联网技术，创建农村创新创业云平台，才能为创新创业者提供强大稳定的综合性服务。二是加强平台基地建设。为农村创新创业提供更多可选择的场所，这是政府应尽的职责。多层次、多类型的农村创新创业园区，可复制、可推广的创新创业孵化基地、示范点和服务站，发挥出这些形式多样的平台基地的集聚效应和示范引领作用。三是加强平台市场化运行。实践证明，激活乡村创新创业市场活力，市场机制最有效率。把创新创业向纵深推进，就要建立起公平竞争、规范有序的农村要素交易市场，实现资源要素自由流通。

（三）完善农村创新创业公共服务体系

全面完善的公共服务体系是农村创新创业的重要助推器。为农村创新创业提供有效的社会服务，可以大大提升农村创新创业的层次水平。当前，完善湖南省农村创新创业公共服务体系，重点是加强两个方面的建设：一是加强创新创业的学习服务体系建设。建立创新创业示范样本库，加大创业先进典型、先进经验的宣传力度，打造创新创业实训基地，有计划、分阶段组织创新创业者参观考察、观摩学习，开展创新创业经验交流研讨会，在比较学习中弥补创新创业认知上的不足和经验上的匮乏，培养创新创业的兴趣和热情。二是加强创新创业的培训教育体系建设。发展网络教育、继续教育，定期开展专业培训，扩充知识储备，提升能力，打造一支专业技能过硬、职业素养可靠的"创客"队伍。在培训内容上，重点是培养创业机会识别把握能力、生产经营管理能力；在培训形式上，采取集中培训和专业培训相结合、线上培训和线下交流相结合的方式，有针对性地解决创新创业中遇到的各种实际问题。

三、建立创新创业激励机制

所谓创新创业激励机制就是以激励为核心，使创新创业者的工作效率和智慧潜能得到充分发挥的人力资源管理机制，而激励则是运用各种管理手段和策略对人们的行为动机进行激发，从而调动人们的积极性，改变人们活动方式，实现组织目标的过程。建立创新创业激励机制，目的是防止现有创新人才尤其是优秀人才流失，这也是目前解决乡村产业发展中人才危机最现实最基本也最经济的途径。

（一）强化物质激励

市场经济条件下通行的激励手段是物质激励，通过提高物质待遇可以有效调动创新创业人才的积极性、主动性和创造性。因为，在现实世界中，人的物质需求是最基本需求，没有物质欲望的满足，其他欲望的满足就无从谈起。

（二）改进事业激励

比物质激励层次更高的激励方式是事业激励，对创客来说，事业激励往往比物质激励更有效。因为就人才成长规律看，优秀的专业人才一般都渴望得到更大的发展空间，有时这种需求甚至比物质的满足更为强烈。

（三）重视精神激励

人都有尊重的需要，精神激励往往能让创业者感受到内心的温暖。对创业者而言，精神激励是必不可少的，而且，精神激励方式还可以多样化，归根结底是要视人才为最大财富，真正尊重人才、信任人才、关心人才，保障人才的各种合法权益，让他们时时处处都能感受到来自党和政府的真情关怀。

第四章　推进乡村绿色发展

必须树立和践行"绿水青山就是金山银山"的理念，加快生态文明体制改革，这是党中央作出的重大战略部署。这为乡村绿色发展提供了基本遵循和行动指南。我们要贯彻落实党中央战略部署，推进农业绿色发展，持续改善乡村人居环境，形成乡村绿色发展的生产、生活方式，推动乡村振兴。

第一节　大力推进农业绿色发展

农业是我国绝大部分乡村的主业所在，农业发展是否绿色直接决定了乡村生态环境的质量。为了促进农业绿色发展，中共中央办公厅、国务院办公厅于2017年9月发布了《关于创新体制机制推进农业绿色发展的意见》，意见指出，推进农业绿色发展，是贯彻新发展理念、推进农业供给侧结构性改革的必然要求，是加快农业现代化、促进农业可持续发展的重大举措，对保障我国食物安全、资源安全和生态安全，维系当代人福祉和保障子孙后代永续发展具有重大意义。党的十八大以来，党中央、国务院作出一系列关于农业绿色发展的重大决策部署，为农业绿色发展指明了方向、提出了要求。与之相适应，湖南省政府办公厅出台的《关于创新体制机制推进农业绿色发展的实施意见》要求：要以生态环境友好和资源永续利用为导向，大力推动形成农业绿色生产方式，实现生产投入减量化、生产过程清洁化、废弃物资源化、生产模式生态化，提高农业可持续发展能力，推进农业绿色发展。

一、加强农业资源保护与节约利用

（一）强化水资源有效利用

在农业生产中开展农业节水行动，实行最严格水资源管理制度。湖南省是一个农业大省，农业用水量约占水资源使用量的80%。地表水资源虽然丰富，但人均水资源总量只略高于全国平均水平，如果按国际标准来看，湖南的水资源状况不容乐观，处于缺水边缘。在季风气候、地形地貌和大气环流的综合作用下，湖南省水资源时空分布的特征为：水资源年内分配不均、年际变化较大，受降水影响明显，地域分布差异大。具体来说，湖南省西北部（湘西、张家界、常德、益阳）降水偏少，水资源比较紧缺；东南西部（郴州、永州、怀化）水资源储藏多，开发潜力较大；东北部（长沙、株洲、湘潭、岳阳）等发达地区水资源供需不平衡；中部地区（邵阳、衡阳、娄底）水资源压力较大。

总体来看，湖南省缺水现象和水资源分配不均衡现象都比较严重，必须深入推进农业灌溉用水的总量控制和分配管理。一是要按照总体不增加农民负担的原则，明晰农业水权，建立健全合理的水价形成机制，在此基础上加快探索形成农业用水精准补贴和节水激励机制。[1] 二是要提高农业灌溉用水的利用效率。加大农业节水科学研究和技术攻关，推广农业节水、工程技术节水等多种措施的使用，健全基层节水农业技术推广服务体系，探索节水市场化运作模式。三是在适当的地区充分利用天然降水，积极有序发展雨养农业和海绵农业。

（二）严格农用地分类管理，落实和完善耕地占补平衡制度

中共中央、国务院印发《乡村振兴战略规划（2018—2022年)》要求："实施农用地分类管理，切实加大优先保护类耕地保护力度。降低耕地开发利用强

---

[1] 参见中共湖南省委、湖南省人民政府：《湖南省乡村振兴战略规划（2018—2022年)》。

度，扩大轮作休耕制度试点"。[①] 对于湖南来说，首先要研究编制《湖南省农用地分类管理实施方案》，确定农用地分类标准，建立耕地等级评价制度，综合运用建档立册、上图入库、GIS、GPS 等现代信息技术和地理信息系统，对农用地进行精准分类分等级并动态管理，尤其是对保护类耕地，明确经营者耕地保护主体责任，切实加大保护力度。其次，要落实耕地占补平衡制度，并因地制宜地完善此项制度。在耕地占补平衡实践操作中，要坚决防止补充的耕地数量不足或质量不达标的问题，具体来说就是要防止占多补少、占优补劣、占水田补旱地等现象发生，构建数量、质量、生态"三位一体"的耕地保护体系。再次，在全省范围内推进建设占用耕地耕作层土壤剥离和再利用工作。

（三）健全生物资源保护与利用体系

以全省 502 个各级各类自然保护地为依托，全面开展动植物种质资源普查工作，加快湖南省种质资源库和基因库建设，加强本土原生物种和动植物种质资源的保护，同时推进资源的有效利用。在省域范围内打破自然生态系统之间的行政分割，逐步弥合生态系统的地理空间阻隔，继续加强各类野生生物的自然保护区建设，全面禁猎重点保护野生动物。在扩大森林覆盖率的同时，选择试点区域实施森林质量精准提升工程，着力提升湖南省森林质量。制定和实施湖南省生物多样性保护重大工程，尤其是要完善和健全生物安全查验机制，防范本土物种资源丧失和外来生物物种入侵。实施禁渔制度，划定全省江河湖库限捕和禁捕区域与时段，加强湘、资、沅、澧四水和洞庭湖流域渔业资源的管控与养护。

二、推进农业清洁生产

（一）加强农业投入品规范化管理

农业投入品的管理对清洁生产至关重要，要不断健全农业投入品分类管

---

①　中共中央、国务院:《乡村振兴战略规划（2018—2022 年)》，人民出版社 2018 年版，第 57 页。

理和追溯系统，对国家限制使用的农业投入品实行定点经营出售和实名购买制度。尽快实施高毒农药及饲料添加剂退出计划。集中回收集中处置农药化肥、兽药等废弃包装和污染物。加强科技普及队伍建设，深入推广测土配方施肥技术，支持和推广有机肥、绿肥的加工生产和应用。根据湖南省各地区实际，积极支持开展果菜茶等有机肥替代化肥示范，逐步减少化肥农药使用量。严格管理禽畜饲料和添加剂的质量安全，对涉及农产品的质量安全案件进行严肃查处并加重处罚。[1]

（二）实施农产品生产过程安全控制

支持和推广建立农产品生产过程追溯体系，健全生产过程标准化管控体系。推进农作物病虫害专业化统防统治，落实农药兽药安全间隔期和休药期规定，实施全程科学用药和绿色防控。健全和推广包括生产过程记录、包装标识标志、自律检查检测等农产品生产制度。加强农业生产中动植物疫情疫病的监测与防控，对动物疫病实施强制免疫，推进动物疫病净化与消灭，出现疫情及时强制扑杀。强化畜禽屠宰全程管理。加大水产养殖环境治理力度，严格控制河流湖库投饵网箱养殖，推行水产健康养殖。严格执行农产品质量安全市场准入制度，并积极推行质量问题产品生产退出制度，强化防、控、管协同工作机制，杜绝风险隐患。鼓励各县推进国家级农产品质量安全县创建工作。

（三）积极开展农业绿色发展试点

探索建立农业环境容量评价制度。通过监测湖南省典型农业生产区域各项关键环境指标的变化，搭建农业环境容量指标动态监测数据库平台，综合评价农业资源可持续利用的现状和问题。依据评价结果分类划定农产品产地绿色化发展等级，制定受污染指标的修复方案，推进农业环境容量提升。在全省开展农业绿色发展示范与试点活动，鼓励各类农业绿色发展改革试验区、生态农业示范区等试点示范先行区建设。鼓励有条件的地区申报国家农

---

[1]　参见中共湖南省委、湖南省人民政府：《湖南省乡村振兴战略规划（2018—2022年）》。

业可持续发展试验示范区。

三、集中治理农业环境突出问题

(一) 加快农业面源污染治理

一是要统筹谋划、系统设计。按照绿色发展要求，统筹考虑全省各地区农业产业布局、生产要素以及面临的突出环境问题，系统设计农村面源污染防治的工作重点、技术模式及措施，综合采用多种防治方式，源头预防与过程管控相结合，工程技术措施与生态环境补偿并举，分步骤按计划协调推进。二是要突出重点、逐步推进。根据湖南省实际，以化肥和农药的施用减量和危害控制、重金属污染耕地和水体的综合治理、禽畜粪便和农作物秸秆循环利用、水产养殖和生产污水治理等为重点，逐步推进农业面源污染治理活动。三是要政府引导、市场运作。充分发挥各级政府的引导作用和市场配置资源的决定性作用，引导社会资本投入农业污染治理，建立多元化投入机制和产学研协同推进机制，形成多元化主体合力治理农村面源污染。四是搞清底数，全面遏制。持续推进完成全省农业面源污染普查摸底工作，选择重点地区探索试点实施先进适用技术和工程建设治理等措施，建设农业面源污染防治示范区，探索综合治理新模式，最终达成农业面源污染的有效遏制。

(二) 推动重金属污染耕地修复

湖南省要在先期进行的长株潭地区 19 个市县区重金属污染耕地修复治理试点基础上，扩大修复治理范围和规模，深入实施重金属污染土壤防治年度行动计划，有序推进治理修复。一是要继续加强重点矿区周边农田污染综合整治。加快郴州三十六湾、衡阳水口山、岳阳桃林铅锌矿区等重点污染区周边农田综合治理。二是建立全省耕作土壤重金属污染的动态监测体系，通过对农产品产地的土壤详查，建立全省土壤样品保存库。根据土壤重金属污染状况和主要农产品污染程度，对农产品产地进行分类划分：对重金属污染超标耕地提出综合整治方案，由行政主管部门督促地区实施；对严格管控区耕地有计划实施休耕、退耕等缓冲措施，并积极开展种植结构调整；对安全利用区耕地有针对性地制定污染防范和安全利用方案。三是健全全方位常态化监测体系，坚决阻断未经处理的工业和城镇污水、污染物进入乡村。四是加强重金属污染耕地修复治理技术的研究，探索农作物种植结构调整应对重金属污染的基础性研究工作，加快形成可操作可推广的标准化技术流程，有效缓解进而彻底解决湖南省农产品重金属污染状况。①

（三）推进农业废弃物资源化利用

湖南省要以各级各类土壤的现状承载力为基础，集成采用农业废弃物资源化利用的多种方式，推广和完善已经比较成熟的堆肥与还田、绿肥加工、水肥一体化、废弃物发电、沼气等技术，积极探索畜禽养殖废弃物规模化处理、种养生态化循环利用和社会化服务等农业废弃物资源化利用模式，因地制宜筹划和建设农业废弃物综合利用项目，逐步实现农业废弃物资源化利用。一是继续保持湖南省在畜禽养殖废弃物处理方面的经验优势，探索畜禽规模养殖粪污的第三方治理与综合利用机制，推广沼气工程、有机肥生产、秸秆综合利用种养循环模式。以畜牧养殖大县为重点，集中支持农业农村部认定的56个畜牧大县（市、区）整县推进畜禽排放粪便和污水的资源化利用。二是加大力度推广机械化秸秆粉碎还田技术的应用，并对农作物秸秆实行严格的禁烧制度。除直接还田之外，在全省大力推进农作物秸秆多用途利用，如发电、沼气、加工饲料和工业原料等。三是开展农业残膜回收和再利用，加快可降解农膜的普及应用。

（四）实施退耕还林还草，遏制水土流失

根据湖南省14个地州市不同的地形地貌条件、气候水文条件和立地条件，在尊重农民意愿的基础上，科学确定退耕还林还草项目。在条件允许的地方可以实施林草结合项目，增加植被的覆盖率。贯彻落实国家号召，在25度以上坡耕地和重要水源地相应条件的坡耕地，按照适地适树适草的原

---

① 刘迪川、来亚红：《乡村振兴视角下农用地土壤污染多主体协同治理探讨》，《绿色科技》2018年第20期。

则，实施退耕还林还草，最大限度遏制水土流失。

第二节　持续改善乡村人居环境

生态宜居是实施乡村振兴战略的五大任务之一，也是乡村居民追求美好生活的迫切需要。持续改善农村人居环境，是党中央从战略和全局高度作出的重大决策。湖南省各地在改善乡村人居环境工作中不断探索，涌现出一批先进典型，例如岳阳市将农村"空心房"整治与规范建房、危房改造、洞庭湖综合治理、"厕所革命"、土地合理利用等有机结合，推动生态修复、面貌提升、乡村振兴；安化县立足资源禀赋和黑茶产业品牌，将茶旅产业深度融合，经济社会快速发展，乡村人居环境和人民生活水平显著改善；永兴县以农村基础设施建设为突破口，把改善农村人居环境作为推进"三农"工作的重要任务和首要任务，成效斐然。① 以上这些县的做法在湖南省还有很多。另一方面，湖南省乡村人居环境的建设还有不少突出问题和短板，主要表现在村容村貌提升、农村生活垃圾和污水治理等方面。跟全国其他地区相比，湖南省乡村人居环境距离绿色乡村发展的和谐、健康、宜居目标还有不小的差距，还要继续突破各种障碍和制约，主动补足发展短板，积极开展农村人居环境综合整治行动，探索建立健全乡村人居环境整治长效机制，全面提升农村人居环境状况。

一、加快补齐乡村人居环境的短板

（一）乡村生活垃圾治理

乡村生活垃圾治理应遵循"减量化、资源化、无害化"原则，推行从源头减量到资源回收再到分类收集、分类处理的综合治理方式，实现"五有"

---

① 参见乌兰：《探索乡村振兴湖南路径　建设湖湘特色美丽乡村》，《新湘评论》2019年第3期。

（有齐全的设施设备、有成熟的治理技术、有稳定的保洁队伍、有长效的资金保障、有完善的监管制度）农村生活垃圾治理目标。[①] 一是要将农村生活垃圾治理与农业生产废弃物的处理综合考虑，建立起无缝对接的"村收集、镇转运、县处理"垃圾治理机制。切实做好农村垃圾分类回收的宣传和教育工作，推广适合各地农村特点的垃圾就地分类减量和资源化利用模式。二是禁止垃圾露天焚烧，制定计划逐步取缔简易填埋设施、小型焚烧炉等二次污染严重的处理方式。对垃圾堆放点进行规范管理，集中清理整治非堆放点和河道水面漂浮垃圾，重点整治乡村居民点周边"垃圾山""垃圾围村""垃圾围塘"及工业和城市污染向农村延伸问题。三是科学制定省、市、县生活垃圾治理专项规划和工作方案，确定合理的治理模式和实施路径，做到规划引导、技术保障、分步实施，防止照搬照抄搞"一刀切"。四是鼓励扶持社会力量投入生活垃圾处理技术研究和设施研发建设。五是加强对村民的宣传和引导，通过制定村规民约、与村民签订门前三包责任书等方式，明确垃圾治理责任和义务，引导村民形成垃圾清理习惯，自觉参与垃圾治理行动，共同建设美好家园。六是创新建立农村新型保洁制度，确保农村垃圾治理常态化长期化。根据各地区实际，制定村镇保洁制度，组建村庄保洁队伍，明确垃圾清扫、收运以及处理的范围、方式、频次等，并严格监督执行。村民配合保洁员做好垃圾分类减量，缴纳应承担的日常保洁经费。坚持集中整治行动与日常全面执行相结合，创新管理模式，完善管理和保障体系，推动形成农村垃圾长效治理体系。

（二）乡村生活污水治理

根据湖南省各地地形地貌条件、人口规模和村落布局、生活污水排放量和经济发展情况，综合采取资源高效利用和污水治理、生态措施与工程技术结合的生活污水治理模式。一是统筹城乡污水处理，推动城镇的污水处理设施和管网向周边农村延伸覆盖，推广县域城乡一体化统筹治理。在充分评估

---

① 参见中共湖南省委、湖南省人民政府：《湖南省乡村振兴战略规划（2018—2022年）》。

各地生态环境、经济发展水平的基础上，统筹建设乡镇污水处理厂和小型分散式污水处理设施，进一步扩大城乡生活污水治理覆盖面。加大适宜技术研究和设施研发，开展治理试点示范，构建城乡生活污水治理体系。二是各级财政要加大对农村污水治理工作的投入力度，兼顾短期治理投入和长期持续维护投入，构建农村生活污水治理长效运行和设施维护机制。三是加强农村水环境综合治理，将农村生活污水治理纳入河湖长治理体系。湖南省要以洞庭湖流域和湘、资、沅、澧四水流域乡村水环境综合治理为重点，开展乡村河塘沟渠清淤疏浚行动，推进河湖沿岸黑臭水体集中整治工程。四是从湖南省实际出发，鼓励各界参与农村污水治理的技术攻关和设施研发，尤其鼓励农户小型微型家用污水处理解决方案的市场化。五是加强对现有生活污水处理设施和设备日常运行的监督管理。为了充分发挥各种治理效能，要逐步将农村小型污水处理设施设备、家用维修处理设施设备和各类人工湿地纳入有效监管。

（三）实施乡村"厕所革命"

贯彻落实中央、湖南省关于推进"厕所革命"的指导精神，加强政策引导和部门协作，注重整体提升和群众参与，实现有序推进和长效运行目标。各地要成立专门的领导和组织机构，把农村"厕所革命"列入党委政府重点民生实事工程，制定分年度的行动计划，强化监督服务，出台验收和奖惩办法。各相关职能部门要围绕高质量完成目标任务这一中心，分工合作，各司其职，加快推进农户无害化厕所建设和改造。在洞庭湖区和湘、资、沅、澧四水干流和各类饮用水水源保护地、风景名胜区、各级自然保护区和生态脆弱区等区域的乡村，选择采用技术比较成熟、效果明显的一体化处理设施。其他区域要充分听取群众意见，以不污染公共水体为目标，开展村部、村级活动中心公共厕所建设和改造。农户家庭普及经济适用且维护方便的卫生厕所。在发展乡村休闲旅游的村庄，要配备足够的无害化抽水式公共厕所。

二、着力提升村容村貌

（一）全面加强村庄规划管理

以改善乡村人居生态环境为中心，在新发展理念的指导下，聚焦当前美丽乡村建设中的突出生态环境问题，制定村镇发展总体规划和生态环境保护专项规划，并在全省范围内实现村庄规划编制全覆盖。一是按照省自然资源厅出台的《湖南省村庄规划编制技术大纲》《湖南省村庄规划编制工作指南》，按照城郊融合类、特色保护类、集聚提升类、搬迁撤并类、其他类等村庄类型，顺应村庄自身发展规律和演变趋势，分类确定村庄规划内容和重点，以乡村生活宜居、设施配套、生态绿色、环境优美为目标，因地制宜、因村制宜，精心规划具有湖湘风貌特色的村庄建设定位和建设方案。二是要建立健全乡村建设规划管理机制。积极推进"多规合一"，加强乡村建设规划与土地利用和产业发展的统筹，与道路、水利、通信、电力等专项规划的衔接。三是要在规划中充分利用各种资源，注重整合相关政策，从实际出发制定实用性和特色性兼顾的村庄规划，并对乡村建设规划进行许可管理与批后监管。四是要在生态条件恶劣的地区推进整体搬迁和易地安置，并通过规划引导村民集中居住。五是要在村庄规划中同步布局垃圾处置、污水处理等各种配套设施。①

（二）全力改善村容村貌

坚持在保持村庄的原始风貌和原有特色的基础上开发和提升村容村貌，传承具有湖湘特色的乡村文脉和乡村风情，打造一批有历史记忆、地域符号、人文特色和产业优势的湖湘精品村镇。一是加快整治乡村整体环境，及时清理乡村公共空间和村民庭院私搭乱建、乱堆乱放、占道经营等情况。二是积极开展乡村"空心房"整治。坚持"一户一宅""建新拆旧"，从抓"空心房"整治入手，将多占宅基地退出、"空心房"拆除复垦复绿和城乡建设

---

① 参见中共湖南省委、湖南省人民政府：《湖南省乡村振兴战略规划（2018—2022年)》。

用地增减挂钩等多项工作结合，推进农村环境整治、规范村民建房、美丽乡村建设、促进乡村旅游发展等重点工作。三是积极改革创新，多元化利用农户闲置房屋。研判本地实际情况，制定支持和监管办法，鼓励返乡农民和城市下乡人员在符合相关管理规定和规划的前提下利用闲置农房院落或合作改建自住房发展乡村旅游。四是落实《湖南省农村双改三年行动计划（2018—2020 年)》，继续实施"湖湘农民新居工程"，开展示例示范，对湖南省农村建筑风貌进行整体提升，形成彰显各地乡村特色的湖湘农村建筑范例，并将统一的住宅设计图纸免费提供给农民做建房参考。五是加强历史文化名镇名村保护。湖南省有不少国家级、省级历史文化名镇名村已经列入保护名录，这些名镇名村附着着湖湘文化的符号和元素，要按照国家相关法律法规和《湖南省历史文化名镇名村及古民居保护条例》的要求，进一步加强保护。六是引导选用乡土树种草种栽植树木增加绿化，大力推进村庄绿化美化，做到乡村四季花香树绿。七是实施乡村亮化行动，在乡村主干道路和主要出入口、群众活动场所等处设置路面照明设施，同时注意不要铺张浪费。

（三）开展美丽乡村示范创建

贯彻落实湖南省委省政府提出的"千村美丽、万村整治"工程，通过科学统筹谋划和实地调研，选择一批基础条件优良并具有鲜明特色的村，开展美丽乡村示范村创建活动。引导城乡资金、技术、人才、信息等进入各美丽乡村创建地，凝聚多主体创建合力打造"精品"美丽乡村。以各地市州为主体，选择优势县、乡统筹推进美丽乡村建设、人居环境整治和乡村振兴整域推进试点示范。

三、建立健全工作机制

当前，湖南省农村人居环境整治工作中仍然存在一些问题和困难，主要体现在村镇规划的质量有待提升、整治投入保障尚待加强、农民群众对环境整治的内生动力不足仍显等，整治任务依然十分艰巨。持续推进乡村人居环境的改善，需要进一步完善政策法规体系、明确整治标准，科学编制和实施规划，构建多元高效的资源投入体系，健全工作机制，强化工作成效，激发内生动力。

（一）建立健全乡村人居环境建设推进机制

出台新一轮全省改善农村人居环境三年行动计划，制定改善农村人居环境部门分工方案，明确部门责任清单。在乡村振兴考核中加大农村人居环境整治份额，根据考核结果进行奖励和整改约谈。健全湖南省农村人居环境治理标准和法律法规保障。加快制定和完善农村垃圾和污水治理、厕所改造、规划编制、提升村容村貌的技术指南、标准体系和考核评估办法；继续推进农村人居环境建设、农村住房建设等监督管理的立法工作。

（二）建立健全乡村人居环境建设投入机制

以县（市、区）为主体，统筹乡村人居环境的规划、建设、治理等项目和资金，推动资金合理整合、集约使用，推进农村人居环境整治和民生工程建设。扎实开展"同心创建""万企帮万村""引老乡、回故乡、建家乡"等活动，引导民间资金、社会资源投入乡村环境建设。规范政府和社会资本合作，通过PPP项目、特许经营、服务收费等方式吸引社会资本参与乡村人居环境建设与管护。建立和完善农村垃圾和生活污水处理农户付费制度，形成财政补助、集体补贴和用户付费的"三合一"资金投入机制，确保各环境保护项目运营成本的长期稳定来源。

（三）建立健全乡村治理机制

充分调动各方积极性，在政府引导和村民主体作用下进行各种资源的整合和统筹协调，以有序的乡村治理保障人居环境的不断改善，推进农村人居环境市场化建设和运行管护。一是要充分发挥基层党组织的战斗堡垒作用，带领村民开启农村新生活运动，开展"星级文明村""星级文明户"创建评比活动。二是要建立健全村民参与农村人居环境整治和乡村建设的激励约束机制。在乡村人居环境整治和基础设施建设中推行适应当地实际的民主管理模式，鼓励和引导村民更好地发挥主体作用。三是要号召村民依法依规开展建设，通过组织学习和开展培训，把村民培养成为公益性基础设施建设、运行、监督和维护的主体力量。

第三节 加强乡村生态保护与修复

优良的生态环境是乡村的最大优势和无尽财富。在绿色发展理念的引领下，乡村自然资本和乡村绿色财富的价值得到发现和推崇。充分发挥乡村绿色资源的多重效益，加快乡村自然资本和绿色财富的集聚增值，达成村民富裕、生态优美的双赢效应。

一、保护和修复乡村重要生态系统

深刻理解山水林田湖草沙是一个生命共同体思想，以系统思维综合施策，科学有效进行乡村生态环境保护工作。湖南省要不断完善相关制度，保护优先、以自然修复为主，大力保护与修复乡村山水林田湖草沙生态，全面提升乡村重要生态系统的功能，持续改善乡村生态环境质量，保障乡村绿色发展。

（一）开展国土绿化行动

我们要对人类和自然生态系统是一个生命共同体有更进一步的认识，从根源上保护人类的命脉，必须坚持封山育林自然修复与人工造林并举，开展国土绿化行动。从湖南省实际出发，一要继续实施造林还绿工程，开展"裸露山体绿化攻坚"行动，巩固退耕还林还草成果。二要抓好湘、资、沅、澧流域重点防护林体系建设，大力提升生态防护林的水土保持和水源涵养生态功能，积极构建功能、结构和质量兼备的湖南省重点河流防护林体系。三要加强洞庭湖平原、澧阳平原、长株潭等平原或半平原地区重点防护林带建设。推行防护林与农村生产生活、道路交通、河湖水域、城镇建设等相结合的绿化模式。四要在有效管护重点公益林的同时，全面禁止天然林商业性采伐，推进天然林资源的全面保护。五要在不适宜林木生长的高山、中高山区，因地制宜地保护和培育草场，具体来说，要以湘南的南岭山地和丘岗山地区域、湘西的武陵—雪峰山脉区域和湘东北的罗霄山脉片区等为重点，建立草地类自然保护区。

（二）推进国土综合整治

要采取综合措施对自然资源进行开发、利用、整治、保护。湖南要以确定的重点生态功能区即"一湖三山四水"（洞庭湖区、武陵—雪峰山脉、罗霄—幕阜山脉、南岭山脉以及湘资沅澧四水）为重点区域，采取工程技术、生物修复等措施，推进全省国土综合治理工作。一是要深入推进石漠化治理，尤其是在石漠化非常严重的湘西、湘中地区，要系统研究区域侵蚀状况，上马小流域综合治理工程，改变石漠化综合治理工程"散""小"现状，力图取得良好治理效果。二是加强水土流失治理，以湘西和湘南地区为重点，划定水土流失重点治理区和预防区，在"四水"源头区和地质灾害易发区等重点治理区加快实施水土流失综合治理工程，在水土流失重点预防区加强监测，防患于未然。三是加强矿产资源开发地区环境治理和生态修复。重点推进娄底锡矿山矿区、郴州三十六湾矿区、湘西花垣锰铅锌矿区、邵东采煤沉陷区、祁东工矿区等重点矿区生态修复试点。推进地质灾害防治体系建设，加快重大地质灾害隐患治理和地质灾害搬迁。

（三）恢复河湖湿地生态，推进江湖河库水环境治理

不管从历史的角度来看，还是从地理的角度来看，水情都是湖南省最大的省情。牢记习近平总书记"守护好一江碧水"的嘱托，湖南省加快实施退耕还湖还湿、退圩退垸还湖等生态修复措施，严格保护和积极治理重要水域生态环境，建立和完善以各级各类自然保护区、"一湖四水"和各级湿地公园为主体的水生态自然保护体系。一是加快推进生态脆弱的河湖修复，恢复河塘行蓄能力。二是加强重点湿地的生态保护及其生态功能恢复。三是划界明确流经乡村地带的饮用水水源保护区的范围，对其加强保护和治理。四是坚持长江流域"共抓大保护，不搞大开发"的保护与发展定位，以科学规划为引领，明确长江岸线湖南段功能，推动合理开发和有效保护。五是通过整合提升，集约化发展沿江沿湖港口码头。六是统筹推进"一湖四水"流域水

污染综合防治。湘江流域持续深入开展保护与治理"三年行动计划";洞庭湖流域加强工业污染、黑臭水体、饮水安全、沟渠清淤、采砂整顿、湿地修复、血吸虫防控等重点领域和大通湖、华容河、珊珀湖等重点片区治理。

（四）构建健康稳定的田园生态系统

在自然生态系统中，田园生态系统具有其他生态系统无可替代的生态系统服务功能。构建湖南省健康稳定的田园生态系统，首先要科学评估湖南省田园生态系统环境承载力，在此基础上优化生产功能空间布局和种养结构调整，逐步恢复田园生态系统的健康功能，保持其基本空间格局的整体性。其次要统筹建立包括农业、气象和乡村资源环境生态监测预警体系，定期发布农业资源和田园生态系统环境监测结果。再次积极修复已遭破坏的生态廊道，完善田间防护基础设施，恢复生物物种和自然生态链，逐步修复田园生态系统。

二、健全乡村生态系统保护制度

（一）严格实施生态保护红线制度

为了改善生态环境质量，满足优化国土空间功能格局、推动经济绿色转型和改善人居环境的基本要求，湖南省已经于 2018 年在重要生态功能区、生态敏感区和脆弱区划定生态保护红线，明确主导生态功能，制定生态保护措施，切实加强保护与监管。全省划定生态红线的面积为 4.28 万平方公里，包括以下重点区域。一是洞庭湖区，包括东西南洞庭湖、横岭湖等自然保护区和长江岸线，主要生态功能为生物多样性保护和洪水调蓄。二是分别位于湖南西部、东部和南部的"三山"地区。湘西武陵—雪峰山脉，主要发挥水土保持和生物多样性维护生态功能;湘东的罗霄—幕阜山脉，主要为水源涵养、生物多样性和水土保持生态功能;湘南的南岭山脉，主要生态功能为水源涵养和生物多样性。三是湘资沅澧四水的源头区及重要水域。生态红线保护制度明确了各级党委和政府是落实生态保护红线的责任主体，对生态保护红线实施严格管控，各级环境保护部门和有关部门按照职责分工加强生态保护红线执法监督。

（二）建立健全乡村生态系统保护制度

坚持走生态优先的乡村绿色发展之路，切实增强生态文明建设内生动力，用最严格的制度保护乡村生态系统，保障山水林田湖草沙生命共同体的健康。一是要完善天然林保护制度，将湖南省所有天然林都纳入保护范围。完善森林分类经营管理制度，停止天然林商业性采伐，因地制宜推进建立天然林停伐补助动态调整机制。修订和完善地方性重要生态公益林管护办法和天然林地保护制度。严厉管控林地征占用和公益有林地转为建设用地行为。二是要全面推行"河湖长制"，完善河湖管护主体及责任制度。从源头抓起，加强对河流源头区和河湖水源涵养区的生态保护，一抓到底，逐步恢复健康的河湖生态空间。三是要建立最严格的乡村湿地保护制度，将湖南省所有国家湿地公园和7处省级湿地公园，以及所有湿地自然保护区纳入禁止开发区域。四是要建立石漠化地区植被封禁保育制度，划定封禁保护区，严格管控农业经营和其他开发建设行为，遏制土地石漠化趋势。五是要深入实施国家公园制度。

（三）加大乡村绿色发展的政策扶持力度

乡村绿色发展离不开中央和地方的政策扶持。具体来说，可以在以下方面加大政策扶持力度：一是设立湖南省乡村生态系统保护专项基金；二是政府主导搭建乡村绿色发展的技术和管理平台；三是鼓励到乡村兴业的企业家选择绿色发展的项目或投资，为服务于乡村环境保护的企业提供政策支持；四是完善耕地占补平衡相关制度，推进新增耕地指标和城乡建设用地增减挂钩节余指标跨区域调剂试点。

三、完善市场化多元化生态补偿机制

生态补偿机制是依据生态保护成本、生态系统的服务价值、发展机会成本，以市场调节为主、行政干预为辅，调整生态环境保护和受益各方之间利益关系的制度安排。为使绿水青山转变为金山银山，加大受益者对保护者的补偿力度，形成"谁开发谁保护，谁受益谁补偿"的利益调节格局，建立市场化多元化生态补偿机制很有必要。

（一）推进落实湖南省自然资源确权登记制度

清晰界定自然资源资产产权主体，明确生态补偿的主客体，建立全省统一的确权登记系统。通过确权，赋予经营组织（如自来水公司、生态地产开发商、生态旅游特许经营商等）合法的生态补偿市场主体地位，引导其为享受生态服务产品付费。同时，鼓励民间环保组织积极参与，作为合法市场主体，供给或购买生态产品。

（二）完善重点生态区域补偿机制

在湖南省重点生态功能区和生态环境敏感区、脆弱区划定生态保护红线，建立完善严守生态保护红线的补偿和约束机制。积极争取国家补偿资金和政策的支持，在湖南省各类禁止和限制开发区域建立健全生态保护补偿政策。在南山国家公园体制试点中积极探索建立生态保护补偿机制。

（三）推进横向生态保护补偿

以流域为重点，在具有重要生态功能、水资源供需矛盾突出、受各种污染危害或威胁严重的典型流域开展横向生态保护补偿试点，试点实施以市州为主体，省级财政给予支持的横向生态保护补偿机制办法。积极与广东、湖北、江西、贵州、广西等省或自治区沟通协调，联合争取中央财政支持，积极探索跨省河流上下游和环湖流域等生态保护补偿机制。

（四）创新市场化多元化生态补偿模式

通过市场化手段完善生态补偿模式，推进碳权、水权、排污权的有偿使用和交易，健全生态权益储备机构和体系。探索生态保护区域与周边社区和园区、流域下游与上游等开展对口合作、资金补偿、产业协作、人才培训、产业园区共建等多种补偿方式，积极推广 PPP 模式，吸引社会资本参与生态建设，实现生态补偿方式的多元化。

（五）完善生态补偿理论与技术流程

当前，国家层面的生态补偿标准体系尚未建立健全，生态保护地区污染治理成本和发展机会成本核算及生态系统服务价值计算等还需要破题。湖南省要创新开展森林、湿地、耕地、水系等生态效益价值评估工作，加强生态保护补偿理论、生态服务价值测算和核定、可持续利用技术等课题研究。

四、发挥乡村自然资源多重效益

乡村自然资源有生态效益、经济效益、社会效益等多重效益，具有重要的生产、生态服务功能、社会与文化服务等功能。湖南省地貌地形复杂多样，乡村自然资源丰富，生态条件普遍较好。充分发挥乡村自然资源多重效益，在符合国家法律法规的前提下，进一步盘活乡村森林、草场、塘库、湿地等自然资产，出台财政、金融支持方案和用地优惠措施，吸引各类经营主体在保护修复的基础上参与乡村生态资源开发，鼓励并支持延伸生态产业链条和发展生态园区，发展生态旅游、生态种养等产业，增加农业的附加值，提升农业发展的内涵和品位，更多地提供优质生态产品和服务，这也是现代农业发展的一个重要趋势。

（一）在保护的基础上发展乡村生态旅游业

乡村生态旅游以农林牧副渔业资源、乡村田园资源、乡村风景资源、乡村民俗文化资源、乡村历史文化资源等为依托，保护生态环境和乡土文化，促进乡村发展。乡村生态旅游既能发挥乡村的生态资源优势，保护生态资源，提高自然资源的利用效率，又优化了农村的产业结构，实现了由农业生产到三产融合的飞跃。在乡村生态旅游发展中，首先要以综合效益最大化为目标，注重环境保护、资源开发和可持续利用的有机结合，力求达到社会效益、经济效益和生态效益的统一；其次要注重生态旅游发展与基本农田保护、美丽乡村建设等相结合，合理开发和整理土地，改善农村环境；再次要以游客为中心健全旅游配套设施建设。

（二）加大生态种植养殖模式推广力度

一是以高新技术为手段，开发建设绿色农业技术支持体系，大力发展各具特色的生态农业。推广湖南省特色的绿色农业生产技术，支持发展绿色龙头企业，降低农药、化肥施用量，鼓励绿色食品原料基地建设和认证工作。二是发展生态循环型畜牧业，推广"猪—沼—果""猪—沼—菜""稻田＋鸭""稻田＋虾""稻＋鳖＋鱼"等在湖南已经有成功先例的"立体生态圈"种养模式。三是加强生态林业建设，发展林产工业和经济林产业的同时，发展森林康养、原始次森林观光等森林生态旅游业。

五、提供乡村生态保护的保障条件

（一）推广乡村绿色发展理念

从普通老百姓角度来看，要通过绿色发展理念的推广，倡导绿色低碳消费，使乡村居民运用辩证思维认识"绿水青山"与"金山银山"之间的逻辑关系，更加认识乡村生态资源的珍贵和面临的危机。采用村民容易接受的多种形式，如地方戏、宣传画、节庆活动、评先评优等，以通俗易懂的语言和喜闻乐见的方式，宣传绿色发展理念和知识，树立典型人物和示例，发掘典型事例，开展环保经验介绍和村民交流活动。从政府角度来看，要坚持以人民为中心的绿色发展导向，转变传统的发展政绩观，强化绿色发展观的渗透，充分发挥政府在乡村绿色发展中的主导引领作用，以农民对生态环保生活的期盼为工作方向和主要目标。

（二）创新财政投入体制机制

落实并积极兑现农村生态环境保护"以奖促治""以奖代补"等政策，开展政府购买生态产品和环境公共服务以及政府和社会资本合作的 PPP 模式。建立健全损害乡村生态资源的责任追究制度和财政惩罚制度，建立按照污染物排放总量进行财政收费的制度。

（三）着力推进多元化治理主体

政府在农村生态环境治理中承担主导责任，但具体实施需要整合社会各方面力量共同参与。在支撑农村绿色发展的基础建设与治理设施运营中，可采取财政补贴、适当收费等举措，鼓励社会资本参与进来，形成政府和社会资本的有机结合，既发挥社会资本的运营能力和后续维护，又确保建设和运营的目标。加强高校和科研机构对农村绿色发展的科研投入，涉农专业更加注重产学研相结合，把学问做在广大的农村。鼓励高校和科研机构下乡设立教学与研究基地，促进农业绿色科研项目落地转化。

（四）制定乡村绿色发展的考核体系

在国家和湖南省出台的生态文明建设考核指标体系和评价实施办法的基础上，研究制定乡村绿色发展的考核体系和考评实施办法，并尽快付诸实施。

（五）落实乡村生态保护责任

乡村生态环境的保护涉及面较大，保护效益和损害后果都非常明显。要取得保护成效，就必须不断健全法规规章，明确划分和落实责任，建立公众参与机制，完善并严格落实损害赔偿制度和破坏后果的责任追究制度，加强生态环境执法，确保形成绿色发展。

第五章　繁荣兴盛农村文化

　　繁荣兴盛农村文化，对于乡村振兴具有非常重要的意义。繁荣兴盛新时代农村文化，尤其是推动传统文化的继承发扬、文化产业的发展壮大、文明风尚的不断养成，运用好农村文化优势改变农村经济社会发展的格局，把丰富多彩的农村文化资源转化变为文化生产资本，既可以丰富农村文化生活，提高农民素质，增加农民收入，在客观上也有助于我国全面建成小康社会。繁荣兴盛农村文化，通过各种形式的文化活动和文化产品，让广大农民朋友享受更加富足、更高品质的精神大餐，不断提升农民精神面貌，培育文明乡风、良好家风、淳朴民风，树立共同的理想信念，从而为乡村社会的和谐稳定奠定坚实的思想文化基础。繁荣兴盛农村文化，使农民逐步掌握新知识、新技术、新科学，抛弃束缚生产发展的传统观念，培育适应农村发展需求的新观念，进一步提升农民职业能力，培育新型农民综合素养，以繁荣的文化内生力为发展农村生产力提供有力支撑，进而保障乡村振兴战略的有效实施。

第一节　提升新形势下农民思想道德素质

　　加强农村思想道德建设，要以弘扬社会主义核心价值观为统揽，坚持用教育来引导、用实践来涵养、用制度来保障，坚持贴近农村、贴近实际、贴近生活，充分挖掘和运用适合农村特点的教育方式，深入贯彻习近平新时代中国特色社会主义文化理念，深入开展"中国梦"宣传教育，大力弘扬以爱国主义为核心的民族精神和以改革创新为核心的时代精神。要结合基层组织建设，进一步强化农村思想阵地和文化阵地建设，特别注意加强针对新时期农民群众的爱国主义教育、集体主义教育和社会主义教育，通过一系列思想文化教育活动，进一步深化各民族团结进步。要全面推动《新时代公民道德建设实施纲要》落实落地，深入挖掘农村传统文化资源，弘扬传统美德，统筹推进社会公德、职业道德、家庭美德和个人品德建设。

一、践行社会主义核心价值观

伴随城镇化的快速推进，农村文化建设面临着诸多新形势、新挑战，出现了传统文化与现代文化、城市文明与乡村文明的交织与碰撞，农村文化中原有的文化生态与文化秩序遭到冲击，文化建设面临着亟须调整与重塑的任务。在农村文化建设中，社会主义核心价值观能够为农村文化建设提供价值引导、力量凝聚与规范指引。因此，践行社会主义核心价值观，充分发挥社会主义核心价值观的应有作用，对进一步推动和深化农村文化建设具有重要意义。

首先，阐释社会主义核心价值观的主要内容和深刻内涵，增强新时期农民对社会主义核心价值观的思想认同和情感认同。要对社会主义核心价值观的内涵进行深刻阐释，需要注意的是，对概念的解读宣传，要采用贴近新时期农民生产生活实际的本土语言、通俗方式、切身体验来进行，通过开展现场讲座、农民户主会、流动宣传队等方式，强化对"爱国""民主""富强""平等"等概念的认识。同时，提高农民的科学文化素养，从思想上常识上行为上进行教育引导，让农民对社会主义核心价值观有更直观的理解和判断，自觉摒弃传统观念中的落后思想、消极观念、错误理念，从而让社会主义核心价值观"飞入寻常百姓家"。

其次，拓宽社会主义核心价值观的承载范围和传播空间，深化社会主义核心价值观对农民的宣传渗透和积极影响。一方面，要充分利用群艺馆、文化广场、图书室等农村公共文化场所，发挥它们在社会主义核心价值观的教育宣传作用。另一方面，要科学分析当前农村社会成员结构特点，结合党中央加强基层建设的政策方向，引导和发动共产党员、村民代表、"五老"人员、乡贤等先进分子的积极作用，通过一整套完备的基层组织运行体系，带动广大农民群众形成自上而下、先进带后进、覆盖全面的社会主义核心价值观学习活动。

再次，创新社会主义核心价值观的教育方式和教育载体，增强社会主义核心价值观教育的教育功能和实际效果。各地政府部门、有关部门要因地制宜、因人而异，结合各地经济社会发展水平和农民精神文化实际需求，运用农民喜闻乐见的方式开展形式多样、内容丰富、意义深远的教育活动，让政策宣传显现实际效果。要建立正面激励和负面惩戒相结合的制度机制，一方面，大力弘扬社会主义核心价值观的先进典型，对模范人物和先进事迹要旗帜鲜明地表彰，吹响主旋律、宣扬正能量；另一方面，抵制和摒弃农村中的落后思想和错误理念，曝光一批有悖公序良俗的丑恶行为和现象。同时，要想方设法丰富农民精神文化生活，建设群众文化广场等基础设施，教育引导农民群众远离打牌赌博、宗教迷信等消极文化生活，组织开展广场舞大赛、群众文艺小品等积极向上的文化娱乐活动，让农民群众在娱乐活动中受到社会主义核心价值观的洗礼和熏陶。

最后，构建社会主义核心价值观的宣传网络和教育格局，强化社会主义核心价值观对农民的思想引领和精神感染。广大农村基层干部要深入贯彻习近平新时代中国特色社会主义思想，将思想宣传工作作为一项极端重要的工作，切实转变思想宣传工作理念，用心用情用力承担好社会主义核心价值观宣传的重任。要花大力气在培养宣传队伍上下功夫，着力打造一支政治素质过硬、业务能力较强、工作作风扎实的思想宣传工作队伍，聚焦社会主义核心价值观开展一轮全方位全覆盖全层次的宣传。要进一步扩大和畅通宣传途径，从党校、教师以及文艺工作者中选派一支优秀的宣讲员队伍，深入村庄舞台、党员讲堂、田间地头，通过活灵活现的宣讲活动，让社会主义核心价值观深入人心。要充分利用微信、微博、直播等新媒体平台，创作歌曲、小品、快板、微党课等宣传资料，通过新媒体与传统媒体相结合、线上与线下相结合、动态传播与静态传播相结合等方式，切实提升社会主义核心价值观的传播效果和教育感染力。

二、巩固农村思想文化阵地

繁荣兴盛农村文化，要从人民群众获得先进的、优秀的思想文化做起，从夯实基层思想文化阵地做起。要加强和巩固农村思想文化阵地，守护好农民的精神家园，用先进的优秀的思想文化去滋养农民的心田，让广大农民的精神家园百花争艳、欣欣向荣。

第一，加强农村基层组织建设，推进党的理论进农村。要建立健全党的基层组织——村支部的学习教育机制，加强党的发展史、党章、基层党组织工作条例、党的基本理论、基本知识和党的纪律及廉政教育。要完善农村基层党员干部培训机制，出台农村党员干部培训长远规划和实施计划，努力实现农村党员干部教育培训全覆盖。要建立农村党员干部理想信念教育责任机制，不断加强广大农村党员干部的党性修养，切实使农村党员理想信念教育常态化、制度化、规范化。

第二，加强农村宣传思想建设，推进国家政策进农村。要抓好乡镇、村组各级学习型组织建设，不断增强基层组织的执行力、凝聚力和战斗力。要力争电视、广播、网络、报纸等媒体宣传覆盖农村，将悬挂横幅、喷刷墙体标语、设置阅报宣传栏等传统做法与现代的移动互联网络结合起来，采取建立 QQ 群、微信群、微信公众号等方式，大力宣传党的路线方针，宣传国家的惠民利民政策。

第三，加强文化惠民利民工程，推进先进文化进农村。要广泛开展"星级文明户""科技文明户""文明家庭""文明诚信户"等活动；积极开展"好女儿""好婆媳""好夫妻""好公婆""好邻居"等各类评选表彰活动；大力开展形式多样的城乡共建、文艺进农、科技下乡等活动，引导农民摆脱拜金主义、享乐主义和极端个人主义等错误思想和腐朽观念，不断增强群众对社会主义先进文化的理解，大力宣扬传统道德和社会正能量，营造崇德向善、见贤思齐的浓厚社会氛围。

三、倡导诚信道德规范

随着社会经济的发展，农村社会多元化、异质性的增加，农民之间的熟悉程度降低，地方性共识也在逐步丧失，诚信等传统规范越来越边缘化。广大农民从土地的束缚中解放出来，走出农村，融入城镇，社会流动性加强，社会关系扩展，社会交流和交易由熟人交易更多转变为陌生人之间的交易，彼此之间信任感降低，道德约束力相对减弱，加上享乐主义、功利主义、个人主义等多元价值观念的影响，导致农民诚信下滑，失信行为逐渐增多。科学构建诚信农民建设的基本体系，成为农民自身发展的道德需求，也是实施乡村振兴战略的必然要求。

首先，充分发挥政府的主导作用。各级政府部门要按照党中央的决策部署，坚持率先垂范、以上率下，坚决贯彻落实中央一系列强农惠农政策，突出深化农业产业结构调整、发展壮大村级集体经济、促进农民增收致富为重点，抓好政策落实力度，以政府公信力确保农民利益最大化。要强化政府对农民的正面引导作用，深入宣传国家元勋、道德模范、"中国好人"等先进事迹，通过广泛开展"最美家庭""最美公务员""最美乡医""最美乡村教师"等系列"最美评选"活动，营造出全社会弘扬诚实守信、尊老爱幼等社会主义核心价值良好氛围。特别是要建立健全农村信用体系，完善守信激励和失信惩戒机制，通过机制规范、约束农民行为，要弘扬诚实守信、遵纪守法的观念。一是建立诚信教育培训机制。各级政府要开展一场新时期的诚信教育，并且把培育新型农民作为农民诚信教育的基础性工程。各级党校、行政学院要将诚信教育内容纳入主体班、专题班课程重要内容，各级人社部门举办的职业技能培训要将诚信教育纳入职能教育的重要内容，各级教育部门要本着"从娃娃抓起"的理念，将诚信教育纳入中小学德育教育教学计划课程，通过协调联动、共同发力，营造诚信农民建设的良好氛围。二是完善诚信环境保障机制。诚信道德建设，离不开环境保障。在完善诚信道德体系建设中，要通过在优化营商安商环境、保护经济发展环境、稳定社会舆论环境等方面着力，形成维护诚信环境保障的良好格局。比如在营商安商中，要把招商时的承诺兑现到企业项目落地的每个环节；在保护生态环境中，要把习近平总书记的"两山论"落到经济发展的具体实践中；在稳定社会舆论中，要把党委、政府对人民群众承诺的初心事项实践在使命担当之中。三是健全诚信建设考评机制。要把诚信建设与基层干部选拔使用、与农村经济组织金融政策、与村规民约等结合起来。比如可以探索建立失信人员黑名单制度，凡是纳入黑名单的人员，不能进入村"两委"候选人，"老赖"不能获得金融机构的授信支持，在村集体组织的各类先进评选中不能入围等。同时，对于在群众中道德评价高、讲诚信有威望的人员，既要总结宣传他们的典型事迹，也要给予"乡贤""诚信农户"等精神激励，树立农村良好新风尚。

其次，充分发挥企业主推作用。科学构建诚信农民建设的基本体系，需要企业发挥主推作用。人无信不立，业无信不兴。一个没有诚信的企业，必将是难以做强做优的企业。企业作为经济社会的重要单元，必须履行应尽的社会责任。企业在追求利润最大化的过程中，既要不遗余力发展产业、领军行业、提升竞争力，也要结合自身特点和属性，着眼带动农民增收致富、实现农业提质增效、提升农村整体形象；既要尊重企业发展规律，努力让企业保持健康持续的发展空间，又要保证诚信农民能够获得实实在在的收入。此外，作为服务一般企业的金融企业、金融机构，要进一步简化信贷服务手续，采取和提倡阳光信贷、以级定贷、持证提现、优先优惠等信贷政策措施，为乡村企业发展提供强有力的信贷政策支撑。

再次，充分发挥农民主体作用。倡导诚信道德规范，问题的关键在农民，服务的主体是农民。一是诚信于党和政府。广大农民要始终坚定党的绝对领导地位，理解和配合党的各项惠民政策在农村落地生根，主动为党和政府分忧，做新时代的新型职业农民，充当构建社会主义现代化强国的重要力量。二是诚信于法律法规。广大农民要坚定不移地维护宪法和法律的权威，自觉遵守国家法律法规，提高学法懂法意识，争做一名知法守法护法的新型农民，为推动全社会遵纪守法贡献每个人的力量。三是诚信于市场准则。社会有社会规范，市场有市场准则。广大农民既要遵纪守法、勤劳致富，也要在社会主义市场经济条件下遵守市场准则，正确处理好个人与市场、个人与企业、个人与政府的关系，形成人人讲诚信、事事守诚信的市场诚信准则。四是诚信于金融信贷。广大农民在金融活动中要树立和强化诚信理念和信用意识，本着遵守规则、信守合约的原则，依法依规开展生产经营及其他各类活动，以诚实守信的行为获得最大的金融支持。

第二节　弘扬中华优秀传统文化

繁荣兴盛农村文化，必须着力弘扬中华优秀传统文化，传承发展提升农村优秀传统文化。这不仅是继承与发展中华传统文化的应尽义务，更是新农村文化建设的基础任务，是推动广大农村地区繁荣发展的重要保障。在新形势下，大力弘扬农村优秀传统文化，既是全面推进乡村振兴的基本要求，也是构建传统文化继承体系、弘扬中华优秀传统文化的重要途径。因此，要深刻认识并牢牢把握弘扬农村优秀传统文化的核心要义和深远意义，一方面要吸收和弘扬农村传统文化中的精华，将五千年华夏文明发扬光大；另一方面，对落后的农村优秀传统文化要进行创新性发展，对传统农村文化中的"糟粕文化"该摒弃的要坚决摒弃、该转化的要积极予以转化。

一、积极开展农村传统文化活动

弘扬与传承农村优秀传统文化，必须有目的、有规划性地组织开展农村传统文化活动，以此确保农村地区优秀传统文化的有效传承与发展，让广大农民在本土传统文化、特色文化中进一步理解中华优秀传统文化蕴藏的深厚底蕴，从而助推农村文化的繁荣兴盛。湖南是多民族集中的地区，在不同的地理和社会环境、经济和社会生活条件、历史渊源和文化积淀的作用下，全省各地、各民族都形成了自成体系、特色鲜明、风格各异的传统文化，并孕育了具有深厚社会历史底蕴和浓郁地域特征的湖湘民俗风情。

楚巫文化活动。从古至今，湖湘民俗受楚地巫风文化的影响异常深刻，如人们的衣食住行、生产生活习俗、社会生活习俗、信仰与禁忌等方面。楚巫文化渗透到社会及人们思想、行为的各个方面，赋予了湖湘民俗风情以十分独特的文化内涵和丰富多彩的外在表现形式。在湖南各地农村，特别是偏远地区农村，还经常可见信神活动、祭祀活动。信仰的神主要有雷神、土地、水母娘娘、仙娘等，与之相应的信仰活动主要有求神茶、收吓、告阴状、中元祭主、送灶神等。而祭祀活动中主要有三类：第一类是祭祀神灵，所祭对象多为传说中的天神祇，山精鬼魅，充满了浪漫的神话色彩和想象空间；第二类是祭祀祖先，所祭对象主要为家族祖先、民族祖先，如炎帝、舜帝等；第三类是祭祀忠良，所祭对象为公认的民族英雄、知名人士或对国家对社会有特殊贡献的人物，如蔡锷、黄兴、周敦颐、曾国藩等。湖湘各地农村的民间信仰、祭祀活动，往往歌舞相伴、仪式盛大，体现了浓厚的地域文化色彩，与楚巫文化也密不可分。

节日文化活动。湖南岁时节日众多，传统节日有春节、元宵节、清明节、端午节、中元节、中秋节、重阳节等，现代节日有五一劳动节、十一国庆节、元旦等，还有立春节、二月二"龙抬头"、三月三上巳节、四月八姑娘节、四月十八牛王节、立夏节、尝新节、六月六（"过半年"、晒龙袍）、六月十六倒稿节、十月初二"啪嘎节"、腊八节、辞灶节、过"赶年"等。此外，还有与信神祭祀密切相关的节日，如南岳圣地生日、土地菩萨生日、观音生日、还盘王愿等。湖南的岁时节日习俗，一方面蕴含着浓郁的湖南农村文化气息，另一方面也承载着深厚的湖湘传统文化内涵，反映出湖南悠久的历史文化传统与湖南人的精神特质，是湖南优秀传统文化极为重要的组成部分。

饮食文化活动。受地理环境和文化传统的影响，湖南饮食一方面有着汉民族聚居地与少数民族聚居地的明显区别，另一方面存在湘江流域、洞庭湖区、湘西山区三大具有鲜明特征的饮食流派。如，以长沙为代表的汉民族居住地，饮食习俗以米饭为主食，烹调菜讲究色和味，所用佐料多，且"无辣不欢"；分布在湘西自治州的苗族，饮食习俗总的来说是"嗜酸辣咸，好烟酒茶"，特别是酸，有"苗不离酸"的俗语；土家族人的饮食习俗主粮为苞谷、大米、高粱、红薯、土豆、荞麦及各种豆类，日常主食除米饭外，以苞谷饭最为常见，菜肴以酸辣为主；而集中在怀化的侗族，以稻米为主食，好饮米酒和茶，口味是酸辣，民间有"三日不食酸和辣，心里就像猫儿抓，走路脚软心也花"之说；分布在湘南地区的瑶族，以大米、玉米、红薯、粟、麦为主食，以木薯、芋头、芭蕉心、飞花菜等为辅助食物，既当粮，也做菜。不同的地域、不同的民族，都有自己的饮食习俗。这一复杂的构成丰富了湖南饮食文化的内涵，也构成了湖南农村丰富多彩的文化景观。

礼俗文化活动。湖南礼俗甚多，在农村更是随处可见。比如，吃饭有所谓"坐上席"的说法；客人进屋必须奉茶；对赠送礼物的客人要"回篮"；邻里有困难或遇大事，如起屋、婚丧等红白喜事，多自动热情相助，或馈赠钱物，或出工出力，俗称"帮忙"等。此外，湖南礼俗文化中还有婚姻礼俗、生育礼俗、寿诞礼俗、丧葬礼俗等。湖南礼俗文化，是传统文化的重要组成部分，而且对现代社会也产生了深远的影响。千百年来，湖南逐步形成了学礼、讲理、尊礼、行礼的社会风气，传统的礼俗文化在建立人际间的和睦关系、促进社会的稳定和文化的交流等方面起到了不可忽视的作用，也体现了中华民族的精神文明和道德风貌。

二、保护利用农村传统文化资源

随着城市化进程不断发展，越来越多的传统文化资源已经消失或正在消失。因此，深入挖掘、保护和利用农村优秀传统文化资源，是繁荣兴盛农村文化的一项重要任务。湖湘历史悠久，人杰地灵，从古至今就被称为"古道圣土""屈贾之乡""潇湘洙泗"。勤劳、霸蛮、英勇、智慧的湖南人民创造了灿烂的湖湘文化，而在广袤的农村更是蕴藏着丰富的传统文化资源。

第一，传承红色革命文化。湖南被誉为"革命摇篮、伟人故里、红色圣地"，红色是湖南的底色。湖南境内的农村拥有丰富的红色革命文化，不仅是宝贵的精神财富和革命象征，也是促进乡村振兴、繁荣兴盛农村文化的重要资源。从五四运动以来，在三湘四水的潇湘大地上涌现出一批批为国家独立、民族解放、人民幸福而抛头颅洒热血的仁人志士，革命先辈们为了理想信念视死如归、前赴后继，故人已去、精神长存，他们留下的精神文化使得湖南红色教育资源处于全国前列。湖南不仅是创建中国共产党的六个地方组织所在地之一，更是中国革命的策源地和毛泽东思想的发源地。湖南的革命活动遗址、红色名人故居数不胜数，如长沙新民学会旧址、清水塘中共湘区委员会旧址以及毛泽东、刘少奇、彭德怀、罗荣桓、夏明翰、任弼时、胡耀邦等同志故居等。同时，纪念性场所众多，包括湖南党史陈列馆、毛泽东同志纪念馆、刘少奇同志纪念馆、秋收起义会师纪念馆、彭德怀同志纪念馆、杨开慧同志纪念馆、平江起义纪念馆、湘南暴动指挥部纪念馆、湘鄂川黔革命根据地纪念馆、陈树湘烈士纪念馆，等等。繁荣兴盛农村文化，一个重要方面就是要把红色资源利用好、把红色传统发扬好、把红色基因传承好。

第二，弘扬湖湘传统文化。湖湘文化源远流长，从楚汉时期屈原、贾谊担当湖湘文化的奠基者，到宋元时期开辟儒学文化新阶段，再到晚清社会变革创造出"湖湘理学"。特别是近代以来，在中国的重大历史事件、重要改革进程、著名历史人物中，都有湖南的身影。比如"睁眼看世界第一人"的魏源主张学习西方科学技术和选兵，强调"变古愈尽，便民愈甚"，对中国改良维新运动具有变革性影响；曾国藩和湘军集团提出"师夷长技以制夷"，开启了著名的洋务运动，从思想上和行动上打开对外开放的大门；近代革命先驱谭嗣同、黄兴、陈天华等，或为革命的发起者，或为革命的推动者，在推进思想运动、文化变革、救亡图存中发挥了积极作用，引领中国近代历史发展潮流。湖南人独特的精神气质也在历史长河中凸显，表现为"先天下之忧而忧"的忠诚精神，"敢教日月换新天"的担当精神，"吾将上下而求索"的求是精神，"睁眼看世界"的图强精神，"忠诚、担当、求是、图强"八个字成为新时期的湖南精神。弘扬湖湘传统文化，一个重要方面即保护湖湘文物古迹，特别是要做好基本建设中抢救性文物保护和考古挖掘工作，要高度重视历史遗迹、遗址的保护，要健全文物古迹保护的政策和法规。如，湖南双峰的曾国藩故居、湖南涟源的湘军名将故居群、湖南道县的周敦颐故居等，都是传统文化的物化载体，具有极其珍贵的文史价值。

第三，保护自然旅游资源。湖南地形多样，千峰林立，层峦叠嶂，江河纵横，湖泊水库星罗棋布，山水相映，自然景观资源十分丰富。湖南的山，千姿百态，有以衡山为代表的花岗岩地貌景观，有以九嶷山为代表的喀斯特地貌景观，有以崀山为代表的丹霞地貌景观，有以武陵源为代表的石英砂岩地貌景观，有以岳麓山为代表的丘陵山地景观。湖南的水，景致多样。湘资沅澧四水连接大小支流，沿河峡谷和水景奇观层出不穷，飞瀑流泉比比皆是。境内自然景观，自东南至西北，有郴州宜章的莽山国家森林公园，有邵阳新宁的崀山风景名胜区，有娄底新化的紫鹊界梯田，有湘潭湘乡的水府庙国家湿地公园，有益阳赫山的鱼形山水利风景区，有常德石门的夹山国家生态森林公园，有怀化通道的万佛山风景区，有湘西自治州永顺的猛洞河风景名胜区，有张家界市的武陵源风景名胜区等。而大多数自然景观都与农村密切相关。在乡村振兴战略实施过程中，要坚持开发和保护并重的导向，特别要注意保护乡村原有的民居风貌、建筑风格、村落格局，把农村民间传统文化元素融入乡村旅游项目的开发、利用和保护，深挖历史文化底蕴，发扬传统文化精髓，既要有回归生态的自然风光，也要有淡意恬然的人文情怀，还要有团结互助的民本素养，在乡村旅游项目开发利用中保护应有的农村风貌。特别是要结合打造特色小镇、特色村落以及美丽乡村建设，着眼保护和弘扬优秀传统文化资源，深入挖掘乡村所特有的文化基因、文化符号、文化印象，坚持因地制宜、分类施策，真正让乡村振兴走上特色化、本土化、差异化的发展道路。

三、重新塑造农村传统文化形象

文化具有传统性，但更是一种时代的产物。任何一种文化都必须不断创新、激活，才能适应时代的要求，并为时代的发展作出贡献。这也是繁荣兴盛农村文化、传承发展提升农村优秀传统文化的必由之路。当今世界全球化趋势日益加剧，这既给湖南农村传统文化的发展带来了机遇，同时也造成了巨大的冲击。因此，需要坚持统放结合、与时俱进、兼收并蓄、雅俗共赏等原则，重新塑造湖南农村传统文化形象，使之散发历久弥新的光辉。

第一，强化保护意识，培育技能人才。政府要积极倡导农民提升传统文化的保护意识，引导广大农民参与到传统文化的保护当中，做到保护传统文化从我做起，人人有责。要在开展传统文化保护活动中，吸纳各种传统文化艺术的传人加入其中，不断增强农民对传统文化的自信和自豪感。弘扬与传承农村优秀传统文化，最为关键的是发掘、培养传承人。目前，湖南各地农村普遍缺乏优秀传统文化管理的专门人才。政府应按照不同级别明确农村地区传统文化，特别是非物质文化遗产的相关传承人，发现、确立各个级别的传承人，并给予相应的帮助与支持，让众多传承人能够切实感受到政府对传统文化的重视与尊重。同时，要加大技能人才的培养力度，对有志于传承传统文化的农民进行专业的培训和指导，为他们创造更多更好的学习和深造机会，提高他们的思想水平、业务素质和工作能力，为保护和传承农村传统文化提供坚实的人才保障，进而形成自上而下、由下而上的互动良性循环的文化发展和传承意识，推动农村传统文化建设。

第二，加以正确引导，实现创新发展。在传承农村优秀传统文化过程中，以及在城镇化发展过程中，政府要有针对性地将农村地区广大农民所带来的传统文化组织在一起，对各种特色传统文化进行创新发展，以此构成一种集不同地区传统文化于一体的全新文化形式及活动，促使农民能够积极主动地保护当地优秀传统文化，并接受外来文化，携手创造丰富多彩的文化生活。要善于把握政策导向和政策机遇，发展一批生态观光类、休闲康养类、研学教育类、文化展示类的文旅项目，并以此引导一批农旅融合发展的产业，打造一批发展特色文旅的乡村，建设一批文化创意引领发展的园区。要结合正在实施的传统工艺振兴计划，政府引导农村地区开发一批具有地域特色、民族特色、手工特色的传统工艺品，并通过提升职业技能水平进一步提高传统工艺品的价值品质，擦亮传统文化品牌，带动农民创业就业奔小康。同时，要不断充实与丰富农村优秀传统文化的内涵，以特有的传统节日、民族节日，大力开发节日文化产业、文化活动、文化产品，促进文化资源与群众文化生活消费需求有机衔接。以往的传统文化节日，包含众多丰富多彩的民俗活动，与广大农民长时间生活中所构成的民俗、风俗习惯有着紧密关系，与土地、节气、气候和时令等方面相互关联，与纪念、赞扬、祝福、祭祀等相关民俗活动联系在一起，蕴藏着庆祝、祈福等多重内涵，要在原来基础上，结合新的实践和时代要求进行鉴别取舍，坚持古为今用、以古鉴今原则，坚持有鉴别的对待、有扬弃的继承，并推动文化、旅游与其他产业深度融合、创新发展，最终实现传统文化的创造性转化和创新性发展。

第三，利用现代技术，创新文化业态。随着互联网技术和新媒体技术的发展，文化产品及其传播手段越来越多样化、先进化，在湖南农村优秀传统文化的创新过程中，要充分利用新媒体技术改造、充实、创新传统产业发展走向，积极发展数字电影、网络直播、文化创意、文化博览、网络游戏和动漫制作等新型文化产业，运用电子化、数字化、网络化等现代技术与手段催生数字媒体、框架媒体、手机电视、手机动漫、手机购物、媒体零售等新兴文化业态。要注重培育新的文化产业生产点，形成一批特色鲜明的农村传统文化创新聚集区，大幅度提高湖南农村传统文化产业的科技水平，在具有自主知识产权的核心技术方面取得新进展、新突破。还要鼓励网络文化产品的创造与研发，开发文化数据处理、移动文化信息服务、数字远程教育及数字娱乐产品等增值服务，从而整体推动湖南农村文化产业的升级。

第四，加强组织保障，加大资金投入。政府部门在农村优秀传统文化的继承与发展中起着主导作用。繁荣兴盛农村文化，必须有坚实的组织保障。政府要在宣传教育、发展规划、战略实施等方面发挥宏观调控作用，特别是在财力方面，要加大对农村文化建设的资金投入。农村的优秀传统文化包括制度文化、物质遗产文化和思想文化，不管是哪种文化形态建设都需要资金作保障。政府部门设立专项农村优秀传统文化传承和保护资金，一方面能够用于农村文化宣传、文物古迹修缮等工作，另一方面能够用于表彰为文化传承作出贡献的集体和个人，通过精神奖励、物质激励，促进农村优秀传统文化的传承和保护，进而带动广大农民积极参与到农村文化建设中来。

第三节 推进移风易俗建设文明乡风

近年来，随着农村经济的快速发展，农民群众的生产、生活条件有了很大改善。但不可忽视的是农村陈规陋习沉渣泛起，甚至愈演愈烈。这不仅妨碍了乡村文明建设、不利于乡村振兴战略实施，也阻滞了农村居民文明素质的提高。因此，实施乡村振兴战略，要在更广泛范围开展文明村镇、文明屋场、文明家庭、文明故事等文明创建评比活动，要引导开展殡葬改革、加强农村科普、逐步移风易俗等积极向上的风俗习惯，要曝光和遏制大操大办、铺张浪费、薄养厚葬等陈规陋习，摒弃和抵制算命运、看风水、测八字等封建迷信活动，以实实在在的过硬举措推进移风易俗、建设文明乡风。

一、发挥群众自治作用，引导村民共建共治

一方面，鼓励和支持发挥村规民约在村民自治中的规范性作用。基层党委、政府要从政策引导的层面，指导村级组织修订村规民约，将白事简办、红事新办、奖励火葬、尊老爱幼等纳入村规民约内容。按照村民委员会组织法规定通过村民代表大会进行明确下来，以村民自我约定俗成的规矩约束全体成员严格遵守。同时，对村规民约中提出的具体约束性措施，党组织和政府部门应予以支持，如对红白喜事大操大办、大搞铺张浪费等行为予以谴责，保障村规民约的约束作用，维护村级集体组织的权威和威信。如岳阳有的农村通过村规民约，对红白喜宴的规模、礼金、事项作出相关规定，倡导婚宴单方举办不超过20桌（合办不超过30桌）；礼金礼品不超过100元；婚庆喜丧外的其他事宜不办。郴州有的农村将"婚事新办、丧事简办、小事不

办"写入村规民约，对红白喜事等划定合理标准和规模，农民观念得到极大转变，文明节俭操办红白喜事的观念更加深入人心。另一方面，规范农村基层群众组织发挥积极作用。要建立健全农村基层群众组织运行体系，完善红白理事会、村民议事会、乡贤理事会、环保理事会、禁赌禁毒会、道德评议会制度机制，让村民在自我管理、自我约束中自我教育、自我提升。同时，要提升村级文明乡风服务质量，建设好群众大舞台、农家书屋、综合文化站等基础设施，为弘扬文明乡风提供基础性保障。

二、加强宣传教育，强化价值认同

首先，强化舆论导向性作用。一方面，从正面进行宣传引导。大力宣讲中央、省委关于加强新时代文明乡风建设的有关政策文件，深入基层挖掘一批在移风易俗中表现突出的典型事迹，引导群众见贤思齐，自觉树立社会主义核心价值观。另一方面，从负面进行警示教育。坚持以案说法、实例教育，发挥新闻媒体的舆论监督作用，对群众身边看得见的天价彩礼、婚丧陋习、孝道式微等不良行为进行曝光，制作一批典型案例，利用身边事教育身边人，并通过群众故事会、村级文化墙等宣传阵地广泛宣传，形成负面警示教育作用。比如，春节期间，长沙发布"排队礼让树新风、文明节俭过大年"倡议书，倡议文明节俭操办婚丧喜庆事宜。借助移动、联通、电信三大运营商，定点定时发送春节文明节俭、移风易俗内容的提示短信。各乡镇、街道社区在各地屋墙、围墙、院墙上，制作文明节俭宣传栏、文化墙以及签名展板，在赶集日、群众会、屋场会时，发放移风易俗、摒弃陋习的倡议书，让文明节俭操办婚丧喜庆事宜活动家喻户晓、老少皆知。

其次，强化道德教育约束作用。要大力弘扬精忠报国、诚实守信、重德贵义、勤俭持家、礼貌谦让、助人为乐等传统美德，把开展道德教育作为新时代文明实践中心建设的重要内容。要深入推进道德宣讲团、文明故事会等道德文化阵地建设，强化统筹协调，突出教育重点，把道德教育的核心理念传播到广大村民之中。要善于用道德教育约束村民行为，对不讲诚信道德、违背伦理道德等行为，予以道德谴责，在各类评比和表彰推荐中不予支持。要引导农村老党员、老教师、退休干部等发挥积极作用，以嘉言懿行引领清风正气。

再次，强化文化传承浸润作用。要把供给侧和需求侧结合起来，积极挖掘、整合、宣传一批农村优秀传统文化产品供给，进一步繁荣农村地区文艺作品的创作。要积极实施"文化乡村润民心"工程，强化农家书屋的管理和使用，切实提升服务效能，举办一批具有农村本土特色的趣味性、劳动性、民风性文体活动，丰富村民文化生活。实施一批文化科技惠民项目，以文化引领农村基层精神文明建设。支持和鼓励创作一批"三农"题材的艺术作品，不断提高群众文化品位。如，株洲攸县善化村村民自建新风文艺俱乐部，当地村民一有空就喜欢到新风文艺俱乐部读书看报、聊天跳舞、舞龙灯等，新风文艺俱乐部已成为村民们的"快乐大本营"，不仅丰富了当地村民的农闲生活，更拉近了邻里间的关系。又如，湘乡市龙洞镇利用"诗词之乡"的特色，从厚养薄葬、婚事新办、喜事廉办、丧事简办、友善待客等方面着手，以朗朗上口的诗歌形式创作了移风易俗倡议书。再如，衡阳市文体广新局联合市艺校、市歌舞剧团等单位，挖掘移风易俗的故事，改编创作小品、小剧、小戏，送戏下乡，寓教于乐，文明乡风蔚然成风。

三、加强典型示范，注重实践养成

广大党员干部必须坚持以上率下、以身作则、率先垂范，形成示范效应，真正以良好党风政风引领文明新风。要以践行社会主义核心价值观为抓手，积极开展评选身边好人、"好公婆"、"好媳妇"、"五星级家庭"等群众喜闻乐见的评选活动，大力宣传表彰乡村涌现的先进典型，传播社会正能量。党员干部要主动带头，自觉签订移风易俗承诺书，落实好农村党员干部操办婚丧事宜报备制度，严格依法依规执行规矩。结合党员民主评议、组织生活会等制度，对违反有关规定的党员进行评议不合格党员等处理。比如，娄底涟源市斗笠山镇塘溪村有 60 年党龄的老党员谢延长在做寿问题上要求子女做到"三不准"（一是不准燃放烟花爆竹，二是不准请戏台演出班子，三是不准大张旗鼓宴请宾客），在当地产生良好反响。

四、加强制度保障，实施有效管理

推进移风易俗、建设文明乡风过程中，必须加强制度约束。要从村民自我约束的角度出发，以党委政府为主导，以修订村规民约为契机，制定《婚事新办模式》《丧事简办之新模式》等制度性规范，并纳入村规民约重要内容。要鼓励以村为单位制定具有本土特色的乡风文明规定，比如湘潭市有的村针对婚事新办提出"五提倡、五反对"：提倡简约定亲，反对攀比奢华；提倡只举办一次婚礼仪式，反对双方家庭重复浪费；提倡"礼轻人意重"，反对高额彩礼；提倡低碳迎亲，反对豪华大车队；提倡环保婚礼，反对燃放烟花爆竹，得到群众广泛认同和支持。要引导部门统筹发力，强化行业部门制度制约，公安机关、环保部门要逐步对农村燃放烟花爆竹行为进行规范；民政部门要通过奖励火葬、打击豪华墓和活死人墓等制度，积极推进农村殡葬改革进程；金融机构要探索将不赡养老人、虐待老人等纳入征信内容，用制度约束规范农村文明行为。

五、大胆推动创新，激发群众创造性

第一，要在观念理念上创新。时代在变，人的观念也在变。改革开放40多年来，许多结婚礼仪逐渐向西式婚礼方向转变，这种时候一些地方提出和推行传统中式婚礼、集体婚礼、旅行婚礼、纪念日婚礼等，引发人们对"老祖宗"留下的传统文化进行思考，这是观念上的创新。一些地方结合殡葬改革要求，将原有的花圈纸钱改为鲜花祭祀，大胆宣传厚养薄葬、绿色殡葬、生态殡葬、惠民殡葬等观点，这也是理念上的创新。

第二，要在重点内容上创新。观念上的改变只是第一步，具体实施过程中更需要抓住重点、抓住关键。要搭建农村青年婚恋交友服务平台，探索用市场化的方式为新时代青年婚恋服务提供新型服务，从根源上抵制高额彩

礼、奢华婚礼、恶搞闹婚等不良风气。要善于利用七夕节、春节等传统节日的特殊时间节点，引导农村青年参与节日婚礼、集体婚礼，减少铺张浪费。要推广农村互助型养老，高度关注老年人情感需求，加强孤寡老人人文关怀，进一步创新和优化农村养老服务新模式。

第三，要在方式方法上创新。推进移风易俗，最终还要善于用新办法解决老问题，在方式方法上求新策、谋实招。一方面，党员干部敢于带头。无论婚礼方式的革新，还是殡葬改革的推进，最终都是群众看党员、看干部。党员干部是群众的一员，必须要有带头意识、模范意识，要率先垂范，自觉担当移风易俗的先行者。另一方面，试点先行逐步推进。有的工作全面推开有难度，特别是移风易俗涉及群众多年来的观念转变，要让群众彻底接受需要过程。可以采取试点先行的模式，先选取2—5个村作试点，集中精力对试点村进行工作突破，之后再逐步推进、全面覆盖。

六、压实各级责任，建立常态化工作机制

一是压实各级党组织领导责任。各级党组织要把农村移风易俗和乡风文明建设作为实施乡村振兴战略的基础性工程来抓，摆上重要议事日程。要坚持把移风易俗工作纳入年度重点工作任务，将移风易俗与推进全面从严治党向基层延伸、加强基层党组织建设、打好脱贫攻坚战等有机衔接。各农村基层党组织要充分发挥基层党组织的政治功能和政治优势，深入开展移风易俗宣传发动工作，组织党员干部签订移风易俗承诺书，并建立负面清单，把移风易俗实际情况纳入党员评议重要内容。

二是压实相关责任联动责任。移风易俗不是村党组织一家的事，需要各相关职能部门协调联动、凝聚合力。组织部门在对领导干部进行综合考核评价和干部考察时，要注意了解本人及推进移风易俗工作相关情况。宣传部门要扩大宣传阵地优势，将移风易俗重点内容进行细化，特别要挖掘和利用群众喜闻乐见的宣传方式大力宣传移风易俗，营造全民支持、拥护、参与移风易俗良好氛围。公安、民政、环保、综治等部门要把移风易俗工作与部门职

能职责紧密结合起来，最大限度凝聚移风易俗的强大工作合力。

三是压实监督责任。要把各地推动移风易俗工作情况纳入党委、政府督查工作要点，强化常态化督查，对文明乡风建设工作成效显著的及时推广其做法，对工作不力的该通报及时通报。新闻媒体要发挥舆论监督作用，对负面影响较大的事例进行曝光，要总结一批正面和反面典型案例，在一定范围内进行宣传教育。

第四节　优化农村公共文化服务水平

农村公共文化服务既是一项润物无声的文化事业，也是一个地方对外展示的形象名片。加快建设和完善农村公共文化服务体系，是实现乡村振兴战略的重要任务和基础环节。习近平总书记强调"人民对美好生活的向往，就是我们的奋斗目标"，这其中"对美好生活的向往"包含了更多公共文化服务的期待。当前，要按照有标准、有网络、有内容、有人才的"四有"要求，注重发挥县级公共文化机构辐射作用，着力加强农村公共文化建设，进一步健全农村公共文化服务体系，着力优化农村公共文化服务水平。

一、提高加强农村公共文化服务体系建设的认识

要从三个角度提升认识：一是软实力与硬实力的关系。做强文化软实力是服务全面深化改革的总目标，是提升我国硬实力的文化根基，必须毫不动摇把文化公共服务放在重要位置。二是经济社会发展与文化事业的关系。要充分认识农村文化事业发展在经济建设、政治建设、文化建设、社会建设、生态文明建设中的重要作用，坚决防止将文化和经济剥离开的错误思想。只有农村经济实现高质量发展，才会为农村文化事业发展提供有力保障。同时，农村文化建设水平的提高，反过来为农村经济发展提供强大"内力"。三是城镇化建设与乡村振兴的关系。在全面推进城镇化进程中，文化事业发展永远是精神动力。推进城镇化并不是只重视城市发展、忽略农村这个基

础，相反更要在推进城镇化发展的同时，注重农民思想文化素质的提升。党的十九大提出乡村振兴的战略布局，乡风文明是重要一环，这与推进城镇化发展是一脉相承的。

二、实现公共文化服务体系建设均等化

一是着眼城乡一体化，努力促进城乡文化共享。要着眼于实现乡村振兴、全面建成小康社会的总体布局，把城市文明建设和农村文化发展、市民素质提升和农民乡风养成、市区规范管理和农村人居环境整治结合起来，进行整体的统筹规划、科学设计、协调推进。当前，要针对农村文化发展明显落后于城市的现状，坚持资源向农村倾斜、力量向农村下沉，尽最大力度实现城乡文化资源的优势互补、共享共建。

二是着眼公民权益公正性，努力促进农民基本文化权益。坚持维护社会公平正义，公共文化服务是公民应享受的基本权益，要努力做到农民具有与城里人均等的享受文化成果的权利、参与文化活动的权利、开展文化创新并且其创作成果得到保护的权利。各级党委、政府要树立正确的政绩观，把农民享受公共文化服务权益作为推进社会公平正义的一项重要内容，通过公共文化设施的健全、公共文化产品的开发、公共文化服务的运营，使农民的基本文化权利得到应有的保障，让文化发展的成果惠及全体农民。

三、激发农村公共文化服务建设活力

乡村振兴战略的实施，为农村公共文化服务体系建设提出了新要求、带来了新动力。农村公共文化服务体系建设，是一项复杂而庞大的系统工程，必须从体制机制上进一步理顺。要把创新体制、完善机制等，作为完善农村公共文化服务体系的重点内容。特别是在对文化体制进行不断升级时，应从加强对文化产业的规范管理、高效运行、优化服务着手，逐渐从行政管理导向过渡到服务导向上来。要运用法律法规以及行业协会等手段把控好文化市场，主动扩大文化主体的市场参与度，按照建立现代企业制度的要求，实

现文化企业的主要影响力，让它们变成跟市场接轨的、自主经营的文化商品生产者和经营者。要注重关注和打造特色文化品牌，通过"文化＋旅游"延伸现有文化产业链条，通过"文化＋科技"拓宽文化服务发展的新途径，从而展示出丰富的民族文化内核与文化价值内涵。

四、为农村公共文化服务提供财力支持

构建和完善农村公共文化服务体系，需要进一步健全文化服务运行的保障机制，其中最关键的是经费保障。湖南自古就是多民族集中的地区，除了汉族外，湖南境内至今居住着五十余个少数民族，其中土家族、苗族、侗族、瑶族等居住时间长、历史最为悠久。各级党委、政府以及文化主管部门要从思想上行动上资金保障上，切实加大对民族地区农村基层文化设施建设的支持力度，坚持保护与开发并重的原则，对分布在湘西、湘南和湘东地区的少数民族地区的文化项目给予倾斜，要引导基层政府在财政预算中加大文化服务领域的投入。要合理利用农村公共文化活动中心开展文化活动，提高公共文化场所的日常管理，增强文化活动影响力和持续性，让农民开展文化活动更有积极性主动性。要充分认识到农村公共文化服务体系建设经费投入的主体是政府，政府必须承担起应有的责任。对农村文化事业的资金投入，要切实做到增幅高于地方 GDP 的增长、高于财政增收的幅度，并且要提供支持文化产业发展的投入。同时，要切实改进农村文化建设的投入方式，形成农村文化建设的经费保障机制。此外，鼓励引进社会资本投入农村文化建设，积极探索采用市场运作方式，吸引企业、社会和个人投资农村文化建设，形成多元化投融资、多方面共同支持文化建设的良好局面。通过转变观念，摒弃以往政府在农村文化建设中包办一切的做法，要既严格按照市场规律办事，引导农村文化建设逐步走上产业化的发展道路；又注意培育和规范农村文化消费市场，将主办人的营利性、文化的服务性、公益性和农民的需要性有机结合。

五、强化农村公共文化服务建设队伍保障

一要加强农村文化人才队伍建设。推动乡村文化振兴，人才是决定性因素。当前，湖南农村普遍存在文化人才匮乏、人才老龄化、人才流失严重等问题。要把农村文化人才队伍建设作为整个人才队伍建设的重要组成部分，制定出台相关人才引进激励扶持政策，把热爱乡村文化事业、具备文化专业特长的优秀人才选拔到文化战线上来，建设一支讲政治、专业化、有激情、甘奉献的文化人才队伍。

二要加强农村文化人才的培养使用。一个富裕兴旺、文明宜居的乡村，离不开乡土文化人才，唯有重视发掘、培育和壮大这支乡土文化人才队伍，方能带动和营造成千上万个乡村，兴起浩荡的文明之风。针对当前农村公共文化服务的实际需要，要壮大村级文化协管员（文物保护员）队伍，建立一支"留得住、用得上、干得好"的村级文化人才队伍；要利用乡镇综合文化站、乡镇文艺团等队伍，扶持基层民营院团活跃、丰富乡村舞台；要弘扬"工匠精神"，培养民间艺人，为乡村优秀传统文化和工艺接续力量；要引导文化志愿者深入乡村一线开展文化志愿服务活动。

三要严管厚爱农村文化人才。一方面，要严格管理农村公共文化服务人才，严格职业操守，追求卓越态度，弘扬奉献精神，树立新时代文化人的崭新形象；另一方面，要创新人才激励机制，善于用感情留人、用适当的待遇留人，让农村文化工作者不能既流汗又流泪，进一步建立健全创新人才管理与激励机制。

六、加强农村公共文化服务基础建设

一要强化农村文化基础设施建设。针对一些村级文化活动中心、文化广场等存在设施简陋短缺、破损严重、利用率低的问题，要按照城乡建设一盘棋的观念，进一步整合资源，把基础设施建设的政策、项目、资金重点放到向农民提供优质公共服务上来，重点关注文化教育、医疗卫生、互

联网等方面基础设施建设。要坚持因地制宜、分类施策，按照缺什么补什么、差什么改什么的现实需要，进一步完善农村公共文化服务设施功能配套。

二要充分发挥文化设施作用。针对前期有的地方"重建轻管、重建轻用"等情况，要制定和完善农村文化设施管理使用办法，着力加强对文化设施的管理，坚决杜绝把文化设施挪为他用或出租的行为，确保农村文化设施发挥文化引领作用。通过建立健全监督管理制度，对已有的设施做好管理工作，确保设施有专人负责看管；通过建立健全责任追究制度，增强管理人员的责任意识；通过建立健全激励制度，提高管理人员工作的积极性。此外，还要加强设施综合利用，提高农村文化基础设施的利用率。对现有的农村文化设施要尽可能加以综合利用，如可以依托乡镇中小学、农村职业学校等实现资源共享，既提高文化设施的综合利用率，也可以从中有所收益；既解决了资金短缺问题，也可以充分发挥农村文化基础设施的作用。在设施功能上，要强调综合性，争取做到"一场多用""一室多用"，使活动场所集图书阅读、广播影视、科技推广、科普培训等于一体。

三要切实维护农民群众的利益。要从农民关心的问题入手，找准植根于农民生活中的文化活动载体，拓展文化活动的内容和形式，进而激发人民群众对农村文化建设的参与热情。基层文化工作者要善于从群众喜闻乐见的形式中创造有效载体，不断提高农民自身对农村文化的认知能力，准确理解把握农村文化的内涵、特质与价值。要改变农民过去"等、靠、要"的错误观念，帮助农民明确自己在农村文化重塑中的主体身份和作用，实现由旁观者到建设者、由局外人到局内人的角色转变。要以文化意识的主体性带动行动的主动性，将农村文化融入乡村振兴之中，自觉地抵制不良文化的侵蚀，主动挖掘农村的各类优秀文化资源，积极表达农民的文化关切与需求，创新文化表达方式，传递乡村情感，使广大农民真正成为农村文化的传承者、建设者和传播者。

第六章 构建乡村治理新体系

基层社会治理是国家治理的基石，其治理体系及治理质量是国家治理体系和治理能力现代化的"试金石"。党的十九大提出乡村振兴战略以来，经过几年的实践探索和机制创新，我国逐步形成了以党组织领导的自治、法治、德治相结合的乡村社区治理体系为基础，以党委领导、政府负责、民主协商、社会协同、公众参与、法治保障、科技支撑的社会治理体系为统领，以县乡村联动为基层治理工作体系的乡村社会治理体系，我国乡村治理的"四梁八柱"基本成形，建设人人有责、人人尽责、人人享有的乡村治理共同体理念逐步确立。

第一节 加强农村基层党组织建设

农村基层党组织是党在农村全部工作和战斗力的基础，更是乡村治理新体系建设的政治和组织保障。各地的乡村治理实践充分证明，凡是治理成效好的地方，党组织的全面领导功能必定发挥得好。各级基层党组织要认真落实《中国共产党农村基层组织工作条例》（以下简称《条例》），加强对乡村治理的全面领导，筑牢党在农村的执政基础。

一、健全以党组织为核心的组织体系

乡村治理体系是一个复杂的系统，由一系列的基层组织和运行程序构成，除党组织以外，还有村民委员会、村务监督委员会、村民代表大会、村民议事会、村民理事会等一些自治组织和其他集体经济组织和社会组织，为

实现党组织对乡村治理的全面领导，必须健全以基层党组织为领导核心、村民自治组织和村务监督组织为基础、集体经济组织和农民合作组织为纽带、其他经济社会组织为补充的村级组织体系，突出党组织的领导地位。充分发挥基层党组织在乡村治理中统揽全局、协调各方的领导功能，让党的领导权威在乡村治理各项工作中落地生根。

（一）巩固农村党组织领导核心地位

长期以来，党对农村工作的领导取得了显著的成效，农村党组织在群众中的地位也不断提升。尤其是党的十八大以来，基层党组织持续开展主题学习教育活动，党的群众路线得到更好的贯彻，党的初心使命得到更好的践行，在脱贫攻坚与乡村振兴过程中更是发挥了攻坚克难的战斗堡垒作用，因而在许多地方的群众当中流传着一句话，叫"给钱给物，不如建个好支部"，足以见得广大群众对坚强有力的党支部是何等的认同和期待。为进一步巩固农村党组织的领导核心地位，必须坚持农村基层党组织领导地位不动摇，村党组织必须全面领导村里的各类组织和各项工作。为适应新时代乡村治理的新形势，根据《条例》的有关规定，村党组织书记应当通过法定程序担任村民委员会主任和村级集体经济组织、合作经济组织负责人，即所谓"一肩挑"，村"两委"班子成员应当交叉任职。真正实现村党组织书记管全盘、抓要害、负总责，有效协调处理村级治理中的各种复杂问题和化解各种矛盾纠纷，有力提升党组织的领导力，从而巩固党组织的领导核心地位。

（二）创新农村党组织设置

面对新时代农村党组织建设的新形势新任务，《条例》明确提出要创新农村党组织设置，因地制宜发展好党在农村的事业。《条例》对农村党组织的设置作出了具体可行的规定："以村为基本单元设置党组织。有正式党员3人以上的村，应当成立党支部；不足3人的，可以与邻近村联合成立党支部。党员人数超过50人的村，或者党员人数虽不足50人、确因工作需要的村，可以成立党的总支部。党员人数100人以上的村，根据工作需要，经县级地方党委批准，可以成立党的基层委员会，下设若干党支部；村党的委员会受乡镇党委领导。""农村经济组织、社会组织具备单独成立党组织条件的，根据工作需要，可以成立党组织，一般由所在村党组织或者乡镇党委领导。在跨村跨乡镇的经济组织、社会组织中成立的党组织，由批准其成立的上级党组织或者县级党委组织部门确定隶属关系。"《条例》的上述规定，对于当前农村党组织建设过程中存在的弱化、虚化、边缘化等一系列问题，必将起到正本清源的作用，对于农村党组织的长远发展至关重要。如四川省凉山州在全州500多个乡镇，由乡镇党委设立青年人才党支部，直接发展农村青年党员有效激发了青年的活力，青年党员在乡村治理中发挥越来越突出的作用。在乡村治理推进过程中，各地要坚持从实际出发，结合农村党组织发展任务，在《条例》指导下设置合理的组织规模和机构，更好开展组织活动，更好实现党组织的全面领导。

（三）着力提升农村党组织组织力

党的十九大提出，"要以提升组织力为重点，突出政治功能，把企业、农村、机关、学校、科研院所、街道社区、社会组织等基层党组织建设成为宣传党的主张、贯彻党的决定、领导基层治理、团结动员群众、推动改革发展的坚强战斗堡垒"。提升农村党组织组织力，就是要把党员组织起来，把人才凝聚起来，把群众动员起来，合力推动新时代乡村治理体系和治理能力现代化。其要害在于能做好群众工作，取得群众支持和拥护。党组织在决定重大事项时要同群众商量，布置工作任务时要向群众讲清道理；经常听取群众意见，不断改进工作；关心群众生产生活，维护群众的合法权益，切实减轻群众负担。从全国各地的实践来看，各地在提升农村党支部组织力方面创新工作方式，取得了良好效果。如四川省旺苍县通过"头雁领航"行动和"先锋工程"行动、贵州省余庆县通过"乡村振兴党旗红"行动、山东省安丘市通过"村级党组织评星定级制"和"农村党员积分管理制"等举措大力整顿软弱涣散党支部和后进党员，极大地增强了农村基层党组织在乡村治理中的领导力。① 根据中央有关精神，要持续整顿软弱涣散村党组织，向贫困村、软弱涣散村、集体经济薄弱村派驻第一书记，切实保证村党组织的组织力得到有效提升。

二、加强农村党组织带头人队伍建设

近年来，全国农村地区大力开展脱贫攻坚和乡村振兴工作，各地的实践充分证明，农村党组织的强弱直接决定了脱贫攻坚和乡村振兴的效果；而一个党组织带头人的"头雁"效应发挥得好不好，直接决定了这个党组织的整体工作效能和领导水平的高低。因此，加强农村党组织带头人队伍建设在整个农村党的建设工作中的重要性是不言而喻的。针对该问题，《条例》和《关于加强和改进乡村治理的指导意见》都作出了相关规定和部署，着力从源头上和职业发展通道上为农村党组织带头人队伍的提升发展创造条件，提供政策保障。

（一）实施村党组织带头人整体优化提升行动

近年来，随着城镇化步伐的加快，广大欠发达地区农村青壮年大量流入城市，出现了大面积的"空心村"，不少"空心村"的党组织发展面临青黄不接的困局，新发展的青年党员少，党组织班子成员老龄化现象严重，组织力战斗力弱化现象突出。面对新时代乡村振兴的历史使命和乡村治理的艰巨任务，农村党组织如何强起来、优起来，是农村党组织建设的重中之重。要实现这个目标，首先要从农村党组织班子尤其是书记的来源上下功夫，要真正选强配优班子。根据《条例》的有关规定，村党组织领导班子应当由思想政治素质好、道德品行好、带富能力强、协调能力强，公道正派、廉洁自律，热心为群众服务的党员组成；村党组织书记应当注重从本村致富能手、外出务工经商返乡人员、本乡本土大学毕业生、退役军人中的党员培养选

---

① 参见唐皇凤、汪燕：《新时代自治、法治、德治相结合的乡村治理模式：生成逻辑与优化路径》，《河南社会科学》2020 年第 6 期。

拔。配好班子、选好书记之后，更重要的是对村党组织班子有计划地开展政治和业务培训，提高贯彻党的思想路线、组织路线、群众路线的本领，提高做农村基层工作、抓农村党支部建设的本领，逐步实现农村党组织带头人队伍整体优化提升，做到整乡推进、整县提升。对此，《条例》规定，县级党委每年至少对村党组织书记培训1次。从目前各地的实践来看，充分利用县、乡党校开展农村党组织书记年度轮训和专题培训，已经收到了显著效果，这一工作需继续坚持和完善。有些条件相对宽裕的地方，分批组织农村党组织书记外出学习考察乡村治理、发展集体经济经验，拓展了发展视野，启发了治理思路，有效推动了党组织带头人队伍的整体提升。比如，湖南省永州市零陵区近年来集中轮训基层党组织书记650人次，从财政列支120余万元组织了19期950名农村支书、党员到永州工贸学校进行实用技术培训。

（二）畅通优秀村党组织带头人职业发展渠道

党的十七大以来，中央持续实施"大学生村官计划"，为各地农村党组织输送了一大批优秀的青年人才，有力地充实了农村党组织力量。近年来，大学生村官队伍中涌现出一批熟悉农村情况、懂农业、爱农村、爱农民、掌握"三农"政策、有能力、有干劲的优秀分子，受到社会广泛关注和好评。但是，不得不承认的一个事实是，大学生村官不是一个正式工作，没有编制，导致大部分大学生村官无法安心安业，流失比较严重。与大学生村官不一样的本乡本土优秀青年，担任村党组织书记后，也会产生职业发展困惑，部分优秀青年村支书并不甘心一辈子待在乡村，希望获得更高的发展平台和职业前景。近年来，针对农村人才流失问题，为突破农村优秀人才待不住、留不下、干不好的困境，为畅通优秀村党组织带头人职业发展渠道，各地开展了一些试点，每年拿出一部分乡镇和县直部门编制岗位定向招录优秀青年党组织书记、大学生村官，收到了显著效果，得到了中央的认可。2019年出台的《中国共产党农村基层组织工作条例》就明确要求，"注重从优秀村党组织书记、选调生、大学生村官、乡镇事业编制人员中选拔乡镇领导干部，从优秀村党组织书记中考录乡镇公务员、招聘乡镇事业编制人员"。这条政策对于广大的优秀村党组织带头人而言，是他们职业通道的延展与跃升，可以让农村党组织带头人队伍吃下一颗定心丸，将大大提升农村党组织的稳定发展、更新换代和良性循环。比如，2019 年湖南省从优秀村（社区）党组织书记、大学生村官、乡镇（街道）事业编制人员和选调生中选拔乡镇（街道）领导班子成员 1266 人。

三、加强农村党员队伍建设

加强农村党组织建设中带头人队伍建设固然是关键，但加强党员队伍建设也是相当重要一环，党支部战斗堡垒作用的有效发挥，离不开每一个支部成员先锋模范作用的发挥。从各地的实践来看，农村党组织书记及班子建设相对规范一些，而对普通党员的教育、管理和监督却存在不同程度的弱化甚至缺失，这既与整个社会大环境有关，也与当前基层党员队伍建设不力有关。在乡村治理推进过程中，群众对党组织的拥护和信任，是建立在对所有党员的认同与信赖基础之上的，基层党组织的权威也是通过每一位党员的一言一行积累起来的。如果个别甚至部分党员的言行与党员的身份不符甚至完全背离，则容易导致"一粒老鼠屎打坏一锅汤"的乱象，造成党组织威信的"放大性"流失。鉴于此，中央强力推动全面从严治党向基层延伸，从思想认识上、制度规范上、组织活动上全面加强农村党员队伍建设，实现农村党组织对乡村治理的坚强有力领导。

（一）加强农村党员教育、管理、监督

一段时期以来，大部分农村党员因为受限于知识水平和工作条件，对于党的创新理论、方针政策、党内法规等的学习流于形式甚至严重缺失，党组织对党员的教育、管理和监督也存在宽松软的苗头，在很大程度上削弱了党组织的战斗力和领导力。党的十八大以来，通过开展一系列教育实践活动和专项整治，特别是一系列党内规章制度的实施，有力推动农村党组织建设开创了新局面。但是，面对艰巨的乡村振兴使命和乡村治理任务，还需要进一步加强农村党员的教育管理。根据中央有关规定，县、乡两级党委应当加强农村党员教育培训，建好用好乡镇党校、村党员活动室，注重运用现代信息技术开展党员教育。乡镇党委每年至少对全体党员分期分批集中培训1次，主要开展《中国共产党党章》、党规教育，习近平新时代中国特色社会主义思想教育，党的路线方针政策教育，思想道德和民主法治教育，提高党员组织群众、宣传群众、凝聚群众、服务群众的能力。有条件的地方可以组织开展党员联系农户、党员户挂牌、承诺践诺、设岗定责、志愿服务等活动，给党员分配适当的社会工作和群众工作，为党员发挥作用创造条件，推动党员在乡村治理中带头示范，带动群众全面参与。为加强党员管理，党组织应当走好新时代群众路线，广泛接受监督，经常了解群众的批评和意见，坚决制止和纠正党员侵害群众利益的行为。

（二）严格党组织生活

严格的组织生活是农村党组织真正发挥战斗堡垒作用的组织保证和政治要求。党的十八大以来，农村党组织建设的一项基础性工作就是恢复严格的组织生活，使党支部成为名副其实的战斗堡垒，这是农村党组织实现从严治党的一大抓手，也是从组织上、制度上教育党员、管理党员的根本举措。一是要坚持好"三会一课"制度。村党组织应当以支部为单位，每季度召开1次支部党员大会，每月召开1次支部委员会和1次党小组会，每半年至少上1次党课；每月相对固定1天开展主题党日，组织党员学习党的文件、上党课、开展民主议事、志愿服务等，突出党性锻炼；还要把党员领导干部定期为基层党员讲党课制度坚持好。二是要开好组织生活会。党支部根据上级党组织确定的主题，每年至少召开1次组织生活会，严肃认真地开展批评和自我批评，接受党员、群众的监督。三是要开展好民主评议党员。结合组织生活会，每年开展1次民主评议党员工作，按照党员自评、党员互评、支部讲评、上级点评、民主测评的步骤，结合党员具体表现确定评议等次，对优秀党员予以表扬，对不合格党员加强教育帮助，依照有关规定，分别给予限期改正、劝其退党、党内除名等组织处置。四是要开展好谈心谈话。党支部书记每半年至少与班子成员谈心谈话1次，每年至少与支部党员谈心谈话1次，党员人数较多的，由班子成员分别开展谈心谈话；班子成员之间每年至少谈心谈话1次；对受到处分处置、群众有不良反映的党员，党支部书记要及时谈话提醒教育。党组织生活要防止表面化和形式化，不能仅仅把组织生活从政治角度加以强调，而要把组织生活与乡村治理工作，尤其是村集体经济发展、群众利益、重大事项等结合起来开展，这样才能真正树立村党组织和党员的威信，取得村民的真正信任，[①] 从而更好实现党组织对乡村治理的全面领导。

第二节　促进自治法治德治有机结合

2013 年，浙江省桐乡市探索建立"自治、法治、德治相结合"的乡村治理模式，因其效果显著，后在全国大范围推广，业已成为乡村治理的"桐乡样板"。随着乡村振兴战略的全面实施，我国的乡村治理已进入历史新方位，构建自治、法治、德治相结合的乡村治理体系是新时代乡村社会转型发展的内在要求。构建"三治结合"乡村治理模式既是对长期以来乡村社会治理乏力、民主基础薄弱、治理效能不高等问题的理论反思和直接回应，同时也有效契合了乡村振兴和基层社会治理现代化的现实需要。[②]

一、深化村民自治实践

1983 年 10 月，《中共中央　国务院关于实行政社分开、建立乡政府的通知》正式确定在乡镇一级建立人民政府，在村一级实行村民自治，进而确立了"乡政村治"模式，村民自治在国家治理体系中的地位得以巩固。村民

---

① 参见仝志辉：《一号文件部署加强乡村治理，重在形成工作体系》，澎湃新闻，2020 年 2 月 8 日。

② 参见唐皇凤、汪燕：《新时代自治、法治、德治相结合的乡村治理模式：生成逻辑与优化路径》，《河南社会科学》2020 年第 6 期。

自治实施三十多年来，形成了稳定的治理格局，积累了大量的治理经验，但当前村民自治仍然面临着自治主体数量不足、自治规模不当、自治机制运行不良、自治要素条件不佳等多重困境，制约着乡村振兴战略的有效推进。基层群众自治与人民群众的切身利益密切相关，直接反映人民的利益诉求。基层群众自治直接性的特点，使人民群众通过参与基层自治实践，能够获得看得见、摸得着的利益，能够依法保护自己的权益不受侵害，基层的许多矛盾就是在群众自治实践中得以化解；人民群众也正是在直接参与基层各项事务的决策、管理、监督过程中，逐步了解了什么是群众自治、怎样做才符合民主法治要求，从而逐渐提高当家作主的能力。① 基于村民自治显著的直接性特点，在推进乡村治理新体系的建设中，要注重突出自治组织、自治机制、自治过程、自治效果的直接性、直观性、便利性、包容性。

（一）加强村民自治组织建设

1998 年，国家修订通过了《中华人民共和国村民委员会组织法》，赋予村民自治组织更多更实的法律权利，为农民自我管理、自我服务、自我教育、自我监督提供了坚强的法律保障，村民自治进入一个蓬勃发展的阶段。2018 年发布实施的《中共中央　国务院关于实施乡村振兴战略的意见》提出，"坚持自治为基，加强农村群众性自治组织建设"。在乡村治理实践中，除了选举成立村民委员会这一法定自治组织外，村民还围绕村级公共事务自发组织成立诸如村民会议、村民代表会议、村民议事会、村民理事会、村民监事会等非法定自治组织，构成了一个在村党组织领导下相互补充的村民自治组织体系，有效管理和监督村级事务。此外，为推动农村经济、社会事务的发展，可以积极培育发展一些服务性、公益性、互助性的农村社会组织，开展农村社会工作和志愿服务。在深化村民自治的进程中，如何有效发挥村民自治组织的治理功能，关乎村民自治的成败，因此，要充分利用宪法、法律对村民自治的权益保障，充分尊重农民意愿，切实发挥农民在村民自治中的主

---

① 参见詹成付：《健全充满活力的基层群众自治制度》，《经济日报》2019 年 12 月 6 日。

体作用，有效调动农民的积极性、主动性、创造性，避免村民自治组织的"空心化""摆设化"，使村民自治真正实起来、强起来。而村民自治实起来、强起来的前提则是村民自主意识的培养与发挥。有论者指出，村民作为乡村自治的"剧中人"和"剧作者"，其自主意识的建构是参与乡村自治主动性和能动性的内在体现，彰显乡村治理中由"对象"走向"主体"的村民自由全面发展的成长过程。[①] 村民自治组织的良性运行与发展，除了发挥村民自主意识以外，一方面要拓宽群众反映意见和建议的渠道，另一方面需着力推进村民自治的制度化、规范化、程序化。

（二）健全务实管用的村务监督机制

长期以来，尽管农村党务村务财务监督工作在法理上得到不断加强，但具体运行机制还不完善、不健全，缺乏规划统一、行而有效的监管机制。随着信息技术的发展和村民监督意识的增长，现代网络技术为村务监督机制的有效运行提供了越来越多的支持，在现有条件下可以全面推广村级事务"阳光公开"监管平台，建立"村民微信群""乡村公众号"等，推进村级事务即时公开，加强群众对村级权力有效监督。同时需建立健全小微权力监督制度，形成群众监督、村务监督委员会监督、上级部门监督和会计核算监督、审计监督等全程实时、多方联网的监督体系。注重把村务监督与基层协商结合起来，协商民主作为中国特色社会主义民主政治的重要组成部分，在基层民主推进过程中发挥着越来越重要的功能。健全村级议事协商制度，形成民事民议、民事民办、民事民管的多层次基层协商格局。创新协商议事形式和活动载体，依托村民会议、村民代表会议、村民议事会、村民理事会、村民监事会等，鼓励开展村民说事、民情恳谈、百姓议事、妇女议事等各类协商活动。近年来，湖南永顺县全面推行村级事务"报告日"制度的探索与实践，规定"党的建设、工程项目、资产资金、民生事项、中心工作、群众关注的其他问题"等六项为必述项目，并列出村级事务报告清单，对每个项目的具

[①]　参见陈进华：《乡村治理的自治逻辑》，《青海日报》2019 年 10 月 21 日。

体事项进行细化明确，有利于村干部对标对表。村级事务"报告日"制度取得了全县村务监督的显著效果，正在逐步推广。

（三）发挥村规民约的独特功能

在中国传统社会，村规民约是维系地方性治理的重要资源，也是传统村社自治的重要经验，已经成为中国乡土文化的重要组成部分。在现代乡村治理实践中，村规民约依然具有重要的历史文化和村庄治理价值。2018年12月，民政部、中央组织部、中央政法委、中央文明办、司法部、农业农村部、全国妇联七部委联合发布的《关于做好村规民约和居民公约工作的指导意见》指出，到2020年，全国各地都要普遍建立起村规民约，让全社会特别是基层，对百姓身边的事有共同的遵循，把身边亟待解决的事处理得更好。村规民约必须以法律法规为依据，确保制定过程、条文内容合法合规。2020年4月30日，湖南省司法厅、湖南省民政厅联合印发《关于开展村规民约和居民公约法制审核的指导意见》。该意见对制定或者修订村规民约组织开展法制审核工作进行具体细化和规范。依靠群众因地制宜制定村规民约，提倡把喜事新办、丧事简办、弘扬孝道、尊老爱幼、扶残助残、和谐敦睦等内容纳入村规民约。有学者通过对贵州锦屏县相关村规民约的研究，认为村规民约在社会治安维护方面形成了完备的规范、制度和执行机制，村规民约作为习惯法在乡村治理中具有积极能动性，能够引导社会行为，改变红白喜事大操大办、攀比铺张、燃放鞭炮等不良习惯，为建设文明乡村、美丽乡村奠定基础。[①] 在新时代推进乡村振兴战略进程中，如何有效提高农民思想政治素质问题是值得关注的重点问题，新时代村规民约既是农民主体价值的体现，也是有效提升农民思想政治素质的重要途径。在村规民约的实施过程中，要深入发掘新时代村规民约的移风易俗功能、潜移默化功能和凝心聚力功能，提高村民思想政治觉悟和行为自觉。

---

① 参见高其才：《通过村规民约改变不良习惯探析——以贵州省锦屏县平秋镇石引村为对象》，《法学杂志》2018年第9期；陈寒非、高其才：《乡规民约在乡村治理中的积极作用实证研究》，《清华法学》2018年第1期。

二、推进法治乡村建设

法治乡村建设既是全面依法治国的重要组成部分，也是实施乡村振兴战略的重要抓手和法治保障。2020 年 3 月，中央全面依法治国委员会印发了《关于加强法治乡村建设的意见》，提出树立依法治理理念，强化法律在维护农民权益、规范市场运行、农业支持保护、生态环境治理、化解农村社会矛盾等方面的权威地位。2020 年 5 月，中共湖南省委全面依法治省委员会正式印发《关于加强法治乡村建设的实施意见》。该实施意见从夯实乡村治理法治基础、健全乡村依法治理机制、营造乡村治理法治氛围、提升法治乡村治理效能、加强法治乡村建设组织实施等五个方面对湖南省法治乡村建设提出了明确要求。法治乡村建设成为新时代乡村治理的基础性工作，具有不可替代的治理价值。

（一）深入开展"法律进乡村"宣传教育活动

长期以来，农村普法教育是一项投入大而收效小的工作，农民的文化水平普遍较低，对法律的学习和运用难度较大、积极性不高，普法效果也不理想。必须加大农村普法力度，增强普法实效性，提高农民法治素养，引导广大农民增强尊法学法守法用法意识。深入开展"法律进乡村"活动，实施农村"法律明白人"培养工程，培育一批以村干部、党员人民调解员为重点的"法治带头人"。将农村普法教育与解决农民群众最关心、最直接、最现实的热点、难点问题相结合，例如围绕征地拆迁、土地流转、农民工维权等问题入手，以培养一户一个"法律明白人"为目标，开展形式多样、各具特色的"法律进乡村"活动，完善农村法律服务体系，促进农村法治化程度不断提升。[①] 从现行技术装备而言，可利用现有信息技术，加强移动终端的推广使用，拓展利用移动终端开展服务的新形式，实现法治宣传、法律服务、法律事务办理"掌上学""掌上问""掌上办"。如湖北省鹤峰县建立法律服务云

---

① 参见黄佳：《加强乡村法治文化建设》，《吉林日报》2020 年 8 月 3 日。

视频系统平台，结合律师进村、法律便民活动，开通全县所有行政村云视频系统，将全县所有注册律师、法律工作者作为乡村法律顾问全部纳入视频系统，律师姓名、擅长的法律服务范畴、联系方式公布在系统平台上。县法律援助中心每天安排一名律师坐班，通过视频方式，及时解答群众在生产生活中遇到的各种法律疑难问题。2020年8月，中南大学法学院"法治乡村建设实践基地""大学生社会实践基地"揭牌仪式在浏阳市沙市镇东门村举办，标志着湖南首个法治乡村建设研究实践基地正式成立，该基地对于当地的法治宣传和高校的基层法治研究具有双重价值，将有力推动"法律进乡村"活动取得更好效果。

（二）健全农村公共法律服务体系

长期以来，农村公共法律服务是乡村治理的短板，农民"信访不信法"现象比较突出。健全农村公共法律服务体系，首要的是完善人民法庭巡回审理制度，合理设置巡回办案点和诉讼服务点，做好巡回审判工作，最大限度减少群众特别是边远山区群众诉累。从全国范围而言，加快建设"12348"公共法律服务热线、中国法律服务网、公共法律服务工作站（室）三大平台，打造综合性、一站式的服务型窗口，为乡村提供普惠优质高效的公共法律服务。大力开展"民主法治示范村"创建，组织开展"一村一法律顾问"等形式多样的法律服务。2019年11月20日，湖南省司法厅在韶山市召开全省法治乡村暨民主法治示范村建设现场推进会，描绘出今后法治乡村轮廓面貌：是人人尊法守法，事事找法用法，干部带头依法的乡村；是法治宣传生动活泼、法律服务方便快捷、法治氛围浓厚的乡村；是有最高安全感、最低违法犯罪率，小事不出村、大事不出乡、矛盾不上交的乡村；是法治可信赖、权利可保障、义务需履行、道德应遵守，乡风文明、治理有效的乡村。对直接关系农民切身利益、容易引发社会稳定风险的重大决策事项，要事先进行法律风险评估。针对农民群众反映集中的问题，须持续整治侵害农民利益行为，妥善化解土地承包、征地拆迁、农民工工资、环境污染等方面矛盾；开展农村假冒伪劣食品治理行动，打击制售假劣农资违法违规行为。有条件的地方可以通过社会化的方式，将优质的公共法律服务人员引入农村，通过法律援助、聘请法律顾问等方式，引入法律专业人才，最大程度满足乡村振兴过程中农民的多样化法律诉求，让农民在家门口就能享受到高效便捷的法律服务，也可以快速提高人才队伍的专业水平。①针对乡村黑恶势力，需深入推进扫黑除恶专项斗争，健全防范打击长效机制。针对农村毒品扩散风险，应加强农民群众拒毒防毒宣传教育，依法打击整治毒品违法犯罪活动。针对农村非法宗教屡禁不绝问题，要依法加大对农村非法宗教活动、邪教活动打击力度，制止利用宗教、邪教干预农村公共事务。

三、提升乡村德治水平

在传统中国乡村运行体系中，德治是主要的维系方式。在乡村治理新体系中，德治具有全新内涵，它意味着乡村治理不仅要依靠法律、法规、政策、纪律等刚性规范，还意味着它要充分运用村治内生秩序，让地方性规范、人情面子、道德教化等占据一席之地。②2019 年 10 月颁发的《新时代公民道德建设实施纲要》提出，"要围绕实施乡村振兴战略，培育文明乡风、淳朴民风，倡导科学文明生活方式，挖掘创新乡土文化，不断焕发乡村文明新气象。充分发挥村规民约、道德评议会、红白理事会等作用，破除铺张浪费、薄养厚葬、人情攀比等不良习俗"。该实施纲要为新时代乡村德治指明了正确方向和目标。

（一）建立道德激励约束机制

在乡村熟人社会模式下，道德激励和约束对于农民的行为具有重大的行为导向价值，应注重运用舆论和道德力量促进村规民约有效实施，对违背村规民约的，在符合法律法规前提下运用自治组织的方式进行合情合理的规

---

① 参见黄佳：《加强乡村法治文化建设》，《吉林日报》2020 年 8 月 3 日。

② 参见吕德文：《乡村治理 70 年：国家治理现代化的视角》，《南京农业大学学报》（社会科学版）2019 年第 4 期。

劝、约束。大力开展文明村镇、农村文明家庭、星级文明户、"五好家庭"等创建活动，广泛开展农村"道德之星""道德模范""身边好人""新时代好少年""最美家庭""文明家庭""五好家庭""十佳婆媳""好婆婆""孝亲敬老好媳妇""好儿女"等评选表彰活动，持续开展寻找最美乡村教师、医生、村官、家庭等活动，开展乡风评议，弘扬道德新风。湖南省汝城县探索"红榜""黑榜"村民自我约束方式，开展道德激励。"红榜"对村民规范建房、讲究卫生、尊老爱幼等文明行为进行表彰；"黑榜"对乱搭滥建、不讲卫生、不务正业等不文明行为进行批评。陕西省旬阳县提倡"创新'道德评议'，让村民自治真正落实；推进'诚、孝、俭、勤、和的五字新风'，把德治教育落地落细"。浙江省德清县推行"道德信贷工程"的做法值得借鉴，该县实行"文明家庭"和"道德信贷"联姻，对获得"文明家庭"称号的农户在贷款利率、额度、流程等方面给予政策倾斜，这一做法延长了评选先进的链条，增进了文明家庭的"隐性"社会资本和"显性"物质实惠，并为金融信贷营造了良好的诚信环境，实现了"双赢"的局面。[①] 这些创新性的道德激励约束机制对新时代乡村德治具有重要的借鉴意义。

（二）深入推进移风易俗

移风易俗一直是党和政府重视和坚持的一项重要工作，在乡村治理中发挥着独特的文明提升和教化功能。在广大的农村地区，虽然移风易俗工作一直在开展，但是农村婚丧大操大办、高额彩礼、铺张浪费、厚葬薄养等不良习俗还不同程度存在，在个别地区甚至呈现出愈演愈烈之势。2017 年湖南省出台《湖南省文明办关于推动移风易俗树立文明乡风的意见》（湘文明办〔2017〕9 号），随后，各市州制定相应实施方案。2018 年，岳阳市试点推行"两个可办和五个不办"移风易俗新风行动。"两个可办"即婚事新办、丧事简办，"五个不办"即生日、乔迁、升学、参军、开业不办酒席。据初步统

---

① 参见唐皇凤、汪燕：《新时代自治、法治、德治相结合的乡村治理模式：生成逻辑与优化路径》，《河南社会科学》2020 年第 6 期。

计，活动开展以来，岳阳全市农村烟花爆竹燃放同比下降了 80%，人情开支下降了 40%，经验做法被《人民日报》、中央新闻联播、湖南新闻联播推介。2019 年 10 月发布的《关于进一步推进移风易俗建设文明乡风的指导意见》指出，推进新时代移风易俗要坚持依靠群众和因地制宜原则。充分尊重农民意愿，加强教育宣传和引导，做好思想政治工作，反映群众诉求，调动农民群众积极性。注意方式方法，让群众自己管理自己，得到群众认可。移风易俗要与当地经济社会发展水平和文化传统相适应，尊重不同民族和区域风俗习惯。充分考虑群众接受程度，不搞强制命令，不搞"一刀切"。近年来，岳阳、湘潭、怀化等地推行"禁塑禁燃"、以鲜花代替冥币，严格限制治丧时间、婚葬车队规模，大力推行以村级为主体统一配备不锈钢餐具、可循环桌布、电子鞭炮等红白事办事用品，极大地减轻了农民负担，有效地保护了生态环境。

在"三治结合"治理模式中，法治和德治具有浓厚的工具性色彩，自治则兼具工具性和主体性双重特征。在乡村治理中，如果离开自治，法治和德治则失去根基，缺少相应的实施主体和对象；如果离开法治，自治和德治就失去外在约束条件，自治失序而德治式微；如果离开德治，自治和法治则缺少相应的文化浸润，自治无活力而法治成本高。自治是基础，体现了乡村治理的本质属性和法定属性，激发着乡村治理的社会活力，因此无论是法治还是德治，都要融入自治这个根本。法治是保障，维系着乡村治理的社会秩序；德治是支撑，凝聚着乡村治理的精神内核。[1]"三治结合"深刻体现了乡村治理创新实践从"零碎性、技术性走向集成化、成熟化"的内生逻辑，同时也有助于实现"1+1+1>3"的治理效能最大化。"三治结合"乡村治理模式实现了治理主体的多元化、治理内容的丰富化、治理方式的复合化，"三合一"模式有助于发挥乡村治理的协同效应和叠加效应。

---

[1]　参见姜晓萍、许丹：《新时代乡村治理的维度透视与融合路径》，《四川大学学报》（哲学社会科学版）2019 年第 4 期。

第三节　提升乡村管理服务效能

基层政府面向基层社会，是基层社会最直接的公共管理主体、公共服务供给主体、社会秩序维护主体、社会风险防控主体、政府与社会关系调整实践主体，承担着重要的职能。在构建乡村治理新体系的进程中，进一步提升乡村管理服务效能成为检验治理体系成效的重要指标。在全面建设服务型政府的大趋势下，提升乡村管理服务效能有着更为重要的价值。大力推进"放管服"改革和"最多跑一次"改革向基层延伸，推动社会治理和服务重心向基层下移，把更多资源下沉到基层，更好提供精准化、精细化服务。

一、创新乡村管理体制机制

由于我国农村地域广、人口多，发展不平衡，目前国家治理体系中最复杂的地方在于乡村，而对于自然地理条件、地域文化各异的广大农村地区而言，任何政策和机制都不可能应付这种复杂的治理局面。在中国的行政管理链条中，处于管理终端的乡村，常常处于"上面千条线，下面一根针"的局面，因此，因地制宜创新乡村管理体制机制成为提升乡村治理效能的基础性工作。首先，要构建简约高效的基层管理体制，其次，要充分利用信息技术和人工智能技术，提高乡村治理智能化水平。

（一）构建简约高效的基层管理体制

随着"乡政村治"模式的基本定型，当前乡村治理体制普遍存在"准行政化"的弊端，基层管理的冗余与科层化趋势呈愈演愈烈之势，严重削弱了乡村管理的效率。针对这一普遍性问题，越来越多的有识之士提出，简约高效的基层管理体制应该成为乡村治理改革的一个中心目标。简约高效的基层管理体制，重点在简约，就是让管理主体和管理对象都可及、可行。便于农民直接参与是农村基层组织创设的基本准则，是农村基层治理的内生性需求与动力的根本要求。① 正是基于这一理念，各地在创新简约高效的基层管理体制方面作了大量的探索，并取得了比较显著的效果。2008 年开始，杭州市开启了本地农村社区建设的探索，建立"一村一社区"。在农村社区建立了公共服务站，其性质是承接上级政府交办的社区行政和公共事务的代理平台和窗口。社区公共服务站的主要职能是服务群众，方便群众办理相关行政审批和信息咨询等，以"一门受理、全程代办"的服务宗旨，方便群众"少跑路"，一次性地解决相关服务需求，极大地提升了农村基本公共服务的办事效率。近年来，在不改变原行政村单元建制的情况下，杭州市大力培育社会力量，搭建了社会组织的孵化平台，加大对社区社会组织的发展力度，大力推进乡贤理事会、社企共建会等社会组织建设，为各类社会组织搭建合作平台，充分发挥社区内乡贤、企业、知识分子等社会治理的精英力量，挖掘农村社区内部的治理资源，培育多元利益共同体，充实基层治理力量，提升社区治理水平。2012 年，广东清远市将原来"乡镇—行政村"的两级架构延伸为"乡镇—片区—村"的三级基层治理架构，形成了自治单元与服务单元分立的治理单元组合模式。② 不管是杭州的整合模式还是清远的分立模式，都是围绕简约高效这一核心治理改革目标开展的本地化探索，都具有较强的启示意义。

（二）提高乡村治理智能化水平

当今时代已经是信息时代向人工智能跃升的时代，在推进乡村治理新体系的建设大潮中，利用网络和人工智能技术为乡村治理提供科技支撑是时代发展的必然。2019 年 5 月，中共中央办公厅、国务院办公厅印发的《数字乡村发展战略纲要》提出，要"着力发挥信息化在推进乡村治理体系和治理能力现代化中的基础支撑作用，繁荣发展乡村网络文化，构建乡村数字治

---

① 参见郝亚光、徐勇：《让自治落地：厘清农村基层组织单元的划分标准》，《探索与争鸣》2015 年第 9 期。

② 参见张向东、李晓群：《整合与分立：中国农村基层治理的单元组合研究——以广东清远、浙江杭州农村基层治理改革为例》，《华中师范大学学报》（人文社会科学版）2020 年第 1 期。

理新体系"。加快乡村基础设施数字化转型，推动农村地区水利、公路、电力、冷链物流、农业生产加工等基础设施的数字化、智能化转型，推进智慧水利、智慧交通、智能电网、智慧农业、智慧物流建设。推动"互联网＋党建""互联网＋社区"向农村延伸，着力提高农村党建规范化信息化水平，提高村级综合服务信息化水平，大力推动乡村建设和规划管理信息化。

二、健全农村基层服务体系

自 2006 年国家全面取消农业税以来，公共服务在乡村治理中所占比重日益提高。随着乡村治理改革的不断推进，基层群众对公共服务的需求越来越多、越来越高，因而乡村治理最现实的难题就是有效满足群众需要。在乡村治理中，要满足人民群众对美好生活的需要，解决发展不平衡、不充分和发展变化大、难以持续的突出问题，必须分类施策，创新体制机制。

（一）推进农村基层服务规范化

与农民生活最直接相关、最现实的利益问题就是农村公共服务尤其是农村基本公共服务。提高农村公共服务能力，是"让广大农民在乡村振兴中有更多获得感、幸福感、安全感"的重要实现途径。当前，因应农民群众日益增长的公共服务需求，首要的任务是推进农村基层服务的规范化。应建立并完善农村公共服务自上而下和自下而上相结合的决策机制，充分尊重农民的意愿，考虑并满足农民的重点需求，优先改善农民满意程度最低领域的公共服务质量，重点提升农民最看重领域的公共服务水平，提高农村公共服务供给效率。[①] 充分发挥乡镇服务农村和农民的作用，加强乡镇政府公共服务职能，加大乡镇基本公共服务投入，使乡镇成为为农服务的龙头。制定公共服务事项目录清单，明确服务事项、服务标准、服务对象和服务要求。整合乡镇和县级部门派驻乡镇机构承担的职能相近、职责交叉工作事项，建立集综

---

① 参见陈秋红：《乡村振兴背景下农村基本公共服务的改善：基于农民需求的视角》，《改革》2019 年第 6 期。

合治理、市场监管、综合执法、公共服务等于一体的统一平台。构建县乡联动、功能集成、反应灵敏、扁平高效的综合指挥体系，着力增强乡镇统筹协调能力，发挥好乡镇服务、带动乡村作用。加强基层文化产品供给、文化阵地建设、文化活动开展和文化人才培养。传承发展提升农村优秀传统文化，加强传统村落保护。结合传统节日、民间特色节庆、农民丰收节等，因地制宜广泛开展乡村文化体育活动。加快乡村文化资源数字化，让农民共享城乡优质文化资源。挖掘文化内涵，培育乡村特色文化产业，助推乡村旅游高质量发展。

（二）构建完善的乡村便民服务体系

在农村基层服务供给过程中，便利化、体系化应成为改革的重要指标，必须构建完善的乡村便民服务体系。2014 年，湖南省农村综合改革领导小组办公室发布《关于开展农村公共服务运行维护机制建设试点工作的通知》，启动农村公共服务运行维护机制建设试点工作，全省首批 17 个试点县市进入试点，2015 年新增 15 个试点县市区，试点以村级基础设施维护运转、公共环境治理、村级便民服务平台建设、社会管理创新、集体经济壮大为重点，采取了一系列措施，努力解决"群众最急需、群众最急盼、群众最受益"的农村公共服务设施维护运转保障问题，实现"小事不出村、办结在家门"。2019 年《中共湖南省委关于全面加强基层建设的若干意见》提出，优化"三个一"服务：一是"一个窗口"办事。依托乡镇（街道）党群服务中心和村（社区）综合服务场所，把乡镇（街道）党务、政务和公共服务纳入全省互联网服务一体化平台，完善乡镇（街道）政务便民服务中心和村（社区）服务站，全面推行"互联网＋政务""互联网＋警务""互联网＋信访""互联网＋监督"，实行"一站式服务""一门式办理"，做到"马上办、网上办、就近办、一次办"。二是"一支队伍"执法。整合现有站所、分局执法力量和资源，组建统一的综合行政执法机构，构建分工明确、责任到位、优势互补的执法联动保障体系，加强联合执法、联动执法，逐步实现基层一支队伍管执法。三是"一枚印章"管审批。乡镇（街道）探索设立专门的审批服务机构，实行"一枚印章"管审批（服务）。目前，湖南省已建成村（社区）服务中心 2.9 万个，政务外网全面覆盖到村，老年证、生育证、残疾证等高频服务事项在多数市州实现"一网受理、一站办结"。在地方治理实践中，"只进一扇门""最多跑一次"等改革从方案的命名即改变了过去以政府为中心的特征，将民众作为改革的主体。在实施过程中，这些项目着力从民众视角理解服务需求、设计服务内容、优化服务供给，提高人民群众的满意度。① 乡村便民服务体系的完善度是检验乡村治理有效性的重要标尺。

---

① 参见郁建兴：《新时代我国地方治理的新进展》，《学习时报》2019 年 12 月 23 日。

第七章　提高农村民生保障水平

我国农村发展中的不平衡不充分问题较为突出，主要表现在农村民生保障领域欠账多，这直接影响着农民的美好生活需要。民生保障指教育、就业、社会保障、医疗卫生、计划生育、住房保障、文化体育等领域的公共服务。《中共中央　国务院关于实施乡村振兴战略的意见》和《乡村振兴战略规划（2018—2022 年）》聚焦农村民生保障问题，要求通过优先发展农村教育事业、提升农村劳动力就业质量、加强农村社会保障体系建设、推进健康乡村建设等系列强力举措，补齐农村民生短板，提高农村民生保障水平，让农民群众的获得感、幸福感、安全感更实在。

第一节　办好农村教育事业

乡村振兴的基础在教育。实施乡村振兴战略必须优先发展农村教育事业。随着我国城乡发展一体化步伐的加快，大量农业人口转移，农村教育"无人、无根、无为"等困境成为乡村振兴的掣肘。如何破解农村教育的现实困境，不仅是农村教育发展的迫切需要，也是实施乡村振兴战略的重要课题。

一、发展农村义务教育

农村义务教育资源分布的失衡化、价值取向渐趋城市化、生源日渐空心化、师资力量薄弱化、信息化建设滞后化①是农村义务教育面临的主要困难和挑战，而破题的关键就在于高度重视发展农村义务教育，推动城乡义务教育一体化发展。结合湖南省的具体做法和成效，建议注重推动城乡学校办学条件、经费保障、教师队伍、办学水平一体化发展。需要说明的是，一体化既不是同质化也不是统一化，这就需要我们不断转变城市教育优先的发展思想，改变发展模式，推动城乡教育和谐发展、合作发展、协同发展，形成城乡教育和而不同、美美与共、各美其美的新局面。

（一）推动城乡学校办学条件一体化发展

一是积极推进立法工作。湖南省坚持高标准立法，2016年在全国率先出台《中小学校幼儿园规划建设条例》，明确规定了中小学校建设的规划编制标准和编制程序、责任主体、用地保障要求以及配套建设要求，为推动城乡义务教育一体化发展提供了法制保障。②该条例规定，"县级以上人民政府应当加强本行政区域内中小学校、幼儿园规划和建设工作，将其纳入国民经济和社会发展规划、土地利用总体规划和城乡规划"。二是重视落实督查工作。湖南省在开展地毯式的全面督查中，针对督查发现的问题，从省级层面部署"四改三化"（改食堂、改寝室、改旱厕、改澡堂，净化、亮化、绿化）整改措施；主管副省长分别写信给县（市、区）党政主要领导，亲自约谈问题突出的20个县市区，指出存在的问题，提出整改要求；纳入县级教育工作"两项督导评估考核"重要内容，设定"一票否决"指标，同时加大了随访督导力度，持续传导压力。③

（二）推动城乡学校经费保障一体化发展

加大财政性教育经费对乡村学校的倾斜力度，统筹安排好中央、省、

---

① 参见陈时见、胡娜：《新时代乡村教育振兴的现实困境与路径选择》，《西南大学学报》（社会科学版）2019年第3期。

② 参见《湖南省中小学校幼儿园规划建设条例》，岳阳楼区教育网，2018年5月2日。

③ 参见《湖南全力推动城乡义务教育一体化发展》，湖南省教育厅网站，2017年12月22日。

市、县各级专项资金。湖南省从 2008 年起实施义务教育合格学校建设并纳入省政府重点民生实事项目，截至 2017 年累计投入 250 亿元，建设合格学校 12069 所。为加快改善贫困地区的办学条件，2017 年启动芙蓉学校建设计划，主要面向贫困学生招生，省财政安排 12 亿元专项资金，撬动贫困县义务教育学校建设。①2017 年以来，全省已先后启动 43 所芙蓉学校项目建设。2019 年 5 月，时任湖南省省长许达哲在办公会议上提出，"要把教育扶贫和解决大班额问题，统筹起来考虑在乡镇再建一批学校"②。目前湖南省已规划再建设 57 所乡镇芙蓉学校，分三个档次分别予以 1000 万元、1500 万元、2000 万元的财政支持，项目将分两期实施。到 2021 年，湖南省将建成 100 所芙蓉学校，预计新增 68140 个学位。此外，湖南各地积极采取推进义务教育标准化、推进"全面改薄"、解决大班额等举措，着力推动城乡义务教育一体化发展。具体如表 7—1 所示。

表 7—1　湖南省各地推进城乡学校经费保障一体化发展的举措成效

区域	举措成效
长沙市	2016 年启动义务教育标准化学校建设，3 年来共投入建设资金 78 亿元，建成标准化学校 976 所，占学校总数的 76.5%。到 2018 年，长沙市完成了 239 所农村义务教育薄弱学校改造，同时全部消除超大班额。
岳阳市	实施 2014—2018 年"全面改薄"工程，累计完成投资 12.5 亿元，覆盖 1004 所农村地区薄弱中小学校。
娄底市	推进"全面改薄"工程，重视资金投入，截至 2018 年累计完成农村薄弱学校改造项目 100 余个。2018 年建设义务教育标准化教学点 66 所，新建农村中小学校实验室及其他功能室 200 余间，教育装备水平明显提升。
湘西州	2014 年以来，全州实施了"全面改薄"、义务教育标准化学校建设、教育现代化推进工程等一系列学校建设项目，累计投入资金达 65 亿元。

资料来源：根据湖南省教育厅官网有关资料整理而得。

---

①　参见《湖南全力推动城乡义务教育一体化发展》，湖南省教育厅网站，2017 年 12 月 22 日。

②　参见《决战决胜脱贫攻坚 ｜ 湖南实施"芙蓉学校"工程推进教育精准扶贫》，湖南省人民政府门户网站，2020 年 7 月 25 日。

（三）推动城乡学校教师队伍一体化发展

一是健全乡村教师政策保障机制。2011 年，湖南省为推动义务教育学校教师资源均衡配置，率先在全省范围内启动"县管校聘"管理体制改革，此后又打出《湖南省乡村教师支持计划（2015—2020 年）实施办法》《关于加强新时代乡村教师队伍建设的意见》等政策组合拳，为推进湖南乡村教师队伍建设提供了强有力的制度支撑。二是扩大农村教师公费定向培养规模。湖南省于 2006 年率先实施农村教师公费定向培养，已初步建立起涵盖各学科、各学段、各类型的农村中小学教师公费定向培养体系。据统计，截至2018 年底，湖南省共招收培养各类农村教师公费定向师范生 6.23 万人，其中 2018 年的招生规模达 11366 人，冠领全国。[1] 三是稳步推进特岗招聘计划。有条不紊地推进农村义务教育阶段学校教师特设岗位的招聘考试、编制管理、待遇保障等各项工作。截至 2018 年底，全省 75 个县市区共招聘特岗教师 5.13 万人。四是逐步提升乡村教师待遇。在全国范围内率先实施集中连片特困地区农村基层教育人才津贴政策，并扩大机关事业单位工作人员乡镇工作补贴范围以惠及乡村教师。2013 年起，按学校偏远程度，分别为乡村教师发放每月 700 元、500 元、300 元津贴，2015 年起又增加发放每月200—500 元的乡镇工作补贴。积极推进乡村教师周转宿舍建设，将公共租赁房住房保障范围覆盖至所有符合条件的教师，逐步形成乡村教师"下得去、留得住、教得好"的良好局面。[2] 此外，职称评审和特级教师评选也重点向农村教师倾斜，明确规定县城以下学校教师占比不低于 60%。

（四）推动城乡学校办学水平一体化发展

一是以城带乡开展结对帮扶，构建城乡师生学习共同体。为促进优质教育资源的共享，联动地理位置上相近的城乡学校形成共同体，通过定期开展

---

[1] 参见《湖南：以六项人才工程为抓手　扎实推进教育人才队伍建设》，湖南省教育厅网站，2019 年 5 月 6 日。

[2] 参见《湖南全面加强教师队伍建设　造就新时代筑梦人》，湖南省教育厅网站，2019年 9 月 17 日。

教学教研活动或线上学习平台等方式结成学习伙伴，促进共同学习发展。截至 2017 年，湖南省累计组织 2200 多所优质中小学开展结对帮扶，促进薄弱学校提高教育质量，受益学生达 300 余万人。[①] 二是推进"互联网＋教育"，持续提升教育信息化应用水平。当前乡村义务教育的标准化建设步伐远远滞后于城镇义务教育。从乡村教育现实情况来看，现代信息技术在大部分乡村教育教学中的运用尚处于起步阶段，而且处于硬件标准化普及建设的落后阶段，唯有驾驭好现代信息技术工具才能为农村和边远贫困地区学校免费提供优质教育资源，才能支撑乡村教育的跨越式发展。

二、发展农村学前教育

2018 年 11 月起实施的《中共中央　国务院关于学前教育深化改革规范发展的若干意见》具有重要里程碑意义，这是新中国成立以来第一个以中共中央、国务院名义出台的面向学前教育的重要文件。自 2011 年起，湖南省先后实施了三期学前教育行动计划。截至 2018 年，全省幼儿园数量达到 15166 所，在园幼儿人数达到 225 万人，其中公办园在园幼儿 53.5 万人，占在园幼儿总数的 23.8％，公办园及普惠性民办园在园幼儿数占在园幼儿总数的 73％，学前三年毛入园率 82.9％，高于全国平均水平。[②] 然而从总体看，学前教育仍然是整个教育体系的短板，还存在公办资源不足、投入有待加大、幼儿教师缺编等问题，发展依旧任重而道远。

（一）统筹规划农村学前教育机构布局

学前教育发展格局应朝着"广覆盖、保基本、公民办协同发展"方向迈进，切实保障学龄前儿童"足不出村，就近入园"的需求。首先，要大力推进公办幼儿园建设。建设公办中心幼儿园是推进学前教育的着力点，使其在

---

① 参见《湖南全力推动城乡义务教育一体化发展》，湖南省教育厅网站，2017 年 12 月 22 日。

② 参见《贺安杰在省教育厅指导督办省政协重点提案办理工作时强调：努力办好人民满意的学前教育》，湖南省教育厅网站，2019 年 7 月 12 日。

数量上有所增加，在质量上不断规范，充分发挥其示范带动和标杆作用。其次，要鼓励兴办民办普惠性幼儿园。农村学前教育事业的发展需要社会力量的共同参与，要持续出台和贯彻执行更大力度更大优惠的支持政策，激发民间资本办园的积极性和潜能，尤其是重点支持民办小规模幼儿园建设，助力早日实现普惠性幼儿园的全覆盖。

（二）加大农村学前教育经费投入力度

国家要进一步深化体制机制改革，逐步提高学前教育的投入力度，重点向中西部农村地区和贫困地区倾斜，注重在改善办园条件、提高教师待遇、扩大普惠性资源、补充配备教师等方面的建设。各级政府的财政预算项目要纳入学前教育经费，新增的教育经费要向学前教育倾斜。省政府应安排学前教育发展专项资金，开设专门的农村学前教育发展专项经费，支持多种形式扩大普惠性资源，推进农村公办幼儿园工程建设，不断推动农村尤其是少数民族地区和贫困地区学前教育的发展。市州、县市区也应设立专项经费支持农村学前教育发展，创造条件实施农村学前教育推进工程试点。

（三）加强农村幼儿教师队伍建设

首先，不断扩充农村幼儿教师的数量。实践证明，农村学前教育教师的"定向培养"和农村学前教育"特岗教师招录"等方式，有助于适度增加农村学前教育的师资数量。各地可根据实际情况，适当降低农村幼儿教师的招录标准，多渠道切实提升农村幼儿教师的待遇、权益和地位，通过"一降一升"来增加农村幼儿教师职业的美誉度和吸引力。其次，不断提升农村幼儿教师的质量。多地实践也发现，高等师范院校的教育帮扶对农村地区幼儿师资水平的提升起着重要作用，而送教下乡、跟岗培训、置换培训等创新性培训渠道也有利于农村幼儿教师综合素质的提高。要建立健全适应农村幼儿园需要的综合师资培训制度，不断拓宽农村幼儿教师的培训渠道，提升农村幼儿教师的专业知识与教学技能。

三、发展面向农村的职业教育

农村职业教育既是我国新时代农业、农村和农民工作的重要组成部分，也是中国特色现代职业教育体系的重要组成部分。农村职业教育能够为农村学生的生涯发展服务、为农村经济的可持续发展服务、为农村家庭的精准脱贫服务①，是实现"农业强""农村美""农民富"的关键力量，能够为国家乡村振兴战略提供重要支撑。2018 年，湖南省高职院校招收农村户籍学生分别占高职高专院校招生数和在校生数的 76.1% 和 73.6%。中职占比分别为 89.3% 和 89.1%。②

（一）理顺农村职业教育管理体制

多部门的无序管理严重阻碍了农村职业教育的发展，而通过建立专门的农村职业教育管理机构以理顺农村职业教育管理体制，是解决这个问题的不二选择。综合考量后发现，通过合理调整和清晰界定县级职教中心的职责，县级职教中心应当充分发挥其统筹管理本县职业教育的职能。简言之，县域范围内的县级职教中心，应当被明确为农村职业教育的专门管理机构。县级职教中心要牢牢把握时代机遇，严格落实《中共中央　国务院关于实施乡村振兴战略的意见》关于"支持新型职业农民通过弹性学制参加中高等农业职业教育"的具体要求，把培养新型职业农民视为工作重点，努力培养新型职业农民。

（二）优化农村职业教育培训供需方案

首先，探索分层分类的多样化培训模式。农村职业教育培训既要按照农民的培训内容需求分层分类展开，也要创新多样化的培训模式。比如，通过"农民课堂"让农民将自己在培训中收获的知识、技能亲自讲给其他

---

① 参见朱成晨等：《乡村建设与农村教育：职业教育精准扶贫融合模式与乡村振兴战略》，《华东师范大学学报》（教育科学版）2019 年第 2 期。

② 参见《湖南：以六项人才工程为抓手　扎实推进教育人才队伍建设》，湖南省教育厅网站，2019 年 5 月 6 日。

农民听，充分调动农民的自主参与意识；再如，充分利用现代网络对农民进行远程培训，提升培训的便捷性、及时性和有效性。其次，推行送教下乡以扩大职业教育培训的覆盖面。针对不能抽出大量时间脱产学习的群体，职业学校可以依托农民专业合作社向下延伸教学组织，设置临时教学点和组织巡回课堂，让农民在家门口或田间地头就能收获知识和技能。最后，强化校村合作以定向培养新型职业农民。农村职业学校要结合省域特色和产业结构，通过对接农村特色产业来提供双向选择的定向培训服务，既能为村民就业创业提供指导服务，也能建好办好发展好涉农产业，助力农业的综合性开发。

第二节　提升农村劳动力就业质量

就业是民生之本。农村劳动力就业是否充分关乎社会的和谐稳定。因此，要坚持就业优先战略和积极就业政策，努力拓宽农村劳动力就业渠道，提升农村就业公共服务水平，加强农村劳动力职业培训，以期实现更高水平和更加充分的就业。

一、拓宽转移就业渠道

（一）加快发展现代服务业，拓宽农村劳动力就业领域

党的十九大以来，我国现代服务业快速发展，规模持续扩大。目前，现代服务业作为第三产业的中流砥柱，对于稳定我国就业形势，促进经济高质量发展具有重要意义。第一，要将现代服务业与劳动密集型产业进行有效融合，促进劳动密集型产业的结构升级，给企业带来更好的发展空间，利于企业创造更多的就业岗位，提升对农村劳动力的吸纳能力。第二，针对城镇化进程中棚户区改造、合村并居、易地搬迁等新建小区，充分利用小区的交通、劳动力数量、地理位置等优势，发展现代物业管理，提供社区家政服务、物流配送、餐饮保洁的现代化服务。

（二）培育乡村特色产业，促进农村劳动力就地就业

各地政府要贯彻落实乡村振兴发展战略，因地制宜，发展乡村特色产业。第一，要大力发展绿色有机农业，并对农产品进行深加工，延长产业链，促进当地农业的结构升级；第二，将当地特有的农产品打造成品牌，并对其进行广泛宣传，以此扩大品牌效应，提高销售量；第三，依托于乡村地区的生态资源、自然风光、特色产业、文化底蕴等，大力发展乡村特色旅游业。通过积极培育乡村特色农业、旅游业等，充分吸收农村劳动力，真正实现乡村地区的"劳有所用、劳有所得、劳有所依"。除此之外，政府还应搭建创业平台，给予创业优惠政策，鼓励农村劳动力积极创业，促进乡村地区集群化、产业化发展。

（三）积极推进劳务输出，实现农村劳动力多元就业

各地政府应在促进农村劳动力就业过程中承担起目标规划、实时监测、有效报告、精准分析等职责，密切关注各地区劳动力供需变化，妥善解决劳动力供需矛盾，并以农村劳动力输出问题为导向，组织政府有关部门、社会组织、用人单位等共同建构多渠道就业服务体系。例如，湖南省湘潭市政府积极调整劳动力就业结构，努力拓宽异地转移就业、就地就近就业和自主创业三个转移就业渠道，健全就业转移相关机制，通过市、县两级人力资源市场提供信息输出一批，乡镇劳动保障站直接转移一批，外出务工典型推动带动一批，举办专场招聘会集中输出一批，返乡创业就近就地转移一批等"五个一批"的转移途径，近3年来共新增转移就业5.94万人。①

二、强化乡村就业服务

（一）健全覆盖城乡的公共就业服务体系

政府既要对制约和影响农村劳动力就业与转移的全局性、关键性问题

---

①　参见《湘潭市：四大举措推动农村劳动力就业创业》，湖南省人力资源和社会保障厅网站，2016年10月12日。

进行研判，以提出解决问题的整体思路；又要在农村劳动力就业与转移中承担起职能定位、长期规划、宏观统筹、目标整合、协调分歧的服务型引导责任，制定合理的就业服务保障制度。基于此，要不断促进就业服务体系建设，实现城乡就业公共服务一体化。而建立城乡就业一体化机制的基础，就是健全覆盖城乡的公共就业服务体系，让农村劳动者能够共享就业信息，让用人单位与农民实现精准对接，提高农民工流动质量。覆盖城乡的公共就业服务体系能够推动人力资源市场的规范有序和良性竞争，为农村劳动力就业提供必要的就业咨询、信息查询与推荐就业等一系列就业服务项目，实现全方位公共就业服务。一是借助大数据可以大量储存信息和精准识别信息的优越性，建构集数据采集、动态监管、可视化平台于一体的农村劳动力数据资源库，实现对农村剩余劳动力的精准识别和动态管理。二是建立农村富余劳动力就业登记制度，为符合规定且有求职意愿的劳动力提供免费登记服务，并由乡镇正规职业介绍中心为其提供就业信息，推荐相关单位。三是完善城乡劳动者平等就业、同工同酬等制度，大力推动劳动力资源管理机构，加强监督和管理，依法保障农村劳动者和用人单位合法权益。

（二）完善供需协作协调机制

首先，城乡二元户籍制度造成的不仅仅是劳动者身份上的不同，更是捆绑于户籍之上的城乡公共服务与社会福利待遇的差别，因此在制度上要积极破除城乡二元户籍制度壁垒；在观念上应重新审视城乡劳动力社会价值，提升对农村劳动者的身份认同和价值认同；在行为上，要对贫困地区劳动力就业转移给予政策红利，确保贫困地区劳动力享有平等的就业机会。其次，运用各种方式健全就业服务机制，完善协作协调机制。一方面，要优化农民工输入地就业环境，拓宽就业信息发布渠道，通过建立相应的服务站，对输入农民工进行集中管理，既方便农民工"进得来"，又确保其"留得下"；另一方面，农民工输出地要对本地区农民工形象进行广泛宣传，提升本地区农民工的知名度，以便减少用人单位对农民工的排除和歧视情况，从而促进劳动力有效转移。再次，完善政社企多方共同参与的协调协商机制，落实好资金奖补、社会保险等就业扶持相关政策。

（三）加强职业农民培训体系建设

农民就业培训体系是否完善，不仅会影响农民参与就业培训的积极主动性和培训的实际效果，还会影响农业现代化的总体进程。因此，加强农民职业培训体系建设便成为强化乡村就业服务的关键一环。首先，有关部门要设立专门机构，建立统一标准，统筹负责农民培训相关工作。其次，以职业院校为依托，借助其教学资源优势，开设多样实用的职业技能科目，打造普惠型职业农民职业培训平台。此外，国家还应健全职业农民培训行政监督机制，通过制定职业农民培训督查考核办法，明确督查内容，确保培训实效。

第三节　加强农村社会保障体系建设

党的十九大报告指出，"按照兜底线、织密网、建机制的要求，全面建成覆盖全民、城乡统筹、权责清晰、保障适度、可持续的多层次社会保障体系"。其中，"覆盖全民、城乡统筹"重在解决既有社会保障制度基于城乡与主体身份所具有的差别性，要求打破城乡与主体身份差别而赋予全体人民以获取社会保障的平等权利。我国的社会保障制度已初步建立，但由于各方面的原因，农村社会保障体系的建设还存在许多困难和问题，需要进一步加强农村养老保障体系、医疗保障体系、社会救助体系、社会福利体系建设。

一、完善农村养老保障体系建设

（一）完善城乡居民基本养老保险制度

城乡居民基本养老保险是增进民生福祉、实现全体人民老有所养目标的重要制度安排，是我国基本养老保险制度的重要组成部分。一是建立基础养老金正常调整机制。城乡居民基本养老保险待遇分为两部分，即基本养老金和个人账户养老金。基本养老金的待遇给付标准由中央和地方共同确定，包含三部分，分别为中央统筹确定基础养老金的最低标准额、加发的年限基础养老金和地方政府提高的基础养老金。中央根据经济发展水平、物价变动幅度、职工收入情况和居民消费现状等因素及时作出相应调整，并且各级政府建立健全城乡居民基础养老金调整机制和养老保险待遇确定机制。例如，"十三五"期间，长沙市建立了城乡居民基本养老保险基础养老金的调待机制，每年将增加 10 元，从 2020 年 1 月 1 日起，长沙市城乡居民基本养老保险基础养老金每人每月为 208 元。[①] 二是建立个人缴费档次标准调整机制。个人账户养老金由个人账户全部储存额除以计发系数确定。城乡居民基本养老保险缴费档次标准调整，要考虑到城乡居民个体和群体收入差异，动态确定和调整其他缴费档次。2018 年，湖南省现行的城乡居民基本养老保险制度中，个人按年缴费，缴费标准从每年 100 元到 3000 元共 14 个档次。三是建立缴费补贴调整机制。各地要引导城乡居民选择高档次标准缴费，建立"多缴多补"的机制，形成有效的缴费激励。

（二）提升农村养老服务能力

一是构建多层次农村养老服务体系。《乡村振兴战略规划（2018—2022年）》明确提出，要"加快建立以居家为基础、社区为依托、机构为补充的多层次农村养老服务体系"。湖南省积极将农村养老服务体系建设纳入乡村治理三年行动计划，要求"农村养老服务设施覆盖率达到 60% 以上"[②]。推进中国农村养老服务的关键在于创新农村养老模式，在坚持居家养老的基础上，要大力发展社区养老、机构养老以及互助养老等新型模式。此外，要积极引入社会化养老机构，增强农村养老服务的日间照料功能，创新和丰富农

---

① 参见《好消息！长沙城乡居民养老保险基础养老金又涨了！》，红网，2020 年 1 月 20 日。

② 《〈湖南省乡村治理三年行动实施方案〉出台　全面提升乡村治理和服务能力》，红网，2018 年 7 月 17 日。

村养老服务新形式和新内容，以弥补农村养老服务能力不足的短板。2019年6月，湘潭县创新打造"莲湘颐老"农村养老服务品牌，建立起集农村居家养老，村、社区邻里互助养老，乡镇敬老院集中照料护理公养，县级福利中心兜底养老四种模式于一体的综合性、全覆盖式农村新型养老服务模式，走出一条让人民群众满意的养老模式新路子，值得复制推广，具体模式见表7—2。二是探索农村养老服务创新举措。加强农村老龄工作调研、摸底及信息库建设，制定农村养老服务发展专项规划及政策，将更好的政策倾斜到农村，将更多的资源投放到农村，实现农村养老服务信息的有效收集和服务的精准分配。引导发挥社会组织的养老服务功能，借助老年人协会等组织，真正让老年人聚集起来，让老年人在家庭和村庄之外找到组织归属。打造一支本土本乡且靠得住的农村养老服务人才队伍，挖掘和动员农村妇女、低龄老人、灵活就业或经营人员、待业人员从事养老服务，通过专业培训提高其业务能力，不断提高其职业化、专业化和标准化程度。[1] 三是加强农村养老服务机构建设。发展区域性综合养老服务中心，优化乡镇养老机构布局，鼓励市场化运营。以乡镇为中心，通过整合乡镇养老院资源，建立区域性综合养老服务中心，并积极拓展到农村提供养老服务的职能。[2] 鼓励引入社会资本和市场机制，实现乡镇养老机构由公办公营向公建民营、民营公助等形式转变，并给予运营补贴，提高服务水平。加强农村敬老院的建设和改造，夯实基础设施，提高服务能力，充分发挥敬老院在农村养老服务中的支撑作用。提倡和鼓励民间资本、爱心人士和社会组织创办面向农村老年人的小型微型和家庭式养老机构，政府及其相关部门要在土地、资金等各方面提供更多的扶持。

---

[1]　参见杜鹏、王永梅：《乡村振兴战略背景下农村养老服务体系建设的机遇、挑战及应对》，《河北学刊》2019年第4期。

[2]　参见齐鹏：《农村养老服务长效机制的构建》，《中州学刊》2019年第5期。

表7—2 湘潭县"莲湘颐老"农村新型养老服务模式

层次模式	层次功能	目标定位
农村居家养老模式	以家庭为核心、村民小组为依托、专业化服务为依靠。	实现居家老人"生活有人问、困难有人帮、生病有人理"的目标。
村、社区邻里互助养老模式	利用村、社区闲置房或居民用房建立互助点。	实现居家老人"居家不离家、分散不孤独、实惠不花费"的目标。
乡镇敬老院集中照料护理公养模式	为政府兜底保障的失能半失能老人提供集中照料护理的公养服务，同时满足社会老人的刚性需求。	实现"履行国家义务、承担社会责任、提供专业服务"的目标。
县级福利中心兜底养老模式	承担各乡镇敬老院满负荷情况下兜底收住老人的养老模式，起到全县综合保障作用。	实现"政府兜得住底、老人住得起院、机构分得了忧"的目标。

资料来源：笔者根据调研资料整理而得。①

二、加强农村医疗保障体系建设

（一）完善城乡居民基本医疗保险制度和大病保险制度

一是要提高城乡居民医疗保险的统筹层次，逐步朝着省级统筹方向发展。要建立科学可行的筹资和待遇动态调整机制，建议由各省人民政府根据基金收支情况、医疗费用增长以及城乡居民可支配收入波动水平等因素确定。中央要加大对经济欠发达地区的财政补助力度。二是要提高城乡居民医疗保险和大病保险的经办管理能力，加强业务能力培训和注重经费投入保障。积极探索政府购买服务方式，引导、鼓励和支持具有资质的商业保险机构积极参与基本医保经办服务，不断提高医保的经办服务效率。

---

① 参见《湘潭县创新打造"莲湘颐老"农村养老服务体系》，湖南省人民政府门户网站，2019年11月5日。

（二）健全农村医疗保障制度衔接机制

健全基本医疗保险、大病保险与医疗救助及相关保障制度的衔接机制，推进农村医疗保障信息资源的整合和共享。基本医疗保险、大病保险、医疗救助是目标一致的不同制度安排与政策设计，防止群众"因病致贫，因病返贫"。我国农村医疗保障政策体系逐渐完善，基本医疗保险、大病保险、医疗救助正发挥着三重保障梯次减负作用。[①] 基本医疗保险重点保障基本医保"三项目录"内的医药费用；大病保险重点保障大病保险合规目录范围内的医药费用；医疗救助按规定重点保障经基本医保和大病保险等报销后的医疗费用。目前各级医疗保障局已经成立，三种医疗保障制度已经实现了统一的部门管理，为实现制度衔接提供了组织保障。要加快推进城乡居民基本医疗保险、城乡居民大病保险、城乡居民医疗救助在经办管理上的制度衔接，设置好各制度的起付线和封顶线，建立"一站式"费用结算信息平台建设，努力实现不同医疗保障制度间人员、就医和医疗费用等信息的共享，做到信息共享、资源协调、结算同步。

三、统筹城乡社会救助体系建设

（一）全面实施特困人员救助供养制度

自新中国成立以来，我国先后建立起农村五保供养、城市"三无"人员救济和福利院供养制度，救助供养制度体系日益完善，切实保障了城乡特困人员的基本生活需要。从 2014 年国务院颁布施行《社会救助暂行办法》到 2016 年《国务院关于进一步健全特困人员救助供养制度的意见》的出台，我国特困人员救助供养的范围越来越广，基本涵盖了无劳动能力、无生活来源、无法定赡养抚养扶养义务人或者其法定义务人无履行义务能力的城乡老年人、残疾人以及未满 16 周岁的未成年人。新时代对完善中国城乡特困人员救助供养制度提出了新要求，要推进建立城乡统筹、协同配合、与经济社

---

① 参见张晓：《医疗救助与基本医保的关联和边界》，《中国医疗保险》2019 年第 7 期。

会发展水平相适应的救助供养制度，促进城乡特困人员获得感、幸福感和安全感的持续有效提升，不断满足新时代城乡特困人员日益增长的美好生活需要。

（二）推进低保制度城乡统筹发展

一是加快推进城乡最低生活保障立法工作。《社会救助暂行办法》虽然对我国最低生活保障制度作了相关规定，但仍不全面、不完整、不详尽。建议相关部门以《社会救助暂行办法》为蓝本对最低生活保障制度作进一步完善，或者直接出台专门的最低生活保障法，为推进低保制度城乡统筹发展提供更可靠的顶层制度支撑。① 二是统一最低生活保障待遇水平机制。城乡最低生活保障制度并轨最重要的是制度上和标准上的统一，需要对低保标准动态调整的时间、调整的幅度进行统一，科学制定相关的动态调整的计量方法，逐渐推动城乡最低生活保障制度在低保标准上的并轨。② 三是统一最低生活保障财政补贴机制。推动建立中央、省市与区县的三级财政分担机制，并建议中央财政和地方财政应给予城乡低保对象相同水平的资金补助。

四、推进农村社会福利体系建设

（一）健全农村留守儿童及困境儿童关爱服务体系

湖南省委省政府高度重视留守儿童关爱保护工作，出台了《湖南省人民政府关于加强农村留守儿童关爱保护工作的实施意见》等系列政策文件，建立了未成年人（留守儿童）关爱保护工作联席会议制度，并在市州党委、政府的综治考评中将留守儿童关爱保护工作内容纳入考核范围。截至目前，湖南省农村留守儿童有效监护落实率、无户籍儿童户口登记完成率、失学辍学

---

① 参见黄玉君等：《我国最低生活保障制度统筹发展的问题及对策研究》，《社会保障研究》2015 年第 6 期。

② 参见王蕾：《中国城乡最低生活保障制度并轨研究》，《社会福利》（理论版）2018 年第11 期。

儿童返校复学率均达到 100%。同时，湖南省对摸排出的 132960 名困境儿童和 701313 名农村留守儿童的数据全部录入信息系统，实现了动态管理。此外，湖南省还在 1500 多个乡镇（街道）26000 多个村（居）分别设立了"儿童督导员"和"儿童主任"，全部录入信息系统实现了实名制管理，打通了儿童服务"最后一公里"。①

（二）健全农村妇女关爱服务体系

2019 年 11 月，民政部联合公安部等 13 部委联合印发《关于加强农村留守妇女关爱服务工作的意见》，要求进一步完善农村留守妇女关爱服务体系，最大限度地调动农村留守妇女的积极性，充分发挥农村留守妇女在社会生活和家庭生活中的独特作用。② 要健全统筹规划机制，将农村留守妇女儿童主要发展目标纳入经济社会发展总体规划，促进留守妇女儿童与经济社会同步发展、共享改革成果。要健全政策支持机制，确保创业就业、教育卫生、福利救济等公共政策适度倾斜，平等惠及留守妇女儿童。③ 要统筹推进农村"留守妇女关爱中心""妇女之家"建设，并把农村留守妇女关爱服务工作经费纳入公共财政预算支出范围。

（三）健全农村老年人关爱服务体系

随着农村人口老龄化的提速，农村留守老人问题日益突出，建立农村留守老人关爱服务体系迫在眉睫。湖南省出台的《关于进一步加强农村留守老年人关爱服务工作的实施意见》明确指出，要以需求为导向，以提供生活、健康、安全、权益维护以及精神等关爱服务为内容，以政府、社会组织、村集体、家庭为服务模式主体，以建立动态信息、经费投入、人才队伍、监测评估应急等机制为保障，建立新时代多层次的农村留守老人关爱服务体系。

---

① 参见《新湖南：温暖到心，用爱托起留守儿童更好的明天》，湖南省民政厅网站，2019 年 5 月 30 日。

② 参见《如何加快建立农村留守妇女关爱服务体系，民政部五问答详解》，澎湃网，2019 年 11 月 6 日。

③ 参见黑龙江省政协社法委、黑龙江省妇联联合调研组：《关于健全完善农村留守妇女儿童关爱服务体系的调研报告》，《中国妇运》2016 年第 6 期。

目前，湖南省有 180 所综合医院设立了老年病科，设立老年病医院 10 所、康复医院 50 所、护理院 5 所，全省拥有老年护理床位数 1.41 万张。老年健康管理水平提升，辖区内 65 周岁以上老年人可免费享受基层医疗卫生机构为其提供的健康管理服务，老年人健康档案建档率为 89.74%，老年人健康体系建设进一步完善，生活水平切实得到提高。[1]

第四节 推进健康乡村建设

党的十九大报告明确提出要实施健康中国战略，完善国民健康政策。推动健康乡村建设是提高保障和改善民生水平的内在要求，更是推动农村经济社会可持续发展的重要基础。中国广大农村地区的健康问题值得重点关注。

一、加强农村公共卫生服务

（一）加大政府财政资金投入力度

一是完善基本公共卫生服务项目补助政策。习近平总书记指出"没有全民健康，就没有全面小康"。长期以来，我国医疗资源城乡分布不均，城市大中型的二、三级医院与基层乡镇卫生院在公共医疗资源配置方面严重失衡。湖南省财政按照中央要求，2018 年将基本公共卫生服务人均补助标准提高到 55 元。同时，加大重大公共卫生项目投入，2018 年省财政新增 3000 万元用于重大公共卫生服务。省财政将突出重点，支持解决社会关注的热点、难点问题，为全体城乡居民提供安全、可靠的疾病预防控制服务，为群众不得病、少得病、晚得病创造现实条件。[2] 二是支持农村医疗卫生机构标准化建设。

---

① 参见《"十三五"湖南省老龄事业发展和养老体系建设规划》，湖南省民政厅网站，2017 年 12 月 22 日。

② 参见《湖南省卫生计生委对省十三届人大一次会议第 1330 号建议的答复》，湖南省卫生健康委员会网站，2018 年 11 月 15 日。

优化医疗卫生财政支出结构，更多向基层医疗机构予以倾斜，推动乡镇卫生院和村卫生室标准化建设。完善配套医疗条件和加强农村医疗机构建设，提高卫生设施硬件水平，不断改善乡村医疗卫生条件，优化服务环境，力求经济增长与当地农村医疗卫生水平协同发展，不断提升农村医疗卫生体系的服务水平与能力。自2009年国务院发布深化医疗改革意见以来，湖南省进一步加大了对基层医疗卫生机构设施设备、房屋建设等的投入力度。这些举措都将有力增强乡镇卫生院的服务能力，提高其收入水平。具体如表7—3所示。

表7—3　湖南省加强农村医疗卫生机构建设举措

举措	具体内容
加大基层医疗卫生机构设备配备	从2016年起连续三年，省财政每年安排专项资金7000万元，为乡镇卫生院和社区卫生服务中心配备配置了救护车、DR、彩超、全自动化血球仪等设备。此外，省财政2018年继续安排7000万元为全省乡镇卫生院购置设备。
加大乡镇卫生院房屋建设	全省乡镇卫生院国债项目建设已实施两轮：第一轮是2009年前中央财政和省财政共同投资建设的全覆盖，各乡镇卫生院投入10万—30万元/所不等；第二轮是2009年后，按照100万元/所的建设经费投入，已覆盖1750所。2009—2015年，中央和省级财政对各乡镇卫生院按照20万元/所的标准开展公转房建设，累计建设公转房1272所。此外，省财政2018年将新增3.5亿元支持贫困县乡镇卫生院基本建设。

资料来源：笔者根据调研资料整理而得。

（二）加大农村公共卫生服务宣教力度

要多管齐下强化健康知识宣传力度，引导农村居民重塑健康生活理念，积极预防及控制传染病和慢性病，主动参与到基本公共卫生服务项目中来。一方面，加强村级公共卫生服务的宣传力度，在充分发挥传统媒体作用的基础上，也要依靠手机移动终端等新媒体，争取将国家基本公共卫生服务项目的内涵传递出来。另一方面，充分发挥乡村医生口口相传等传统宣传方式的潜在优势，最大限度提高农村居民对国家基本公共卫生服务的知晓率、参与率，切实将民生项目落到实处。

二、加强基层医疗卫生服务体系建设

（一）建立县域医疗共同体，促使医疗资源下沉农村

在结合本地实际情况的基础上，基于双方互选的基本原则推进县域医疗共同体建设，引导城市医疗资源向农村社区延伸，促进公共医疗资源配置均衡发展，切实提高农村医疗卫生机构的服务水平与能力。2017 年，湖南省人民政府办公厅下发了《关于推进医疗联合体建设和发展的实施意见》，提出要全面推进医联体建设，形成较为完善的医联体政策体系。引导医联体内部初步形成较为科学的分工协作机制和较为顺畅的转诊机制，基层医疗卫生机构服务能力和管理水平稳步提高、诊疗量提升。具体见表 7—4。

表7—4　湖南省医联体建设举措

举措	具体内容
稳步推进医联体建设	探索城乡医共体。以对口支援为平台，以签约服务为手段，探索形成"县级医院—乡镇卫生院—村卫生室"分工协作、三级联动医疗共同体模式。
实现区域资源共享	加快县域医疗中心、医疗共同体融合发展，推进县乡村基本医疗服务和基本公共卫生服务一体化。
以病种为方向试点实施分级诊疗制度	分级管理服务试点，从疾病管理入手，探索建立以县医院为中心、乡镇卫生院为枢纽、村卫生室为网点，目标明确、权责清晰的治疗和管理服务网络，让患者在家门口得到及时、规范、专业的医疗服务与健康管理。

资料来源：笔者根据调研资料整理而得。①

（二）借助移动互联网技术提高农村卫生服务效率

2015 年国务院颁布的《全国医疗卫生服务体系规划纲要（2015—2020

---

① 参见《湖南省卫生计生委对省政协十二届一次会议第 0192 号提案的答复》，湖南省卫生健康委员会网站，2018 年 11 月 12 日。

年）》已明确要"开展健康中国云服务计划"，提高农村卫生的管理水平和服务能力。在中国移动通信网络的覆盖面逐步扩大的背景下，村级公共卫生服务可以尝试通过手机等移动终端，实现与村卫生站以及乡镇卫生院等相应健康管理系统之间的互联互通，形成"网络可达的地方、村级公共卫生服务就可达"的效果。[①] 这样既能克服医疗卫生服务的空间障碍，又能节约时间成本，还能通过健康数据分析实现对村级公共卫生服务的"精准供给"，可谓一举三得。

（三）创新家庭医生签约模式提高农村卫生服务水平

由于农村年轻劳动力普遍往城市流动，老年人、妇女、儿童等渐已成为农村人口的主体，需要针对性提供医疗卫生服务。对此，应积极组建责任医生团队开展签约服务。建议应在大病患者以及妇女、儿童、老年人等相对弱势人群中开展上门诊断治疗、定期坐诊检查、住院（乡镇）诊断治疗等形式的签约服务，进而扩大到片区全体村民。鼓励、支持、引导有条件的农村可以成立公共卫生服务中心或组建公共卫生服务团队。

三、加强农村医疗队伍建设

（一）尽快落实践行全科医生制度

农村全科医生是农村医疗队伍建设的关键一环。建议实现每个乡镇卫生院都有全科医生，补齐农村医疗卫生人才不足的短板。一是加强订单式培养，即"农村订单定向医学生免费培养"，建议出台相关政策规范专项招生计划的实施细则，如基层医生岗位招生计划、乡村全科医生岗位招生计划等。二是注重公开招聘，通过加大编制、待遇等优惠招录政策倾斜力度，吸引和鼓励医学院校毕业生，以及具有较高医疗技术水平的专业医师到农村医疗卫生服务机构从事全科医生工作。

---

① 参见王晶、王晓燕：《中国村级公共卫生服务供给研究——以政策环境为视角》，《北京社会科学》2018 年第 3 期。

（二）加强对乡村医生的培训力度

建立开展基层卫生人员业务培训的常态化机制，提升业务能力。对于原有已持证的乡村医生，要注重加强公共卫生服务项目、现代化技术手段等方面的培训；对于新入职的乡村全科医生，要重视岗前培训，培训合格后方能入职。2017年，湖南省卫健委共开展乡村医生岗位培训43686人次。此外，湖南省于2013年启动了乡村医生本土化人才培养，目前已完成5届招生工作，共招收和培养4928人，2013级首届毕业学员284名和2014级毕业学员493名已顺利毕业并回到村卫生室岗位。①

（三）提高乡村医生工作福利待遇

要加强农村医疗卫生的人力资本投入，积极营造鼓励医疗技术人员服务基层的行业环境。对于农村地区工作的医疗技术人员，要在工作晋升、职称评定、继续教育等方面给予倾斜照顾，要不断提高工资福利和社会保险待遇水平，吸引更多医疗卫生从业者到农村工作，充实农村医疗卫生服务力量。此外，还要做好乡村医生的生活困难补助发放工作。例如，2016年湖南省财政提高了老年乡村医生生活困难补助标准，从业年限5—8年的提高至90元／月，8—12年的提高至120元／月，12年以上的提高至150元／月，2016年省财政共安排补助7340万元。②

---

① 参见《湖南省卫生计生委对省政协十二届一次会议第0192号提案的答复》，湖南省卫生健康委员会网站，2018年11月12日。

② 参见《湖南省卫生计生委关于省政协十一届五次会议第0361号提案的答复》，湖南省卫生健康委员会网站，2017年11月16日。

第八章 打好精准脱贫攻坚战

2013 年 11 月，习近平总书记在湖南十八洞村第一次提出了"精准扶贫"，为我国的扶贫开发工作指明了方向。党的十八大以来，以习近平同志为核心的党中央高度重视扶贫工作，实施精准扶贫、精准脱贫，改变以往大水漫灌的扶贫方式，实现由区域聚焦到家户脱贫、由物质扶贫到能力扶贫转变、由他助到自助和互助转变、由经济救助到多维救助延展、由单一政府主体到多主体合作延展，坚决打赢脱贫攻坚战，确保到 2020 年全面建成小康社会。

第一节 深入推进精准脱贫

为了实现 2020 年全面建成小康社会目标，湖南坚决扛起精准扶贫首倡地政治责任，狠抓责任落实、政策落实、工作落实，决战决胜脱贫攻坚各项工作，把精准脱贫摆在重要位置，不断开创中国特色扶贫开发事业新局面。

一、夯实精准脱贫基础工作

（一）健全脱贫攻坚长效机制

自 20 世纪 90 年代以来，中央就开始有计划、有针对性地消除贫困问题，在不同的时期都制定了相应的扶贫政策。20 世纪 90 年代，我国开始实施"八七"扶贫攻坚计划，力争用 7 年时间让 8000 万贫困人口脱贫；"八七"扶贫攻坚计划完成后，党和政府并没有停下扶贫的步伐，而是以更高的标准继续向贫困宣战，制定了《中国农村扶贫开发纲要（2001—2010 年）》，对新世纪前十年的扶贫工作进行部署。任务完成后，党和政府又紧接着制定了

《中国农村扶贫开发纲要（2011—2020 年)》，对我国农村如何进行扶贫开发作了系统性、战略性部署。由此可以看出，中国共产党一直以来都很重视消除贫困问题，始终把贫困群众的冷暖放在心上，一代接一代地抓好扶贫工作。在扶贫历程中，党和政府坚信脱贫攻坚战不是轻轻松松、敲锣打鼓就能打赢的，必须建立中央统筹、省负总责、市县抓落实的工作机制，构建权责清楚、各负其责、合力攻坚的责任体系，做到分工明确、责任清晰、任务到人、考核到位，让所有贫困地区、贫困群众都能如期脱贫。

党的十八大以来，以习近平同志为核心的党中央高度重视扶贫工作，从战略上统筹谋划全国的精准扶贫工作，重视顶层设计，采取了许多效果明显的重大举措，并将每年 10 月 17 日设立为"扶贫日"，为全国的扶贫工作指明了方向、规定了任务。湖南省委和省人民政府对本地区脱贫攻坚工作负总责，认真贯彻党中央关于精准扶贫工作的决策部署，努力让全省人民都实现全面小康。全省市级党委和政府以高度自觉的使命感和责任感，对项目实施、资金使用和管理、脱贫目标任务完成等工作进行督促、检查和监督。全省县级党委和政府主要负责人是第一责任人，他们勇于担当、敢于负责，充分承担起精准扶贫的主体责任，确保贫困退出的真实性、有效性。

（二）强化地方党政一把手责任

党的十九大报告提出要强化党政一把手负总责的责任制，努力实现全国各族人民一道进入全面小康社会。地方党政对重要问题的解决、关键方案的规划和紧急事件的应对亲力亲为，不将责任推给别人。地方党政一把手要进一步加大精准扶贫、精准脱贫工作力度，心无旁骛、聚精会神地科学谋划扶贫工作，让贫困地区、贫困群众都富裕起来，都能共享改革开放的成果，做到真扶贫、扶真贫、真脱贫，为打赢脱贫攻坚战、全面建成小康社会而努力。

强化地方党政一把手负总责的责任制，必须明确地方党政一把手如何才能够负好责。地方党政作为地方扶贫工作的"领头羊"，应充分认识到自己的责任，具备能征敢战的勇气和舍我其谁的担当，让每一个贫困地区、每一个贫困人口都成功脱贫。地方党政一把手勇于承担自己的责任，挑重担子，啃硬骨头，克服畏难情绪，彰显"不破楼兰终不还"的决心。唯有建立明晰规范的扶贫工作考核评价指标，才能为地方党政一把手的工作提出具体明确的要求，并且进行明晰的监督与指导。为了确保实现精准脱贫成效，还要用严格的制度和考核来要求和监督，在具体的工作中有责必究、有功必赏，强化地方党政一把手负总责。对急功近利、形式主义的作为严打严抓，对畏畏缩缩、停滞不前的地方扶贫工作批评指正。总之，落实好对全省地方党政一把手精准脱贫工作的制度规定、考核标准与监督机制，对强化地方党政一把手负总责制度的落实至关重要。

二、提高脱贫措施的针对性

（一）坚持实事求是

实事求是是党的思想路线，是办好一切事情的前提和基础，打赢脱贫攻坚战也是如此。贫困是多种多样的，致贫原因是错综复杂的，消除贫困也得从多方面去解决。以往大水漫灌的粗放式扶贫是很难做到精准的，精准扶贫就是要做到实事求是，一切从实际出发。完成脱贫攻坚任务，不能脱离实际想当然、头脑发热乱作为，而要符合社会发展规律，顺应时代发展潮流，结合地方特色和实际情况，从而真正解决贫困问题。湖南省各级党委和政府结合贫困地区、贫困群众的实际状况进行脱贫攻坚，坚持"一把钥匙开一把锁"，让大水漫灌变成精准滴灌，积极做好调查研究，科学制定规划，从多种贫困因素角度进行综合识别扶贫对象，采取相应的精准扶贫对策，帮助贫困地区及群众脱贫致富，确保脱贫措施具有较强的针对性。在脱贫攻坚战中，党员干部不仅要有担当的宽肩膀、成事的硬本领，还得树立干真事、干好事的政绩观，为打赢脱贫攻坚战添砖加瓦。

（二）进行精准施策

2015 年，习近平总书记对扶贫开发工作提出了"六个精准"，为打好脱贫攻坚战明确了方向。湖南省在 2020 年全面建成小康社会中，着力在"六个精准"上下功夫，实现了脱贫攻坚总目标。

一是扶持对象精准。以往的扶贫工作虽然取得了很大成就，但也存在识别对象不精准的问题。扶贫的前提和基础是真正找到贫困群众，确保扶贫对象精准，否则，就背离了初衷。只有把扶贫对象找准了，才能确保扶贫不走样、不变形。扶持对象精准，就是解决过去扶贫对象不精准的问题，瞄准真正贫困、真正需要帮扶的群众，坚决避免出现将富裕户、关系户纳入扶贫对象中。对于如何找到贫困户，一些地方探索出了"四看"法等比较简单好用的办法。所谓"四看"，就是一看劳动力情况，主要了解家庭成员中有没有人因灾、因伤等原因，失去了基本的劳动能力，生活非常贫困；二看群众住得怎么样，主要了解群众的基本住房条件，保障群众能够有一个安身立命的地方，确保贫困群众有基本的住房，从基层调查来看，地方政府在这方面下了很大功夫，也取得了很大成绩，很多贫困群众在党和政府的关怀下，住进了安全放心的房屋；三看教育情况，主要了解家里有没有学生在读书，不让一个孩子因贫困而读不起书，不让群众因孩子读书而致贫；四看群众家里的生产生活状况，了解群众家中是否有大型的生产生活工具。

二是项目安排精准。在精准脱贫工作中，会有很多扶贫项目，但这些项目不是"唐僧肉"，不能人人见了都吃一口。扶贫项目是为了让贫困地区、贫困群众脱贫致富。在安排扶贫项目时，党员干部经常到基层进行调研，真正了解贫困地区、贫困群众的实际情况，让扶贫项目能够符合湖南各地实际，让项目发挥最大效用，坚决避免扶贫资源浪费。

三是资金使用精准。扶贫资金是用来进行精准扶贫的，一定要确保资金能用到贫困户身上。扶贫资金分散在各个部门，必须对其进行整合，切实做到"多个渠道引水，一个龙头放水"，否则，扶贫资金犹如撒胡椒面一样，难以发挥最大效用。要做到资金使用精准，还要确保使用资金时公开、公平、公正，资金的具体使用方案张贴在村级公务栏中，做到每一笔扶贫资金都用在刀刃上，达到家喻户晓，接受群众的监督。

四是措施到户精准。在精准脱贫中，为了能让贫困户脱真贫、真脱贫，扶贫单位会采取很多措施。确保采取的扶贫措施能够精准到每家每户，就必须深入群众当中去，真正了解群众有哪些迫切需要，进而有针对性地实施精准帮扶，不让扶贫措施与群众需求脱节。目前从湖南取得的成绩来看，实现措施到户精准的有效方式，就是结对帮扶，能够让帮扶村率先退出贫困村、贫困户率先稳定脱贫。

五是因村派人精准。干部下基层，一直以来是中国共产党的优良传统。开展精准脱贫工作，必须选择想干事、能干事、会干事、干成事的党员干部，特别是把第一书记选准。俗话说：村看村，户看户，群众看干部。湖南在选派第一书记时严把入口关，把党性意识强、综合素质高、群众认可的党员干部选出来到基层任职。

六是脱贫成效精准。精准脱贫工作做得怎么样，关键看成效如何。如果说贫困地区和贫困群众的脱贫效果不错，说明精准脱贫工作有效果。在精准脱贫工作中，要取得实实在在的效果，就要坚持实事求是，科学决策，民主决策，防止扶贫政策脱离实际。同时，严格按照扶贫要求开展工作，努力让党和政府的好政策真正惠及群众，严肃处理私吞挪用国家扶贫资金的不法行为，决不允许有人在鹭鸶腿上削肉、在蚊子肚中剥油！

三、凝聚精准脱贫攻坚合力

（一）扎实推进驻村帮扶工作

习近平总书记深刻指出："选派扶贫工作队是加强基层扶贫工作的有效组织措施，要做到每个贫困村都有驻村工作队、每个贫困户都有帮扶责任人。工作队和驻村干部要一心扑在扶贫开发工作上，有效发挥作用。"[1]《中共中央、国务院关于打赢脱贫攻坚战的决定》提出，注重选派思想好、作风

---

[1] 《习近平在部分省区市党委主要负责同志座谈会上强调　谋划好"十三五"时期扶贫开发工作　确保农村贫困人口到 2020 年如期脱贫》，《人民日报》2015 年 6 月 20 日。

正、能力强的优秀年轻干部到贫困地区驻村，选聘高校毕业生到基层进行工作。湖南加大精准选配第一书记力度，提高县以上机关派出干部比例。加大驻村干部考核力度，不稳定脱贫不撤队伍。对在基层一线干出成绩、群众欢迎的驻村干部重点培养使用。

驻村帮扶工作不是要假大空的号召和呼吁，而是真真切切地帮助群众摆脱贫困、过上富足的小康生活。在驻村帮扶工作中，刻舟求剑不行，需要工作队伍根据各村实际状况决定工作方法和工作进程；闭门造车不行，需要工作队伍主动与外部资源对接，形成扶贫合力；朝令夕改不行，只要是对扶贫工作有益的工作就一如既往地坚持下去。驻村帮扶工作离不开精准脱贫政策的贯彻、离不开先进技术的引进、离不开项目资金的支持，当然更离不开驻村工作队的领导与帮助。为了打赢脱贫攻坚战，湖南仔细挑选和分配第一书记和驻村工作队，认真考察和监督驻村工作队的绩效，以"为村民办实事"为评判标准，避免形式主义与官僚作风，不放弃任何一名贫困居民，不遗落任何一处贫困区域，狠刹形式主义扶贫"歪风"，确保脱贫攻坚战取得全面胜利。

（二）引导社会力量参与扶贫

福利多元主义理论认为，贫困治理的主体不是单一的，而是多元的，精准扶贫工作必须凝聚全社会的强大力量，调动各种社会力量充分参与进来，共同满足贫困群众的需求，致力于社会成员福利的供给。

打赢脱贫攻坚战，党和政府不能唱独角戏，而要积极动员社会各方面的力量，共同关注贫困问题、关心贫困群众，形成政府、市场、社会合力消除贫困的生动局面，形成政府、市场、社会协同推进的"大扶贫"格局，让每一个扶贫主体都能施展拳脚，有用武之地。2014 年 11 月 19 日，国务院办公厅印发的《关于进一步动员社会各方面力量参与扶贫开发的意见》提出，为打好新时期脱贫攻坚战，进一步动员社会各方面力量参与扶贫开发，全面推进社会扶贫体制机制创新，需要培育多元社会扶贫主体，大力提倡民营企业扶贫、积极引导社会组织扶贫、广泛动员个人扶贫。在脱贫攻坚战中，湖南各级党委和政府充分认识到市场的决定性作用，鼓励民营企业积极参与到脱贫工作中，为社会发展奉献自己的一份力量。在引导社会组织参与脱贫的过程中，湖南省各级党委和政府扮演好"信息提供者"和"活动引导者"的角色，为社会组织提供相关扶贫信息，并对他们的活动进行规范和引导，使其更加有效地进行扶贫工作。

第二节　攻克深度贫困堡垒

深度贫困地区是脱贫攻坚的坚中之坚，是越来越难啃的硬骨头。全面建成小康社会，离不开深度贫困地区扶贫工作的顺利实施，要在攻克深度贫困上下功夫。党的十八大以来，以习近平同志为核心的党中央在全面开展精准扶贫工作的同时，还高度重视深度贫困地区的贫困问题，为此，还专门召开了相关会议，作出了相关部署。

一、加大深度贫困地区脱贫攻坚力度

（一）以突出问题为重点

深度贫困地区是扶贫工作的重中之重，是决定扶贫工作进程及效果的关键区域，突出问题是扶贫攻坚的坚中之坚，是确保扶贫成果的重要方面。实施精准扶贫工作，要把深度贫困地区作为重中之重，集中各种资源，进行重点攻坚。深度贫困是相对于一般贫困而言的，深度贫困地区和贫困群众都是精准脱贫工作的"硬骨头"，这些"硬骨头"不啃下来，就无法实现全面建成小康社会的宏伟目标。

解决深度贫困问题并不是一件简单的事情，主要解决贫困群众的"两不愁三保障"。具体而言，打赢脱贫攻坚战的重要标准，就是实现"两不愁三保障"。所谓"两不愁"，就是让农村贫困人口不用为吃和穿发愁；"三保障"，就是让农村贫困人口能够在义务教育、基本医疗、住房安全上有保障，能够上得起学、看得起病、住得上房。解决贫困群众的吃和穿基本没有多大问题，也相对比较容易解决，但要做到在义务教育、基本医疗、住房安全三个方面能够有保障，确实难度比较大，的确是难啃的"硬骨头"，湖南各级党委和政府在政策等方面加大力度，拿出霹雳手段，采取超常规措施，下大功夫克服一切困难关卡，圆满完成脱贫目标。

（二）以精准帮扶为抓手

在消除贫困上，传统扶贫方式曾经发挥了很大作用，但随着我国经济社会的不断发展，扶贫工作发生了很大变化，传统扶贫方式的弊端也逐步凸显出来，传统扶贫方式必须转型。为了确保打赢脱贫攻坚战，必须以精准帮扶为抓手，不断开拓精准扶贫工作新局面。

一是发展生产脱贫一批。产业是脱贫致富的重要基础，没有产业就难以真正稳定脱贫。在精准扶贫中，党和政府高度重视发展产业。贫困地区虽然在交通、信息等方面有不足，但也有资源禀赋优势，比如自然资源比较丰富、生态环境优美等。扶贫单位充分借助贫困地区的资源禀赋优势，在发展地方特色鲜明的优势产业上下功夫，为贫困地区找到一条可持续的脱贫之路。对于贫困群众而言，扶贫单位因人而异，发展产业不能盲目、不能越俎代庖，发展群众感兴趣、有信心的产业。另外，在发展扶贫产业时，要遵循市场规律，生产符合市场需求的产品。由于贫困户多是农民中的弱者，他们在市场竞争中处于弱势地位，其稳定就业是脱贫的重要手段。要解决贫困人口的就业问题，就需要在农村就近培植支柱产业，让贫困人口凭自身的能力在家门口就业，有尊严地获得劳动报酬。[①]湖南紧紧抓住发展产业这个"牛鼻子"，以优势产业带动扶贫产业，推进产业精准培育；以新型主体带动贫困群体，推进利益紧密联结；以市场机制带动发展机制，推进产业持续发展；以组织作为带动农户有为，推进措施落地见效。贫困地区产业项目融入全省百千亿级特色主导产业发展，所有脱贫县都有了特色支柱产业，经济实力、财政收入、发展后劲显著增强。

---

① 参见邓磊、罗欣：《脱贫攻坚与乡村振兴衔接理路探析》，《江汉论坛》2020年第2期。

二是易地搬迁脱贫一批。一些贫困地区资源环境承载能力弱，水、电、路等基础设施和教育、医疗、文化等公共服务设施落后，群众在出行、用电、吃水、上学、看病等方面面临着困难，就地脱贫发展无望，增收渠道不畅，传统扶贫手段难以奏效。在这种情况下，湖南省通过易地搬迁让贫困群众搬迁到交通方便、环境优美、集中住宿的新地方，既能节约大量扶贫资源，又能让群众走上脱贫致富之路。易地扶贫是脱贫攻坚工作中难度最大、投入最多、工作链条最长的"民心工程"，也是"五个一批"精准扶贫举措中最难啃的"硬骨头"。在湖南省委、省政府等部门的扎实推动下，"搬得出、稳得住、能脱贫"目标已经实现。①

三是生态补偿脱贫一批。习近平总书记提出，绿水青山就是金山银山。在精准扶贫中，必须处理好生态保护与脱贫致富的关系，既让贫困群众脱贫，又不能破坏生态环境。这就需要党和政府建立生态补偿机制，积极推进生态文明建设，让贫困地区走上富裕之路。2019 年 8 月 26 日，习近平总书记在主持召开中央财经委员会第五次会议时强调："要完善能源消费总量和强度双控制度，全面建立生态补偿制度，健全区际利益补偿机制和纵向生态补偿机制。"②在生态补偿扶贫中，湖南对实施禁牧和草畜平衡的牧户给予禁牧补助和草畜平衡奖励，农牧民人均增收 700 元左右。

四是发展教育脱贫一批。"授人以鱼，不如授人以渔。"实施精准扶贫，最根本的是要大力发展教育，确保城乡教育公平、区域教育公平，让贫困群众的孩子不因贫困而辍学，让每一个孩子都有实现梦想的机会，这也是避免贫困代际传递的最有效手段。2017 年 12 月 11 日，湖南省政府印发了《湖南省贫困地区中小学校建设实施方案》，决定从 2017 年开始，省级财政安排12 亿元，每县补助省级资金 3000 万元，支持 40 个武陵山和罗霄山集中连

---

① 参见《湖南 69.4 万人实现易地搬迁脱贫》，红网，2020 年 5 月 17 日。

② 《习近平主持召开中央财经委员会第五次会议强调　推动形成优势互补高质量发展的区域经济布局　发挥优势提升产业基础能力和产业链水平》，《人民日报》2019 年 8 月 27 日。

片特困县和国家级贫困县建设 43 所芙蓉学校。[①] 在精准扶贫中，重视发展农村义务教育、职业技术教育，通过发展教育让一部分群众脱了贫。

五是社会保障兜底一批。这项政策的目的，主要是让一部分老弱病残的贫困群众能够在生活上得到保障，防止突破道德底线的事情发生。为了不让一些深度贫困群众在生活上陷入绝境，必须让社会保障来兜底。因此，党和政府要不断完善社会保险、社会救济、社会福利、社会优抚安置等社会保障政策，让每一个贫困群众都能有尊严地生活，充分体现我国社会主义制度的优越性。

二、着力改善深度贫困地区发展条件

（一）做好涉农资金整合

打赢脱贫攻坚战，是我们党对人民的庄严承诺，是一项必须完成的政治任务，需要所有部门团结协作、艰苦奋战，促进政策的落实和资金的到位。扶贫工作要因事而化、因时而进、因势而新，不能眉毛胡子一把抓。每个贫困村、贫困户的情况都是不同的，要是将扶贫资金平均地分发给各贫困村、贫困户，就会导致"轻贫者"累余粮，"重贫者"食糟糠，难以实现到 2020 年全面建成小康社会的战略目标。分则力散，专则力全，打赢脱贫攻坚战，必须发挥政府投入的主体和主导作用，有针对性地设置重点扶贫区域、重点扶贫对象、重点扶贫内容，加大扶贫资金整合力度，让各类扶贫资金最大限度地发挥积极作用，帮扶重点对象，聚焦重点内容，使较少的资金投入获得较大的扶贫效果。2018 年，湖南省人民政府根据《国务院关于探索建立涉农资金统筹整合长效机制的意见》，进一步加强全省涉农资金统筹整合，以"放得下"为前提、以"接得住"为核心、以"用得好"为根本、以"管得严"为保障，理顺涉农资金管理体系，创新涉农资金使用管理机制，提升财政支

---

① 余蓉：《不让一个学生因贫失学——我省多措并举打赢义务教育脱贫攻坚战》，《湖南日报》2019 年 12 月 22 日。

农政策效果和支农资金使用效益。

（二）增强群众发展能力

印度经济学家阿马蒂亚·森认为，贫困的本质在于能力贫困。能力剥夺理论对打赢脱贫攻坚战有很大的启发意义。要解决贫困问题，不能仅仅从增加收入的角度去分析，重要的是要让贫困者增强脱贫致富的能力，为人们提供公开、公平、公正的社会环境，让每一个人都能有机会实现自己的理想。如果不增强贫困地区、贫困群众的自我发展能力，只是源源不断地"输血"，精准扶贫难以取得预期效果，能力上不去，输入再多的资源又有何用。习近平总书记深刻指出："坚持政府主导，坚持统筹发展，注重增强扶贫对象和贫困地区自我发展能力，注重解决制约发展的突出问题，努力推动贫困地区经济社会加快发展。"① 因此，在打赢脱贫攻坚战中，为了防止贫困地区、贫困群众产生依赖思想，各级党委和政府采取措施，不断提高贫困地区及群众依靠自身发展的能力，不是简单地给贫困地区和贫困群众钱和物。增强群众发展能力主要从两个方面着手，即扶智和扶志。扶智就是要提高贫困群众的综合素质，让贫困群众提高适应社会发展的文化水平、掌握脱贫致富的一技之长等；扶志就是要注重从思想上提高群众脱贫致富的主动性和积极性，解决群众思想上的贫困问题，避免群众滋生"等靠要"思想，实现贫困群众从"要我脱贫"向"我要脱贫"逐步转变。

第三节　巩固脱贫攻坚成果

党和政府要坚持以习近平新时代中国特色社会主义思想为指导，深入推进脱贫攻坚各项工作，切实巩固脱贫成果，防止返贫现象发生，为打赢脱贫攻坚战、全面建成小康社会贡献力量。

---

① 习近平：《做焦裕禄式的县委书记》，中央文献出版社 2015 年版，第 16 页。

一、增强脱贫地区"造血"功能

(一) 逐步消除精神贫困

马克思主义认为，事物的发展是内因与外因共同作用的结果。其中，内因是第一位的，是事物发展变化的根据，对事物的发展走向具有决定作用；外因是第二位的，是事物发展变化的外部条件。内因决定着外因，外因对内因有着反作用。内外因作用原理，也可以运用到精准扶贫工作中。只有充分发挥贫困地区、贫困群众的参与作用，才能打赢脱贫攻坚战，正如参与式发展理论认为的："外部的支持固然重要，但当地人在一般情况下有能力认识和解决自己的问题，发展的一个重要过程是强化和提高当地人自我发展的能力。"① 因此，解决贫困地区、贫困群众的贫困问题，必须先分析致贫原因，唯有如此，才能对症下药，才能采取有针对性的消除贫困的策略。群众的致贫原因主要有两个方面，即贫困内因和贫困外因，贫困是内因和外因共同作用的结果，精准脱贫要做到扶持内因、优化外因。2017 年 6 月 23 日，习近平总书记在深度贫困地区脱贫攻坚座谈会上指出："没有内在动力，仅靠外部帮扶，帮扶再多，你不愿意'飞'，也不能从根本上解决问题。"② 根据内外因相互作用原理，内因是事物发展变化的根据，是第一位的。事实上，不少贫困群众并不是物质上的贫困，最主要的是思路上的贫困、观念上的贫困，就是不知道该如何脱贫。湖南要从"输血式"扶贫向"造血式"扶贫转变，帮助贫困群众解放思想，厘清思路，教育引导贫困群众自力更生、转变观念，依靠自己的辛勤劳动发家致富，而不是"靠着墙根晒太阳，等着别人送小康"。

(二) 加大产业扶贫力度

习近平总书记指出："产业扶贫是最直接、最有效的办法，也是增强贫

---

① 叶敬忠等:《参与式发展规划》，社会科学文献出版社 2005 年版，第 11 页。

② 习近平:《在深度贫困地区脱贫攻坚座谈会上的讲话》，《人民日报》2017 年 9 月 1 日。

困地区造血功能、帮助群众就地就业的长远之计。"这一重要论述，充分说明产业扶贫在精准扶贫工作中的重要性。产业是脱贫之基、富民之本、致富之源，贫困地区、贫困群众要实现脱贫，必须加大产业扶贫力度。"橘生淮南则为橘，生于淮北则为枳。"当然，做好产业扶贫这篇"大文章"，不能千篇一律，必须看真贫、扶真贫、真扶贫，狠下"绣花功"，适合什么就发展什么，从"捡到篮子都是菜"向"精挑细选找好菜"转变，争取把短板变成"潜力板"，努力在后发赶超中迭变，实现"一方水土养一方人"。

（三）重视基层组织建设

打赢 2020 年全面建成小康社会脱贫攻坚战，必须加强基层党组织建设，充分发挥基层党组织的战斗堡垒和党员干部的先锋模范作用，这是实现精准脱贫的政治保证。习近平总书记指出："越是进行脱贫攻坚战，越是要加强和改善党的领导。"① 在实施精准脱贫中，各级党委发挥着总揽全局、协调各方的重要作用，采取脱贫攻坚一把手负责制，形成五级书记抓扶贫的格局，从而为精准脱贫工作提供了强有力的政治保证。党的领导是全面的领导，干好中国的事情，关键在党，精准扶贫也是如此。通过"五级书记一起抓"，政党主导式扶贫将上层政策直接贯彻到最基层，比以往的行政主导式扶贫具备更强的资源输入和渗透能力。通过增派扶贫工作队和第一书记到村抓党建带队伍，政党主导式扶贫为扶贫工作提供了人才保证。②

"基础不牢，地动山摇。"在精准扶贫中，把基层党组织建设得更加坚强有力，是完成各项扶贫任务的保证。2015 年 6 月 18 日，习近平总书记在部分省区市党委主要负责同志座谈会上强调："做好扶贫开发工作，基层是基础。要把扶贫开发同基层组织建设有机结合起来，抓好以村党组织为核心的村级组织配套建设，鼓励和选派思想好、作风正、能力强、愿意为群众服务

---

① 中共中央党史和文献研究院：《习近平扶贫论述摘编》，中央文献出版社 2018 年版，第 39 页。

② 吴振磊、夏鑫雨：《中国特色社会主义扶贫道路的特征与展望》，《西安财经大学学报》2020 年第 4 期。

的优秀年轻干部、退伍军人、高校毕业生到贫困村工作，真正把基层党组织建设成带领群众脱贫致富的坚强战斗堡垒。"①基层党组织只有让自己强大到战无不胜，才能团结带领群众战胜一个又一个困难。湖南省在实施精准脱贫工作时，要把建设强有力的基层党组织作为头等大事来抓。党员干部做敢于担当的"顶梁柱"，淬炼铁一般的担当意志，涵养"功成不必在我，功成必定有我"的精神境界，肩负起时代赋予的光荣使命，树立问题意识，突出问题导向，聚焦问题精准发力，把问题想深、想细、想透，解决好每一个扶贫中遇到的问题。

二、为世界减贫事业贡献力量

（一）讲好中国减贫故事

2012年，我国有9000多万贫困人口。自精准扶贫工作开展以来，我国的精准扶贫成效有目共睹，取得了举世瞩目的伟大成就，农村贫困人口急剧下降，每年减少的贫困人口数量都是巨大的。2015年，全国贫困人口数量下降到7000多万；2016年，全国贫困人口数量下降到5000多万；2017年，全国贫困人口数量下降到4000多万；2018年，全国贫困人口数量下降到3000多万；2019年，贫困人口数量仅剩1000多万。从上述数据可以看出，我国每年大概减少贫困人口1000多万。湖南省作为习近平总书记精准扶贫重要论述的首倡地，始终将脱贫攻坚作为头等大事和第一民生工程，干出了"首倡之为"的成绩：全省682万农村建档立卡贫困人口全部脱贫，6920个贫困村全部出列，51个贫困县全部摘帽，连续三年获评全国脱贫成效考核"综合评价好"省份。以上这些数据表明，我国在减贫事业上取得了举世瞩目的伟大成就，为人类减贫事业作出了重要贡献，受到了世界各国的普遍赞誉。

---

① 《习近平在部分省区市党委主要负责同志座谈会上强调 谋划好"十三五"时期扶贫开发工作 确保农村贫困人口到2020年如期脱贫》，《人民日报》2015年6月20日。

如何讲好中国减贫故事不仅涉及我国的国际形象问题，而且对其他国家又有着深远的意义。党和政府要在全国范围内广泛收集鲜活的减贫事例，通过电影、音乐、广播等多种形式进行广泛、有效的传播，讲述好中国减贫故事，传递好中国减贫声音，宣传好中国在减贫领域取得的历史性成就。习近平总书记曾多次在国际会议上表示"欢迎各国人民搭乘中国发展的快车、便车"，这句话不是说说而已，而是要牢记在脑海里，付诸行动。领导干部要深入脱贫攻坚战的第一线，沉下身子、耐着性子，了解好中国减贫历程，总结好中国减贫经验，以中国经验带给全球贫困人口新的希望，以中国智慧带给全球贫困国家新的启迪。

（二）助推国际减贫事业

"当中国彻底告别中华民族历史上已经存在了几千年的绝对贫困现象，成为世界上最先完成联合国千年发展目标的国家时，展现的不仅是中国人民勤劳奋进的精神面貌，还有中国共产党不忘初心、矢志为民的历史担当。"[1]现在仍有很多贫困国家和贫困人口，贫困仍是当今世界的国际性问题。与世界上很多国家相比，我国的消除贫困工作取得了举世瞩目的伟大成就，消除贫困人口数量最多，促进了世界贫困人口的下降，提前完成了联合国制定的千年发展目标，开创了一条符合中国国情的扶贫开发道路。在脱贫攻坚的过程中，湖南形成了"资金跟着穷人走、穷人跟着能人走、能人穷人跟着产业项目走、产业项目跟着市场走"的"四跟四走"发展产业经验；推出扶贫小额信贷新模式，帮助60余万户贫困户解决了产业发展资金短缺难题；开展"中国社会扶贫网"上线试点，搭建捐赠者与受捐者的对接平台；探索"互联网＋监督"新手段，建设脱贫攻坚大数据平台，有效预防"微腐败"；首创脱贫攻坚"三个落实"动态管理监测平台，将各行业部门扶贫信息以系统化、可视化的形式呈现出来，为工作监督、综合调度提供了大数据支撑。[2]

---

① 夏云：《中国实现脱贫目标的世界历史意义》，《前线》2020年第7期。

② 参见《湖南改革开放以来减贫4375万人　探索可复制的系列经验做法》，中国新闻网，2019年9月12日。

这些做法为世界上的一些落后国家消除贫困提供了可资借鉴的宝贵经验。"中国减贫不仅解决好自身贫困问题，也必将为全球减贫贡献中国智慧和中国方案，这实际上是为深化国际减贫合作、展现大国责任担当指明了方向。"① 促进世界减贫事业，中国可以有所作为，也能够为人类的共同发展、减贫事业的推进作出应有的贡献。一是号召各国加强合作，实现人类命运共同体。中国一直在国际上扮演着积极的角色，从"上海合作组织"到"一带一路"，中国不忘自己的大国担当，谋求国家间的合作，不为一己私利，而为满园皆春，以自己的发展带动邻国的发展，以自己的进步促进世界的进步；二是展现大国黯然风范，推动别国经济快速发展。中国不实行闭门造车，不信奉零和博弈，秉着"你好我也好"的姿态推动其他国家的经济发展，为世界减贫事业作出应有的贡献。

---

① 黄承伟：《中国新时代脱贫攻坚的历史意义与世界贡献》，《南京农业大学学报》（社会科学版）2020 年第 4 期。

第九章 保障乡村振兴制度性供给

"乡村振兴战略"作为一项国策，其制度性供给的保障作用显得尤为重要。制度性供给的主要功能是从根本上保障农民的利益，并破除制约发展的瓶颈。主要的制度性供给包括巩固和完善农村基本经营制度、深化农村土地制度改革、深入推进农村集体产权制度改革、完善农业支持保护制度等四个方面。

第一节 巩固和完善农村基本经营制度

巩固和完善农村基本经营制度，是我党各项农村政策的基础，也是实施农村振兴战略的关键。[①] 农村基本经营制度包括坚持农村土地集体所有制，坚持家庭经营为基础，坚持土地承包的稳定关系。这三个"坚持"是巩固和完善农村基本经营制度的前提，也是实施农村振兴战略的制度保证。巩固和完善农村基本经营制度，有必要实施土地承包经营权的长远改革，完善农村土地承包经营权的"三权分立"制度，促进土地流转，建立农村产权交易平台并实施新型农业，不断提升乡村活力。

一、落实土地承包权长久不变政策

土地权的合同管理是集体经济组织成员权益的重要组成部分。2013 年

---

① 参见李树超、丁慧媛：《农村土地产权交易平台建设的必要性、问题及对策分析》，《江苏农业科学》2016 年第 2 期。

12 月，习近平总书记在中央农村劳动代表大会上的讲话重申，现有农村土地承包经营关系一直稳定，长期未变。这是维护农民土地承包经营权的关键。2017 年 10 月，党的十九大报告中庄严承诺："保持土地承包关系稳定并长久不变，第二轮土地承包到期后再延长三十年。"由此可见，坚持稳定的土地承包关系是贯彻落实党的十九大报告要求，维护土地承包关系的长期稳定，并为第二轮承包的扩大做充分的准备。

无论是从世界各国农业发展的历史还是从中国的特殊实践来看，农业土地的依法使用都是促进农村经济发展的前提。中国是社会主义国家，从制度要约的角度来看，农民集体是土地集体所有权的主体，土地的集体所有者有权依法拥有、使用、获取利润和处分集体土地的权利。土地承包关系成为农村基本管理制度的核心和制度的"灵魂"。2017 年 7 月 24 日，《全国人民代表大会农业与农村委员会关于提请审议〈中华人民共和国农村土地承包法修正案（草案）〉的议案》①，并公布了《关于提请审议〈中华人民共和国农村土地承包法修正案（草案）〉的说明》。提出土地的集体所有权和经营承包权是指一组权利，其中承包土地处于非流通状态，即分离两种权利中的一种。该法案澄清了土地的承包权与土地所有权是分离的，是中国土地使用权的体现，并建立了稳定的土地转让前提。

党的十九大提出，第二轮土地承包到期后再延长三十年。2019 年 11 月 26 日，《中共中央 国务院关于保持土地承包关系稳定并长久不变的意见》（以下简称《意见》）发布。落实土地承包权长久不变，主要做好以下三个方面。

（一）尽早处理第二轮承包权到期土地的延包工作

湖南省现有农村承包地 6500 多万亩，涉及农户 1500 万人。从历史发展的进程来看，第二轮承包是从 1993 年开始，到 1999 年基本完成。如果按承包期三十年计算，到 2023 年开始，二轮承包就开始大批到期，要开始延包，

---

① 《全国人民代表大会常务委员会关于修改〈中华人民共和国农村土地承包法〉的决定》，《中华人民共和国全国人民代表大会常务委员会公报》2019 年 1 月 15 日。

高峰期集中在 2026 年到 2028 年。要在农村土地承包权确权登记工作的基础上，积极落实延包政策。在"增人不增地，减人不减地"的政策原则下，严格确保不得把承包地打乱重分，但根据农村人口和土地变化的情况，确有需要调整的，应按照法定程序从严把握，谨慎调整。

（二）做好土地延包与确权登记工作的有效衔接

《意见》明确指出，到 2018 年底，应保证土地的确权登记颁证基本完成，此外还要对相关工作进行收尾，对于遗留下来的问题也要及时解决，进一步对涉及承包合同获取、登记记载等相关权利的确权登记制度进行完善，且实现跟不动产统一登记工作的衔接。让农民所享有的土地承包权益能够得到有效的保障，给"长久不变"的推行创造良好基础。按照规划，湖南省的农地确权工作在 2017 年底就已经基本完成，农村宅基地和集体建设用地确权登记工作也将于 2020 年底基本完成。但目前，在确权登记中也存在大量认定不清的遗留问题，这些问题应在开展土地延包准备工作的同时予以解决。

（三）展开农户外出务工情况普查，加大力度整治土地撂荒现象

农村土地承包机制是对农民权益的保护。《意见》提到，对于选择进城务工的农户所享有的土地承包权益，也应加以维护，在当前时期中，若农户想要在城镇落户，相关部门不能将退出土地承包权当作落户需要满足的条件。随着城镇化步伐的加快，目前的农民工进城务工，已经呈现出"举家进城"的现象。湖南省作为人力输出大省，农地撂荒现象颇为严重。《意见》明确指出："对承包农户进城落户的，引导支持其按照自愿有偿原则依法在本集体经济组织内转让土地承包权或将承包地退还集体经济组织，也可鼓励其多种形式流转承包地经营权。对长期弃耕抛荒承包地的，发包方可以依法采取措施防止和纠正弃耕抛荒行为。"[1] 这为我省探索建立健全土地承包权依法自愿有偿转让机制提供了政策保障，应在土地承包权确权登记的基础上，

---

[1] 《中共中央　国务院关于保持土地承包关系稳定并长久不变的意见》，新华社，2019 年 11 月 26 日。

针对农村人口进城务工情况展开普查，对于那些所持有土地存在严重撂荒情况的，需加强对土地流转相关政策的宣传，或采用土地经营权抵押、担保权利等方式盘活土地资源，提高土地利用效益。

总之，坚持土地承包制长期保持不变是中国基本农村两级管理体制发展的核心。它基于农村土地集体所有和家庭经营承包责任制，并根据农业和农村发展的要求实现了全方位多层次的覆盖，是改善农业生产组织，形成多元化市场化社会服务的关键。

二、完善农村承包地"三权分置"制度

2014 年以来，党中央、国务院的农村政策文件表明，必须始终坚持土地的集体所有权，维护农民对土地进行承包的权利，将经营土地的权利都释放给群众。但集体经济组织已经虚化了很多年，特别是在地方政策方面。农村群体，农民和土地经营者之间利益存在层层嵌套，如何解决土地相关利益者在激励机制方面的相容性，成为解决"三农"问题的关键。实行家庭联产承包责任制后，土地"三权分置"是农村改革中另一项重要的制度创新。"三权分置"坚持土地的集体所有权，稳定了农民承包权利，解放了土地经营权。其在土地管理权转移中起到了关键性的指导作用，促使农业经营规模开始朝向中等水平发展，为农业的现代化发展提供了制度层面的依据。

（一）"三权分置"制度的重要意义

习近平总书记于 2018 年 9 月 21 日在十九届中央政治局第八次集体学习时的讲话中强调："要突出抓好农民合作社和家庭农场两类农业经营主体发展，赋予双层经营体制新的内涵，不断提高农业经营效率。"一方面，我们必须从根本上保障新商业实体或农民参与土地经营的权利；另一方面，适应新形势下农村发展中不断出现的各种农业经营主体，从根本上保障农民的权益，防止损害农民的权益。解决这两个问题的重要途径是将土地转让合法化。按照新时代农业现代化的要求，"三权分置"的重要性不仅在于释放土地经营权，而且最深和最广泛的意义是促进流通。其实现方式分为三个层

次：第一层是将租赁土地以所有者的身份转让给村集体，以实现集中统一的土地规划；第二层是将土地管理权转让给新农业经营的主体，在流通中，不仅实现了土地的价值，而且实现了土地的生命力①；第三层是管理权与承包权的分离，有利于引入新的农村商业实体，作为家庭管理和集体管理的重要补充，并提高了管理系统的运作效率。

（二）湖南省"三权分置"制度的改革

完善农村承包土地"三权分置"制度，是湖南省农业发展的重要保障。2017年12月1日召开的省委深改组第三十次会议审议通过《中共湖南省委办公厅湖南省人民政府办公厅关于完善农村土地所有权承包权经营权分置办法的实施意见》，要求围绕"落实土地集体所有权，严格保护农户承包权，加快放活土地经营权"，加快完善农村土地"三权分置"格局，为农业农村发展增添新动能。要做好"三权分置"改革工作，一是打破对土地流转的限制性规划。目前，从政策层面对土地流转的限制性规定过多，压缩了农地资源配置空间。如现行《中华人民共和国担保法》《中华人民共和国物权法》对农地承包权、农地流转经营权的抵押作了限制性规定，削减了农地承包经营权的融资功能，制约了农地经营大户对流转土地的持续投入能力。因此，要从政策层面加以破解，真正"还权于农"，充分释放土地资源应有活力。二是打破农村产业流通障碍，吸引资本技术等产业资源回流农村。目前"三权分置"工作的主要障碍在于，农地的经营效益低下。传统农业种植的收益不高，流转困难。湖南省三面是山，南面是五岭山脉，东面是罗霄山脉，西面是云贵高原，大部分处于"八分山水一分田，一分道路和庄园"的山区腹地，峰险路窄，人多地少。山区模式虽不具备规模化机械化种植，但仍能通过种植特色果木、珍稀药材等方式整合农地资源，优化劳动力结构，提高山地利用效率。三是加强村集体在经济活动中的权力和地位。目前，村集体在农村经济活动中的权责虚化现象十分明显，集

---

① 参见《中华人民共和国农村土地承包法》（2018年修正）。

体所有权权益未得到有效保障，生产积极性被严重打压。应通过干部优化，资本注入，管理能力提升等方式提高村集体在经济活动中的话语权，有利于形成规模化的生产经营。

总之，在土地承包权方面，由传统的"两权分立"模式逐步转为"三权分置"模式，能够促进新型农业商业实体的发展，并实现小农户与农民之间的有机联系。现代农业将有助于建立现代农业产业体系、生产体系和管理体系，加速实现农业现代化，在巩固和完善农村基本管理制度中发挥重要作用。①

三、建立农村产权交易平台

农村资产的资本化，有赖于对具体资产的清晰定价，在明确定价后使其能够进入市场，通过流通使所具备价值得到提升。实现该过程的前提是具备明确的财产，流通平台及公共服务机构。②

（一）我国农村产权交易平台的实践探索

受到大力推行农村土地承包经营权改革的影响，我国一些地区在建设农村土地产权交易平台方面开展了一定探索。③ 例如，山东省在潍坊建立了省级农村产权交易中心，安徽省也引入了该中心，并在《关于规范农村产权交易管理的意见》中，要求各县市均应以公共资源交易中心为基础设立"农业交易会"品牌。④2018 年 4 月，湖南省建立了首个基于市场的综合产权交易

---

① 参见刘文学：《农村土地承包法修正：亿万农民的"定心丸"》，《中国人大》2019 年第 2 期。

② 参见《全国人民代表大会常务委员会关于修改〈中华人民共和国农村土地承包法〉的决定》(2018 年 12 月 29 日第十三届全国人民代表大会常务委员会第七次会议通过)。

③ 参见《全国人民代表大会宪法和法律委员会关于〈中华人民共和国农村土地承包法修正案（草案）〉修改情况的汇报》，《中华人民共和国全国人民代表大会常务委员会公报》2019 年 1 月 15 日。

④ 参见《巩固和完善农村基本经营制度，深化农村土地制度改革——习近平关于"三农"工作论述摘编》，《中国农业文摘——农业工程》2019 年第 4 期。

平台，即醴陵县农村产权综合交易平台，针对促进农村资源资本化、提高生产要素的流动性做了有益的尝试。

（二）农村产权交易活动中存在的问题

这些探索在建立和改善土地流转新机制的标准化管理和服务，以及加强农民分享耕作成果的权利方面发挥了重要作用，土地流转速度大大加快。但是，仍然存在许多问题和局限性，需要进一步完善。首先，经营权转移合同的签订率低。大部分土地转让是在家庭和朋友之间进行的，都是口头协议，没有书面合同。其次，尽管签订了合同，但标准化程度很差，加上缺乏相关的实践经验，所编写出让合同的形式十分简单，不够细致，且包含的内容及设定的条款等缺乏完整性，给合同的执行和管理带来很多困难和争议。[1] 最后，合同监督不到位。合同签订后，当地的合同管理机构不会由公证人对其进行审查、认证或公证，土地流转中许多继承的问题无法有效解决。

（三）湖南省农村产权交易平台建设

为解决上述问题，湖南省应克服相关的局限性，对当前已设立的产权交易所在运营过程中的经验教训进行借鉴，使流转的相关流程等具备更高的合理性，[2] 尽最大的努力保证农民的权益不受到损害。具体来说包括以下四点：一是强化法律保障。在农村建立和完善转让土地所有权的政策和法规，发布具体的实施细则，并组织农民加强学习，提升法律意识。鼓励相关的社团、协会等机构"上山下乡"，为农民提供法律知识的普及和法律服务。二是聚集交易主体。农村土地产权交易平台应当加大宣传力度，针对具有商业需求的市场主体，吸收更多的村民集体组织以及农民个体。三是加强土地产权交易监督，保障土地流转过程的公开透明，维护农民权益。四是改善交易档案整理，加强事后管理机制。

---

[1]　参见《吉林省乡村振兴战略规划（2018—2022 年)》,《吉林农业》2019 年第 9 期。

[2]　参见洪银兴、王荣:《农地"三权分置"背景下的土地流转研究》,《管理世界》2019 年第 10 期。

四、实施新型农业经营主体培育工程

"新农业经营单位"是在坚持以农民之家为农业生产经营主体，创新发展大型专业化农场的基础上成立的专业合作社或农业产业化龙头企业。

（一）中国农业经营主体的基本情况

从目前的情况来看，中国农村劳动力已经转移到大量城镇工作岗位。农村转移劳动力接近 3 亿，其中大约 80% 是 50 岁以下的年轻人。这意味着尽管留在农村地区的工人人数仍然很大，但主要是基于 50 岁以上的劳动力。落后的老年人受教育和知识的限制，对现代农业的发展特别是一、二产业的融合的局限作用非常明显。从长期趋势看，未来会有大量农民继续生活在农村地区，但是大多数农民普遍面临着适应生产力发展的矛盾，缺乏竞争力。市场缓解这一矛盾的有效途径之一无疑是扩大新农业经营的主体。大力发展家庭农场和培养专业农民，促进农村产业振兴，巩固和完善农村基本管理制度，必须突出农业经营主体的作用和贡献。

（二）湖南省实施农业经营主体培育项目的实践

湖南省具有独特的农业资源天赋、农业产业基础雄厚、科研支持基础健全、政策服务保障较完善等独特优势。然而，与发达国家和先进地区相比，湖南省在培育新的农业项目问题上仍然存在很大差距。主要表现为农业产业组织发展不强、不完善，农业科技成果转化不足，农业基础设施建设滞后，项目老龄化，功能薄弱、退化。

实施湖南省农业经营主体培育项目，主要以发展农业产业组织为抓手，不断完善农业经营主体。第一，要建立一批与加工企业相适应的原料基地，建设高标准的优质大米和茶、石油、猪、柑橘、茶叶、水产品等十大农产品产业的规模化经营，引导龙头企业与农产品加工业园共同组建产业集团。第二，必须支持领先企业做大做强。通过品牌嫁接、资本运营、产业延伸等方式引导领先企业进行重组，并着重发展具有良好产业能力的龙头企业。鼓励合格的领先公司上市。支持龙头农业企业进行技术改造，开发新技术、新产品、新工艺，发展现代种子产业和农产品加工流通产业。鼓励合格的领先公司申报商标，注册地理标志、质量证明等。第三，要加强农民专业合作社建设。合作社的发展受到"经营标准、生产标准、产品品牌、会员能力和产品安全"等主要内容的制约。为解决这一问题，要支持专业农民合作社建立加工和流通服务业、改善生产设施、扩大生产和销售、改善生产经营、市场开发、加强组织领导。第四，是在扩大高标准现代农业产业带建设的基础上，建设大规模、高科技、以出口为导向、以质量为牵引的现代农业示范区和全国市场。

促进龙头企业、合作社与大型种植园区、家庭农场和专业农民的结合，增强农业人才的优势，将技术、资金、材料、信息等要素进行整合。集中种植、育种、加工和物流优势，促进现代农业生产。利用湖南农业产业集团的发展以及农业产业的优势，对当地农业经营的新主体的培育工作进行持续完善。

第二节　深化农村土地制度改革

党的十八大以来，以习近平同志为核心的党中央明确要求"重大改革要于法有据"。2018 年通过的《中华人民共和国农村土地承包法》（以下简称《土地承包法》）规定："国家保护承包方依法、自愿、有偿流转土地经营权，保护土地经营权人的合法权益，任何组织和个人不得侵犯。"正式将农地"三权分置"制度法制化，从制度层面正式确立了农地集体所有权、土地承包权和土地经营权"三权分置"制度，从法制层面上为农村土地制度改革的推行提供了良好保障。2019 年新修订的、2020 年 1 月 1 日正式施行的《中华人民共和国土地管理法》（以下简称《土地管理法》）在多个方面有所突破，如改革土地征收制度，将基本农田提升为永久基本农田，合理划分中央和地方土地审批权限，土地督察制度正式入法，等等。对于土地管理有了更明确清晰的法律层面的规定。①

一、健全农村土地管理制度

（一）中国土地制度变迁概要

按照《土地管理法》的规定，我国农村土地管理制度是以土地公有制为基础，保护耕地为目标，土地利用控制为核心的基本管理制度。新中国成立 70 年来，中国的土地制度发生了几处变化，改革开放是在土地集体所有制的前提下，经历了"财产分割""统分结合"双重管理制度和"三权分置"的产权制度，改革了农地制度的产权体系。整个 70 年的农地制度，既是政府主导的强制性制度变迁，也是充分尊重农民意愿的制度变迁，成功探索了农民土地管理制度的理论与实践，形成了制度化管理的范本。但是，中国的土地管理制度在未来还有很长的路要走，还需要不断完善，进一步明确农业用地和土地管理制度。

（二）湖南省土地三项制度改革实践

湖南浏阳从 2015 年开始作为全国 33 个土地三项制度改革的试点，至今已经走过了四个多年头，四年多以来，浏阳在农地征收、集体土地入市和宅基地"三权分置"等方面作出了诸多有益探索，很多经验被国家发改委全国推广。特别是在宅基地的"三权分置"改革上，一是制定土地征收目录，严格界定公共利益项目用地类型，结合集体经营性建设用地入市，达到缩小征地范围、缩减征地规模的试点要求。二是建立土地征收社会稳定风险评估制度，将风险评估环节设置在用地手续报批前，确保项目征地和谐有序开展。三是健全土地征收矛盾纠纷调处机制，明确了市本级的征地补偿安置争议裁决机关、复议部门和协调部门，保障被征地群众合法维权。四是健全被征地农民社会保障机制，提供优质的就业、创业服务。探索多元保障机制的试

---

① 参见褚燕庆：《土地入股发展产业化经营迎来发展新机遇》，《农村经营管理》2019 年第 6 期。

点，提供多途径安置选择。对选择安置房源的安置户，提供高层和多层两种安置方式；对选择自行购买商品房的安置户，为其提供安置房源指标回购现金。五是规范征收流程，严格按照"四公告、二听证、一登记、三榜公示"的程序进行土地征收，坚持做到信息公开、阳光操作。

二、完善农村新产业用地保障机制

（一）农村产业用地规划的相关规定

《乡村振兴战略规划（2018—2022年）》明确指出，为了协调农业和农村地区的各种土地利用活动，市政和城市土地利用总体规划可能会为土地利用规划和建设指标保留一定比例的规划和建设指标，使得土地可以持续性地用于农业和农村发展。根据计划确定的土地利用结构和设计，可以组织一定比例的新建土地利用指标，支持农业和农村发展年度土地计划的分配，改善土地利用。对于农业生产过程中使用的各种生产设施和辅助设施，以及由于在农业一级的运营而必须建造的辅助设施，将包括对设施的农业用地的管理。鼓励农村农业生产和土地建设相结合，发展农村新产业新形式，扩大土地利用功能。

农村振兴与新农村产业密不可分。近年来，新型农村产业中新兴产业的发展呈上升趋势，土地利用问题是反映需求相对集中的"弱点"。按照规划精神，有必要完善新的建设用地保护机制。调整和完善土地规划必须充分考虑农业和农村发展用地的需求。新建土地规划的年度计划必须确定一定比例，以支持农村地区新兴产业的发展。

（二）湖南省农村产业用地规划的注意事项

促进农村土地融合使用方面的创新，必须坚持绿色发展理念，促进农村产业的深度融合和土地的综合利用。应根据当地耕地条件进行耕种，并且在不破坏耕地层的情况下优化和调整农业生产结构。鼓励土地综合利用，在严格保护耕地、保护生态环境、坚持耕地合理利用的前提下，兼顾休闲农业、乡村旅游、农业教育、农业科学和种植体验；在促进土地集约利用和保护农民权益的前提下，可以兼具民间创意产业和休闲功能。

湖南省应在控制农村建设用地总量而又不占用永久性基本农业用地的前提下，加大储备建设用地的振兴力度，允许村庄建设，巩固农场和其他经济建设领域，通过参与、合资等方式重点扶持农村产业发展。[1] 坚持农地农用原则，研究和完善现代农业用地发展政策。提高对农业用地和其他产业用地的整治要求，并在建设内容中通过建设农业产业发展基地来支持现代农业生产和大规模粮食生产。

需要指出的是，在探索新土地开发新产业的过程中，必须彻底落实党中央、国务院加强和改善对耕地占用保护的相关政策。实现耕地生态质量保护与控制，建设和激励措施相结合。对永久性基本农田的划定进行督查，防止新的土地使用侵犯永久性的农业用地基本红线。

三、盘活农村存量建设用地

我国将土地规划指标和年度土地利用计划作为重要的管理手段，以此实现严格的农业土地保护制度。目前，土地管理政策已从"增量扩张"变为"存量利用"，强调了集约化土地的集约利用。《关于建立城镇建设用地增加规模同吸纳农业转移人口落户数量挂钩机制的实施意见》指出，必须遵守严格的保护农业土地和土地保护制度，并严格遵守红线和城市发展极限。

（一）湖南省农村土地使用中存在的问题

《乡村振兴战略规划（2018—2022年）》中还明确，在符合土地利用总体规划的前提下，县级政府可以通过土地利用规划来调整和优化村庄的土地设计。有效利用农村零散的建设用地。湖南省作为农业大省，农村土地的使用仍然存在许多问题。

第一，缺乏科学的规划和农场设计，使用分散且混乱。土地的非法使用任意性强、总量大，违规建设现象严重。而且旧有建筑没有拆除，形成空心

---

① 参见张杰：《农村养殖场沼气综合利用经济性分析》，《新农业》2019年第7期。

村庄的闲置空缺现象很严重。受传统观念的影响，大多数村民不能接受祖传房屋和民居的改造，而旧房可以产生持续的收益。出于利益的诉求，实施新的建筑和拆除更加困难。

第二，集体管理的建设用地使用效率低下，环境污染严重。20 世纪 80 年代，乡镇企业获得了较大的发展空间，并利用集体土地促进了"不出国不离乡，不进城市进厂"的工业化。乡镇企业的建立促进了农村集体经济的发展。但是，"一半城市和一半乡村"的土地使用模式导致集体土地的广泛使用和低效使用，分散的空间设计，沿当前道路的基本设计以及杂乱的村庄和农田。村村点火、户户冒烟会造成环境污染。行业类别低，缺乏准入门槛和对生产过程的审查，并且工业区域很小且分散，缺乏公共污染处理设施。

第三，公共设施建设被推迟，管理机制不健全。公共设施建设存在资金投入不足，后期管理维护不到位，建设水平不足，施工延误严重等问题。小城市和农村市政公共设施依靠城市政府投入，农村集体经济投资或农民自行解决，但财政资源不足以及管理和维护机制不足严重影响了农村公共服务的有效性。

(二) 湖南省农地利用控制的适应性调整

针对以上存在的种种问题，有必要研究湖南农村土地利用控制的适应性调整机制。一是针对农业供给侧结构性改革的主要调整，根据发展新形式的实际需要，建立适应性的耕地保护政策调整机制。二是完善农业设施政策。按照中国设施农业发展的目标，进一步完善针对其他类型农业设施用地的管理措施，完善管理政策，以满足各类设施用地的需要。三是全面制定农村土地利用实施方案，有序组织农村发展过程中各类土地利用规模，优化农村土地利用结构和空间设计。四是充分利用农村土地建设的潜力，吸引外部资本的进入。五是探索乡村旅游特别是旅游村和特色村发展中的土地供应政策，允许工商资本参与或合作发展，并保障其土地使用权和获得相应收入。

第三节　深入推进农村集体产权制度改革

中共中央正式提出农村集体产权制度改革的精神，始于 2003 年的党的十六届三中全会。党的十六届三中全会主题是完善社会主义市场经济体制。全会中将股份制确立为实现公有制的一种重要形式，并且还指出，股份制的出现，让农民集体经济的实现找到了更好的方式。在该会议中，中共中央为了促进农村改革工作的推行开展了许多关键性举措，并作出了重要部署，给农村经济体制的改革及进一步完善提供了有效指导。[1]2006 年，中共中央办公厅、国务院办公厅印发《关于加强农村基层党风廉政建设的意见》（中办发〔2006〕32 号），该文件明确提出"积极推行股份制、股份合作制等村集体经济的有效实现形式"。农村集体产权制度改革，是从推行家庭联产承包责任制改革开始在农村开展的最为深刻的一次制度改革工作，其不断推进，能够促使农村集体经济得到更好的发展，在推动社会主义农村经济方面也具备关键性意义。[2]2019 年 6 月，湖南省被确定为全国农村集体产权制度改革试点省份之一。中央农办、农业农村部已正式批复湖南省试点方案。方案内列明需重点开展的清产核资、产权界定、股权设置和管理等工作。

一、加快推进集体经营性资产股份合作制改革

国务院在《深化农村改革综合性实施方案》中指出，之所以采用集体财产的模式，是为了对相关法律中提到的"农民集体财产不动产和动产属于集体成员共同财产"进行落实，明确集体所有制下农民权利及土地所有权，实现集体财产权主体清晰。

---

[1]　参见吴东立、谢凤杰：《改革开放 40 年我国农业保险制度的演进轨迹及前路展望》，《农业经济问题》2018 年第 10 期。

[2]　参见张怡、兰霞：《完善农业支持保护制度——财税法视阈下的探讨》，《经济法论坛》2010 年第 7 期。

（一）集体经营性资产股份合作制改革中存在的问题

农村集体管理资产以股东合作制为基础，集体成员将资产转让给集体经济组织——经济合作社，以此来管理和经营集体经营性资产。股份制经济合作社有权经营和管理集体财产。但由于股权分置改革缺乏统一的法律规范，实施中存在很多问题。首先，参与权的资格不明确，集体经营资产共有权的主要成员是村集体成员。股东实体评级的确定基于成员资格的评级。对于该类组织内的成员而言，其收入水平与集体经济的发展水平、人员的变化、户籍等有关。其次，股权结构的建立不尽合理。根据全国 29 个试验区的实践经验，参与权建立中的问题主要集中在集体股份的存量和废止纠纷上。温州作为改革的第一个试验区，其模式是"三分三改"，其经营资产资本配置为原则上不建立集体股份，而只建立成员的个人股。但实际上，这一原则尚未实现，但集体股却被保留。安徽省天长市的股东制改革明确规定，集体商业资产不设集体股，而只设立个体股。对于单个股票的配置，各个地区趋于统一，但实际上配置并不统一。再次，股权参与的定量方法不科学。在集体经营的资产参与之后，最关键的问题是量化行动的问题，即根据量化标准的比例。

（二）湖南省农村集体产权试点改革

针对以上问题，湖南省的农村集体产权试点方案指出：在确认成员的身份方面，方案提到应以相关法律法规的规定为基础，同时遵循尊重历史、兼顾现实、程序规范、群众认可原则，对户籍关系、土地承包关系等各个相关因素进行综合考虑，对各相关方的利益进行协调，进而达成相对平衡，且对相关工作进行统一的规划及开展，保证全面、准确地完成任务，不出现遗漏的情况。县市区负责确认集体经济组织成员身份、制定指导性规范或意见，建立健全成员等级备案制度。对于赋予农民集体资产股份权能，方案指明，对于分配集体收益时采用的制度应进一步完善，并对公积金、公益金提取比例进行明确，让农民能够真正享有集体资产收益分配权。在集体资产股份有偿退出方面，在尝试设定相关范围、条件及具体推出流程方面应始终保持谨慎态度，当前时期，只能内部转让或集体赎回，避免任何股东持有过大份额。针对股权的设置及管理方面，方案指出，在当前时期，对于股权的量化及配置仅限于内部开展，且主要发行成员股，集体股的设置应向所有成员征求意见，以民主的方式来决定。管理集体资产股权时采用静态模式，不应因为人口数量的改变而进行调整。针对集体资产股权设立相应的登记制度，对成员的相关信息及股东持股信息进行记录。针对股份合作制改革，方案提到，若经营性资产规模较大，应以股份的形式对处于折股范围中的净资产进行量化并分配至各个成员，做到"确权确股确值"；若经营性资产较少规模较小，则量化时应采取份额的形式，做到"确权确股不确值"。资产中包含的管理型、公益性等部分不量化，以其来源及相关管理规定为基础对其进行统一管理；资源型资产暂时不作为折股量化需要考虑的部分，若后续实现变现或净资产发生改变，再对量化金额进行合理调整。[①]

总之。湖南省农村集体产权制度改革着眼于"资产补偿、资产量化、股权设立、股权定义、股权管理"，以实现"归属清晰、权责明确、利益共享、保护严格、流转规范、监管有力"的目标。强大的农村集体产权制度是基础。为了实施这项改革措施，有必要合理确定分配对象，公平地设计和量化方法，适当地管理量化行为，明确行为主体的权利，并依法充分授权。"资源变资产，股份变资本，农民变股东"是探索和发展农村集体经济的实现和运行机制。它建立和改善了集体资产的完整性，并在"三权分置"结构下量化了股份制。有效保护和行使集体成员对集体经营资产的权利，并在集体成员的利益与集体经营资产的增加值之间建立利益联系，集体成员从而可以通过量化行动有效地增加财产收入并分享发展成果。

二、全面加强农村集体资产管理

加强农村集体资产的管理和量化后的资产所有者权益属于关键性工作。

---

① 参见《湖南正式启动整省推进农村集体产权制度改革》，《新京报》2019 年 7 月 1 日。

在对集体资产进行量化时，应对国家、集体、村民间的关系进行合理的处理，必须确保不损失国家和集体资产，同时也必须维护村民的权益。

（一）农村集体资产管理中存在的问题

尽管农村集体资产的管理具有许多功能，但在实际管理农村集体资产的过程中仍然存在许多问题。第一，没有完善的集体资产管理系统。这往往会导致农村集体资产管理方面的偏差，从而影响农村集体资产管理的后续发展。第二，集体资产管理人员普遍存在素质低、水平低、能力低的问题。这些问题的存在严重阻碍了集体资产管理的健康稳定发展。第三，农村集体资产的管理不能得到认真执行。

（二）加强农村集体资产管理的措施

要全面加强对农村集体资产的管理，必须做到以下几点。第一，提高资产管理人员的素质和水平，加强对资产管理人员的培训。一方面，有必要加强高素质、高水平人才的引进，为农村资产管理的后续发展注入新鲜血液，完善资产管理的科学管理；另一方面，有必要加强对底层人员的培训，包括资产的基本知识、资产法律法规，以提高他们的积极性。第二，加强农村资产管理文化建设。农村有关部门要重视资产管理人员文化知识的管理和对农村资产管理的理念灌输，加强资产管理人员的职业道德建设和社会公德建设，提高专业农村资产管理人员队伍建设，提高资产管理人员科学有效的管理水平[1]。第三，加强农村资产管理规范制度建设。尽管中国在农村资产管理的法律法规方面取得了长足的进步，但仍然存在许多差距。为此，有必要设立相关的规章制度并不断对其进行完善，为管理农村资产工作提供制度保障，促进我国农村资产管理的顺利发展[2]。同时，对于相关制度的落实也应加以完善。

---

[1]　参见胡冰川、杜志雄：《完善农业支持保护制度与乡村振兴》，《中国发展观察》2017年第24期。

[2]　参见黎昌珍：《新农村建设：一个公共财政的视角》，《湖北社会科学》2007年第2期。

三、加快推进农村集体经济组织立法

（一）农村集体经济组织形式

就全国而言，农村集体经济产权改革大多采取有限责任公司、社区股份合作社和经济合作社三种形式。有限责任公司为根据《中华人民共和国公司法》的相关规定在工商部门完成登记的一种公司法人；社区股份合作社需根据《中华人民共和国农民专业合作社法》工商登记成为法人；经济合作社不属于法人，通过县级以上人民政府颁发的证明书对组织机构代码证进行申领并开设金融账户。[①] 具体形式根据主体及资产情况来选择，如纯农业地区为主的村（镇）一般选择经济合作社；非农资产较雄厚的村（镇）一般选择社区股份合作社；经济发展水平较高的村（镇）更倾向于成立有限责任公司。对于那些采用公司制的组织，一是由于其具备较大规模的经营性资产，创收水平较高，经营覆盖范围广泛，只有体量较大的经济组织形式才能与其实现匹配；二是设立公司制企业能够增强自身实力，保证资本整体的稳定性，且具备更高信用，便于对经营范围的拓展，且在与具备较强实力水平的对手打交道时能够处于相对平等的地位。

（二）农村集体经济组织间法律关系

在针对农村集体经济组织法人设立相关法律时，不仅要理清该组织与村党组织、自治组织等之间的关系，也要基于立法论及解释论理清集体所有权主体及所有权代表行使主体间的关系，也就是将农民集体及农村集体经济组织间存在的关联梳理清楚。根据《中华人民共和国物权法》中"农民集体所有的不动产和动产，属于本集体成员集体所有"的规定，结合该法第60条的规定，行使所有权主体为农民集体，如乡镇农民集体、村农民集体等。代表行使主体指村民委员会、村民小组等。这样，便将二者的关系梳理清晰。

---

① 参见韩俊：《建设新农村钱从哪里来》，《决策探索》2006年第2期。

（三）湖南省农村集体经济组织建设试点方案

根据《湖南省农村集体产权制度改革试点方案》提出，2019年12月底前，应保证身份确认工作基本完成；2019年底前，需设立集体经济组织并对其进行完善，为75%以上改革后的集体经济组织颁发登记证书；2020年8月底前，保证集体经营性资产股份合作制改革工作基本完成，且对于完成改革工作的所有组织均应颁发登记证书，对相关成果进行汇总，对试点在推行工作时积累的经验进行总结，进而找到具备可复制性、便于推广的改革模式；10月20日前，各省政府需要以报告的方式将省内试点在推行改革方面的相关情况报告给农业农村部。[①] 将来在推行改革时所运用的思路，应以构建起能够跟市场经济发展的相关需求相吻合的民商事法律主体为基础，逐步设立集体经济组织法人制度。具体的推行思路为在政府充分发挥职能的前提下，对完成制度转变的组织所具备的两类功能进行分离，对其在社会管理及提供公共产品方面需承担的职能进行转移，保证改制后的组织是真正意义上的市场主体。且需将所有权主体与所有权行使主体的关系划清，保证在市场经济的大环境中，"放活"和"安全"能够达成相对平衡，进而才可以实现集体所有权更加稳定、农民生存保障等目标。[②]

第四节　完善农业支持保护制度

市场经济条件下，支持保护制度是现代化国家农业政策的核心，也是我国发展现代农业的必然要求。我国在支持及保护农业发展方面所推行的政策，如生产者补贴政策，跟以往采用的单一价格支持政策相比，显然是有进步的，不过由于其实施还是与特定品种相关，这样不仅会受到世界贸易组织"黄箱"补贴的约束，也无法对当代发展的需求进行有效满足。因为相关制

---

① 参见《湖南正式启动整省推进农村集体产权制度改革》，《新京报》2019年7月1日。

② 参见《建设新农村钱从哪里来》，《瞭望新闻周刊》2006年1月30日。

度推行时间较短，国内在农业生产方面的情况十分复杂，再加上推行多目标决策，导致其不适应性凸显，因此应对其加以完善。

一、加大支农投入力度

从国家的角度出发，在支持及保护农业方面最关键的便是保证投入，因此需对收入分配结构进行调节，由原来的农业哺育工业逐步转为工业反哺农业，财政支农资金的投入才可以持续增长。

（一）增加农业基建投资在预算内基建投资的比例

根据《中华人民共和国农业法》的规定，保证财政支农资金的增长快于经常性预算收入，使其在总财政支出中占据更大比例。通过合理举措增加新增财力对农业的倾斜程度，使财政预算中的支农支出在总支出中所占比例得以提升，财政支农投入的整体规模得到显著提升。当前在农业投资方面的主要资金来源为国债资金，其在中央农业基建投资中占比极大，但在正常预算的基建投资中占比较小。[1]若国债停发，支农投入显著降低，引发年度波动，使农业及农村经济发展的稳定性受到影响。所以，应提升财政用于农业基本建设的投资在预算内基建投资的占比。对于上述要求，均应设立详细且可行的实施办法，以保证顺利落实。此外，根据科学界给出的"财政支农投入"的范围和内容，从支农投入中将与农业和农村经济发展间不存在直接或显著关系的项目剔除出去。[2]

（二）增强农业部门基金和预算外支农资金的筹集

在不违背相关法律的情况下，增强农业部门基金和预算外支农资金的筹集，支农资金探寻更多来源。提取一定比例土地出让金设为农业发展基金，是具备可行性的途径之一。《中共中央　国务院关于推进社会主义新农村建设

---

① 参见宋磊：《金融支持社会主义新农村建设的实证分析——基于山东省泰安市农村信贷需求现状的调查》2006 年第 15 期。

② 参见韩俊：《建立和完善社会主义新农村建设的投入保障机制》，《宏观经济研究》2006 年第 3 期。

的若干意见》中针对此给出了相关的监管办法。①

（三）加大中央对贫困地区的转移支付

需遵循财权、事权统一及权责对等的原则，对中央及地方在财政支农方面分别需要履行的职责进行明确划分，且应保证中央和省级财政支农资金在总投入中占据更大比例。农业税的取消，使县乡财政面临的困难加剧，只采取财政转移支付的举措无法对缺口进行有效弥补。因此，除了要继续加大转移支付力度，也要对税源进行重新分配，使县乡镇能够有更为稳定的财政来源。此外，要防止强求地方配套对支农项目的开展产生干扰，需对配套比例进行调整且慢慢将其取消。

二、深化重要农产品收储制度改革

（一）提升农民自主收储的积极性

深化重要农产品收储制度改革，总的来说，就是要利用规则加大"绿箱"政策支持力度，优化"绿箱"政策支持结构。该政策下，粮食安全储备支出所占份额较大，仅次于某些一般服务项目。且政府发放的该类补贴并非发放至农民，而是对国营粮食企业的补贴。该种制度使国家财政负担明显增加的同时，也造成效率低、时效性差、透明度低等弊端，还相对缩小了"绿箱"政策中其他支出。在加入世界贸易组织后，应借鉴发达国家的经验，适当减少国家的粮食储备，而采取国家补贴、农民自主储备的方法。这样既可以减轻财政负担，也可以保障粮食安全。

（二）增加国内粮食援助支出

我国国内粮食援助支出过低。国内粮食援助是为了保障特殊群体的食品安全。除农村贫困人口外，城市居民中也有很多收入较低的人群如下岗职工，且国内每年都会有部分区域发生严重自然灾害。还有部分群众由于身体残缺或患重疾而无法参与劳动等。应借鉴国外在该方面采取的举措，为低收

---

① 参见钱克明：《中国"绿箱政策"的支持结构与效率》，《农业经济问题》2003 年第 1 期。

入群众给予粮食援助，保证其基本生活。①

（三）湖南省粮食收储工作的重要实践

湖南省历来关注粮食工作。湖南省按照习近平总书记视察湖南时提出的"湖南作为粮食主产省要多为全国的粮食安全做贡献"的重要指示精神，认真落实粮食安全省长责任制的要求，始终把粮食安全放在十分重要的位置，推动农业现代化建设，推动农业供给侧结构性改革，取得了很大进展。2018年，湖南省共收购粮食 801 万吨，多元经营主体入市收购量达 733 万吨；托市收购 68 万吨，仅占总收购量的 8.5%。这标志着湖南省粮食收购已初步实现由"政策市"向"市场市 + 政策市"转变。湖南省"优质粮油工程"得到中央拨付 1.49 亿元，为 10 个县设立"中国好粮油"示范县等提供了资金支持，促使传统的米面油优势产业得到较大发展，粮食副产品也得到更为充分的运用。2018 年全年全省粮油加工业总产值达 1450 亿元，增长 6.4%。对于粮食产业而言，储存是非常关键的。全省后续会建立粮食产后服务体系并不断完善，陆续建成大概 400 家服务中心，使省市县三级在对粮食质量安全进行监测方面具备更高的能力。按照规定对政策性粮食的存量及质量进行清查，加强对于粮食流通及相关储备的监管，设立能够满足当代市场化需求的长效机制。②

三、提高农业风险保障能力

（一）我国农业保险的政策变迁概要

为了保护国家粮食安全和保护农民种粮的积极性，由于价格扭曲和过度的财政压力，中国于 2004 年开始实施的粮食收购市场的收购政策难以为继。在这种情况下，政府对价格支持政策进行了改革。2014 年后，通过价格保险、目标价格支持等多种举措对该风险进行应对。相关试点推选

---

① 参见钱克明：《中国"绿箱政策"的支持结构与效率》，《农业经济问题》2003 年第 1 期。

② 参见《2018 年湖南共收购粮食 801 万吨优粮优价收储机制形成》，红网，2019 年 3 月 15 日。

除了对不在物价成本保险范围内的其他农产品价格风险相关的保险产品。其发挥的更关键效用为当市场获取政策难以遵循时，能够被散布农产品价格风险的价格保险替代。价格支持让农业保险在农业风险保护体系内发挥了更为关键的作用。这也意味着中国的农业保险已经从灾后经济补偿的原始方式转变为对农业支持和保护体系的完善以及对农村金融服务的深化。由于目标价格保险也是世界贸易组织的"黄箱"政策以及市场获取政策，因此，2016 年以后，收入保险政策属于世贸组织的"绿箱"政策，可以在不扭曲市场的情况下减轻"黄箱"政策总承担的压力。可以预见，接下来收入保险会发展成为我国农业保险行业的重要险种。农产品储藏及价格形成机制得到改革，促使农业保险成为农业保护过程中采取的一种重要方式，在新的农业保障体系中应进一步加强并逐渐达到中心地位。[1]

（二）我国农业保险的发展趋势

未来，预计农业保险市场会成为国家重点发展对象，逐步设立以农业保险为核心的农业保障体系。[2] 针对农业保险设立合理的监管制度，促使其稳定发展。[3] 其中一个方案为设立统一的全国农业保险管理组织，专门处理农业保险产品的制定，并管理全国农业保险业务的运作。

在更短的时间内针对重大灾害造成的农业风险设立相应基金。在农共体的主导下，农业保险再保险市场在分散巨灾风险方面有了较高能力，但若保险的覆盖率进一步扩大，并发生价格风险，则巨灾风险会显著提升，不可避免地，价格风险将增加。[4] 而保险公司积累的救灾准备金规模是有限的，很

---

[1]　参见刘鸿雁：《WTO 背景下中国农业支持政策研究》，西北农林科技大学硕士学位论文，2004 年。

[2]　参见韩俊：《确保粮食安全的 7 大法宝》，《科技与企业》2003 年第 12 期。

[3]　参见赵楠木：《积极构筑新农村建设投入保障机制》，《吉林农业》2007 年第 9 期。

[4]　参见齐润香：《我国粮食安全问题及对策的研究》，《山西财政税务专科学校学报》2005 年第 2 期。

难实现对风险的有效分散。① 巨灾风险基金属于构成巨灾风险分散体系内系统的一个重要部分，也是农业巨灾保险形成的基础所在。该基金的建立，能够避免风险分散范围扩大，减少保险公司在行销方面作出的不利选择，使政府保底更为妥善地应对巨灾。②

---

① 参见孙文波：《浅谈高等院校资产管理中存在的问题》，《中小企业管理与科技》（上旬刊）2018 年第 5 期。

② 参见李向荣、谭强林：《粮食安全的国内外评价指标体系及对策研究》，《中国农业资源与区划》2008 年第 1 期。

第十章　夯实乡村振兴人才基础

习近平总书记在参加十三届全国人大一次会议山东代表团审议时指出："要推动乡村人才振兴，把人力资本开发放在首要位置，强化乡村振兴人才支撑，加快培育新型农业经营主体，让愿意留在乡村、建设家乡的人留得安心，让愿意上山下乡、回报乡村的人更有信心，激励各类人才在农村广阔天地大施所能、大展才华、大显身手，打造一支强大的乡村振兴人才队伍，在乡村形成人才、土地、资金、产业汇聚的良性循环。"明确了人才在乡村振兴诸要素中的重要地位，为实行积极、开放、有效的人才政策，实现乡村振兴战略找到了突破口。

第一节　培育新型职业农民

新型职业农民是实施乡村振兴战略的主体力量。2012 年中央一号文件首次明确提出"大力培育新型职业农民"，2013 年中央农村工作会议又提出"加快培育新型农业经营主体"，建立专门政策机制，建设职业农民队伍。[①]目前，一大批爱农业、懂技术、善经营的新型职业农民正在全国各地用知识和技能带动村民共奔致富路。新型职业农民通过创新经营模式富农，通过培训种养技术惠农，通过开发绿色产品兴农。

---

① 参见朱雯：《湖南省新型职业农民培育问题及对策分析》，《科技经济市场》2015 年第 12 期。

一、大力实施新型职业农民培育工程

新型职业农民是指能够主动适应时代发展需要，且具备一定文化与科技知识、掌握现代农业生产技能、富有自主创新创业精神、具有职业素养和社会责任感，主要依靠农业及相关产业经营获得收入、以务农为职业的现代农业从业者。这个乡村群体理念先进，适应能力强，承前启后。新型职业农民是新的农业经营、农业专业化服务、农业管理的主体，是农业新知识的掌握者和传播者，是农业新技术、新品种、新技能的使用者和发明者，是现代农业新业态的创新者。[①] 只有培育新型职业农民，才能为乡村振兴战略的实施提供强有力的主体力量和不竭的人力资源。

（一）制定政策规划

1.国家政策设计层面。目前，我国新型职业农民培训得到快速发展。2017 年 1 月，农业部发布《"十三五"全国新型职业农民培育发展规划》；2017 年 5 月，农业部在全国遴选出首批 100 个新型职业农民培育示范基地；2018 年 10 月，在济南举行全国新型职业农民发展论坛，会上发布了《2017年全国新型职业农民发展报告》和《新型职业农民发展指数》。[②] 国家的相关政策是大力培育新型职业农民的根本保证，也为各级地方政府推动培育职业农民工作提供了方法和模式。

2.省级规划实施层面。2015 年 7 月，湖南省政府发布《湖南省人民政府办公厅关于加快新型职业农民培育的意见》，3 年后，湖南省制定了《湖南省新型职业农民培育工程年度实施方案》，对经费安排、培养对象、重点区县等方面做了比较具体的布置，很具操作性。截至 2017 年底，湖南省完成了 17 万人的培训任务，其中生产经营型职业农民 9.7 万人（包含新型农业经营主体带头人和现代青年农场主 3500 人）、专业技能型和社会服务型

[①] 参见蒋正翔等：《新型职业农民和传统农户有何不同》，《光明日报》2019 年 4 月 3 日。

[②] 参见蒋正翔等：《新型职业农民和传统农户有何不同》，《光明日报》2019 年 4 月 3 日。

7.3 万人。①2018 年 9 月，《湖南省乡村振兴战略规划（2018—2022 年)》正式发布，湖南省将重点打造 14 个新型职业农民培育教育示范基地，建设一批综合培训基地、田间学校，每年培训新型职业农民 10 万人以上，到 2022 年培训新型职业农民 50 万人。启动实施"千名优秀农民境外培训计划"，每年组织 300 名以上新型农业经营主体带头人或骨干赴境外培训。支持新型职业农民通过弹性学制参加中高等农业职业教育，依托广播电视大学系统和职业院校，到 2022 年培养 5 万名农民大学生。

（二）完善体制机制

习近平总书记指出，"要推动乡村人才振兴，把人力资本开发放在首要位置，强化乡村振兴人才支撑，加快培育新型农业经营主体"②。加大职业农民培养力度，各地要围绕现代农业产业发展、新型农业经营主体发育和农业重大工程项目实施，将专业大户、家庭农场经营者、农民合作社带头人、农业企业骨干和返乡下乡涉农创业者作为新型职业农民重点培育对象，加强综合素质、生产技能和经营管理能力实训，提升新型职业农民发展能力。与此同时，通过完善体制机制（降低市场准入门槛、提高财政补贴标准、加大产业扶持力度、扩大土地流转规模等），在新型职业农民带领下，使家庭农场、农民合作社等新型农业经营形式蓬勃兴起。

1.突破新型职业农民培育政策瓶颈。为了提升新型职业农民的综合素质，解决职业农民社会认可度低、农民继续教育与培训问题，以及高等学校农业推广人才缺乏、职业农民获取新技术的渠道不通畅、职业农民发展面临资金和土地等问题，需要加大职业农民培训力度，建立政府主导，企业、社会多方参与的培训体制；通过宣传报道，努力提高职业农民的社会地位和影响，消除二元制度障碍，实行社会基本福利均等化；提高农业院校教师综合

---

① 参见湖南省农业委员会科技教育处：《加快新型职业农民培育》，《湖南农业》2018 年第 11 期。

② 习近平：《决胜全面建成小康社会　夺取新时代中国特色社会主义伟大胜利——在中国共产党第十九次全国代表大会上的报告》，《人民日报》2017 年 10 月 28 日。

能力素质，发挥农业院校新型职业农民培育的主渠道作用；突出农技推广站在农业农村中的特殊地位，发挥农技站在信息传播、农情预报预警、新技术推广、防范农业风险中的重要作用。①

2.开展新型职业农民认定管理工作。2015年，湖南省农业委员会发布《关于做好湖南省新型职业农民认定管理工作的指导意见》（以下简称《指导意见》），成立新型职业农民认定管理工作机构，并统一印制了新型职业农民证书。《指导意见》对职业农民类型、生产经营规模、考核评审标准等方面作出了具体规定，为培育新型职业农民塑造了模型，明确了工作目标，鼓励各地开展职业农民职称评定试点。全省各地也相应制定管理办法和认定标准，全面开展了新型职业农民认定工作。2017年，湖南省认定发证的新型职业农民达到49497人。

3.落实新型职业农民扶持政策。新型职业农民不是在教室里成熟的，而是在农村广阔天地锤炼出来的。省市县已有的政策对于培养新型职业农民表述得十分清楚，现在关键看如何落实。一是加强项目对接。帮助新型职业农民与"百企千社万户"现代农业发展工程和"百片千园万名"科技兴农工程对接；湖南省农委制定了《培育扶持1万户家庭农场实施方案》，分3年按每667平方米耕地每年按100元的标准给予补贴。二是增加资金投入。合理分配专项资金，并整合支农惠农项目资金，银行有针对性推出小额贷款，这一切都向新型职业农民倾斜。三是出台保障制度。引导符合条件的新型职业农民参加城镇职工养老、医疗等社会保障制度；重建产权交易规则，保护新型职业农民利益。

4.完善新型职业农民培育体系。大力强化"一主多元"培训体系建设，坚持以农广校等农民教育培训公益性机构为主体，统筹安排农业科研院所、农技推广机构及其他社会力量加入，鼓励和支持符合条件的农业园区、农业龙头企业、农民合作社参与，逐步构建上下贯通、各类培训机构横向衔接、

---

① 参见蒋正翔等：《新型职业农民和传统农户有何不同》，《光明日报》2019年4月3日。

层次分明、支持有力的新型职业农民教育培训体系。创新培训组织形式，支持新型职业农民通过弹性学制参加中高等农业职业教育；探索田间课堂、网络教室等培训方式，支持农民专业合作社、专业技术协会、龙头企业等主体承担培训。①

二、把培养农业职业经理人当作重中之重

农业职业经理人是新型职业农民群体的领军人才。农业职业经理人被形象地称为"种田CEO"，是推进乡村振兴的人才支撑。首先从概念上来说，农业职业经理人是依托农民专业合作社、家庭农场、农业公司等，并代表这些组织单位等对已经规模化的土地进行精细化经营和管理，并分享最终利润，成为职业化的合作社经营管理者。是通过为权属明晰的农业经营组织承担所有权人的财产增值保值责任，全面负责经营管理，以受薪、股票期权等获得报酬为主要方式的职业化农业经营管理人才。因此，农业职业经理人将会成为大量农村人才追求的一种职业。农业职业经理人是以村干部、合作社负责人、返乡农民工等为主要培养对象建立的农业精英培育机制。只有改善农村劳动者结构，才能实现乡村人才振兴，才能为乡村振兴奠定最有力的基础。培养农业职业经理人，正是着力提高劳动者综合素质，为乡村振兴奠定人才基础的重要途径。出台扶持政策、完善服务保障体系和建立评价考核机制是加快农业职业经理人培养的关键措施。②

（一）出台扶持政策

1.产业扶持政策。进一步完善农业社会化服务支持政策和运行机制，推动服务常态化和服务获取便捷化，为农业职业经理人组织发展种养加、产供销、内外贸一体化的现代农业提供便利。对于聘请农业职业经理人的家庭农

---

① 参见湖南省农业委员会科技教育处：《加快新型职业农民培育》，《湖南农业》2018年第11期。

② 参见郭燕纯等：《乡村振兴战略背景下农业职业经理人的培养与探索》，《文化创新比较研究》2019年第3期。

场和农民合作社,在符合管理要求和相关规定的前提下,可优先承担农业基础设施建设、农业产业发展等相关支农项目建设,并享受补助政策。制定激励农业职业经理人对接应用科技成果主动性的政策措施,鼓励其与大中专院校、科研院所建立联系,合作研发和推广新技术、新品种、新机具,提高科技对生产的贡献率。

2.社保扶持政策。农业职业经理人应按规定参加基本养老保险、医疗保险和失业保险等各项社会保险。各地应对参加城乡居民养老、医疗保险的农业职业经理人按规定落实参保缴费政府补助政策,对符合条件的建档立卡贫困人员、特困人员和低保对象参保的个人缴费部分由财政部门、民政部门按统筹地区最低缴费档次标准给予补助,确保农业职业经理人依法享受社会保险待遇。

3.金融扶持政策。切实提高农业职业经理人身份的含金量,鼓励有条件的地方先行先试,探索对农业职业经理人从事的生产经营活动开展信用贷款、创业担保贷款、扶贫产业贷款以及政策性农业保险业务。在经批准的地方探索开展新型职业农民农村承包土地的经营权和农民住房财产权抵押贷款试点,为符合条件的农业职业经理人等新型职业农民提供金融支持,降低发展产业融资成本,提高创业兴业积极性。①

(二)完善服务体系

1.加大投入。继续用好中央财政新型职业农民培育工程项目资金,整合用好涉农资金,深入推进农业职业经理人培育,探索建立健全培育机制和政策扶持体系。各地应加大投入力度,加强项目统筹整合,建立长效投入机制,集中用于农业职业经理人教育培训、评价管理及跟踪服务等。要进一步加强教学实训基地建设,改善教育培训条件,提升教育培训能力,鼓励探索引入社会资金参与农业职业经理人培育。

---

① 参见《四川省人民政府办公厅关于加强农业职业经理人队伍建设的意见》,《四川省人民政府公报》2018 年第 8 期。

2.示范推广。结合职业农民制度建设，选择有条件的地方开展整建制农业职业经理人队伍建设工作试点，加快探索适合不同地区、不同经济发展水平的培育方式和制度。加大对农业职业经理人的激励和典型宣传力度，及时总结各地实践经验，定期评选农业职业经理人优秀典型，树立以农为业、以农创业标杆。充分利用各类媒体，加大宣传力度，发挥示范带动作用，努力营造全社会关心支持农业职业经理人队伍建设的良好氛围。[1]

（三）建立考评机制

农业职业经理人的培养成效如何，是否能够达到预期的目标，需要通过一定的评价、考核制度来反映。农业职业经理人培养的评价考核体系，应将热爱"三农"、有良好的心理素质和修养、有必备的农业专业技能和知识、有一定的组织管理能力作为考察培训者的基本素养，并制定动态的管理机制和淘汰退出机制。要根据培养培训结果，给予培养者确定的电子、书面资料证明其能力。如西部某省通过分层分级培养农业职业经理人，参与培训的人员必须通过统一的认定标准，在满足理论学习和实际操作120学时、学分达到300分以上等标准获得与之对应初、中、高等级证书[2]，然后通过证书公开竞争上岗。设立考核监督机构，积极收集从业的农业职业经理人的情况反馈，修正后续培养方案，同时定期进行相关知识的继续学习；按不同级别每隔几年进行重新测定考核，及时剔除名不副实的农业职业经理人，保护农业职业经理人培养的质量。[3]

---

[1]　参见《四川省人民政府办公厅关于加强农业职业经理人队伍建设的意见》，《四川省人民政府公报》2018年第8期。

[2]　参见李姗：《田野上的CEO——四川省崇州市农业职业经理人助力现代农业发展》，《农村工作通讯》2015年第6期。

[3]　参见郭燕纯等：《乡村振兴战略背景下农业职业经理人的培养与探索》，《文化创新比较研究》2019年第3期。

第二节 加强农村专业人才队伍建设

农村专业人才是指在乡村地区工作、具有一定技能或财务能力的人员，主要包括种植养殖加工人才、农业企业经营者、农民合作社带头人、经纪人、物流人才、乡村教师等。农村专业人才依靠技能与资金更好地促进农业生产、农村发展和农民增收。[①] 农村专业人才是乡村振兴的新动能，是农村经济发展的领路者、文化传承的继承者、生态环境的守护者、社会秩序的维护者。

一、加强农村专业人才队伍的教育管理

（一）健全教育培训体系

1.建立农村专业人才教育培训网络。依托涉农高等院校、农业科研院所、农业广播电视学校、农业中职学校、农民教育培训中心、农村党员（干部）现代远程教育系统和涉农企业，建立省、市（州）、县（市、区）、乡（镇）、村组五级联动的农村专业人才教育培训网络。加强各类农村专业人才培训项目的整合与衔接，明确各类农村专业人才教育培训主体的功能，引导各农业教育培训机构制定并落实农村专业人才培养计划，做到统筹规划、重点突出。

2.打造开放式专业人才教育培训模式。以各类开放式教育培训机构为基础，围绕我省农业和农村经济社会发展需要调整专业设置，举办多形式、多层次的农村专业人才教学班次。利用村级组织活动场所，开办农民夜校，通过光纤加密电视、"村村通"宽带工程，开展农业实用技术和乡土人才培训。依托现代农业产业基地建设、高标准农田建设、扶贫连片开发、土地整理、农机购置补贴、农田水利基本建设等农业重大项目的实施，加强农村专业人才培养。建立农村专业人才与各类农业经济组织、产业化龙头企业连接制

---

① 参见覃诚：《建好农业农村四类人才队伍》，《农村工作通讯》2018 年第 19 期。

度，在岗位培训和技术指导中提高能力水平。开展农业实用技术交流活动，开办农家课堂，现场观摩指导。组织专家和农技人员通过田间地头示范、联户结对、巡回指导等方式帮助农民提高生产技能。发挥科技示范基地、优质农产品示范园的科技示范和成果展示作用，引导农民自觉学习运用先进生产技术。[①]

3.强化农村专业人才能力建设。以实用知识、实用技艺为重点，以提高就业技能和致富能力为导向，促进产学结合，推动农村专业人才培养从传授单一技术、技能向市场经济、现代农业科技等多个领域延伸。拓展职业技能培训范围，把农村未能升学的初、高中毕业生纳入培养计划，增加农村专业人才储备。

4.加强培训基地管理。由省农业农村厅牵头，组织教育、农业、科技、人社等部门对各类培训机构进行筛选，选择并支持场地、设施、师资等具有一定规模的培训机构。优化农村专业人才教育培训机构师资力量，依托高等院校、科研院所、龙头企业等组建"双师型"师资队伍。

（二）创新人才工作机制

1.创新农村专业人才评价认定制度，从农村专业人才的基本特点出发，遵循人才评价工作规律，坚持原则性与灵活性相结合，客观考核与主观评审并重，构建农村专业人才评价认定机制。立足于各地农村自然资源和人才资源现状，根据农业和农村经济发展的实际需要，科学划分农村专业人才类别。组织农村专业人才相关职业领域专家根据不同职业类别，以从事产业规模、经济效益、专业技术应用能力和社会影响为主要内容，确立农村专业人才不同的评价标准。成立农村专业人才管理服务机构，组建农村专业人才评价委员会，按照农村专业人才不同类别，定期开展农村专业人才评价认定。

---

① 参见高义海：《辽宁省农村实用人才素质提升的对策与建议》，《农业经济》2011年第4期。

2.创新农村专业人才选拔使用制度，建立政府引导、市场调节的农村专业人才选拔使用机制。通过公开招聘、民主选举等方式，吸收农村专业人才进农村基层组织、农业企业、农民专业合作组织等担任职务。培养思想素质好、贡献大、符合条件的优秀农村专业人才入党，积极培养，大胆使用。选拔部分优秀农村专业人才进入村级后备干部培养范畴，有计划地推选优秀农村专业人才进入村级班子，使其由个人带头致富向带领群众共同致富转变。优先推荐优秀农村专业人才为各级人大代表、政协委员，优先评选为各类模范人物。加强农村专业人才流动政策引导，促进农村专业人才资源有效配置。

3.创新农村专业人才激励保障制度，建立充分体现人才价值、有利于调动人才积极性的激励保障机制。完善表彰奖励制度，建立以政府奖励为基础、用人单位奖励为主体、社会奖励为补充的农村专业人才奖励体系。进一步加大"湖南省优秀农村专业人才奖"的评选力度，每两年评选表彰100名优秀农村专业人才，由省委省政府授予荣誉称号，并给予一定的物质奖励。[①] 支持社会各界设立农村专业人才奖项。引导和鼓励有条件的地方对优秀农村专业人才给予一定的补助。建立符合农村专业人才特点的知识产权保护、争议仲裁、公益性成果经济利益分享和社会效益奖励等制度，依法保护农村专业人才的知识产权和合法权益。健全社会保障机制，普遍扩大社会保障范围，提高社会保障水平，支持用人单位为优秀农村专业人才建立补充养老、医疗保险。

（三）营造有利于人才发展的氛围

进一步解放思想，更新观念，营造有利于农村专业人才发展的良好社会氛围。牢固树立人才优先发展的理念，深刻把握当前农村专业人才发展的复杂性、艰巨性和系统性，切实增强做好农村专业人才工作的责任感和紧迫

---

① 参见孙敏坚、杨姣：《湖南省出台乡村人才振兴行动计划大力引进农业高端人才》，华声在线，2019年3月20日。

感，把推动农村专业人才发展提上重要日程，摆在突出位置。宣传党和国家对农村专业人才工作的方针政策和重大战略部署，推介农村专业人才工作的典型经验、做法和成效；宣传农村专业人才中的致富能手，发挥榜样示范带动作用，营造积极向上的环境氛围，激发广大农民成才兴业、建设社会主义新农村的积极性。

二、实施农村专业人才队伍建设"四大工程"

为强化乡村振兴的人才支撑和智力保障，湖南省先后出台了《湖南省乡村振兴战略规划（2018—2022 年)》、《湖南省芙蓉人才行动计划》和《湖南省关于推动乡村人才振兴的意见》。紧紧围绕创新完善农村引才、育才、聚才、稳才体制机制和政策体系，提出了实施农业高端人才引进工程、乡村人才队伍提升工程、支农助农人才集聚工程、人才发展环境优化工程等重大举措。[①]

（一）农业高端人才引进工程

1. 支持培养引进农业科技领军人才。依托"芙蓉人才行动计划"，通过项目带动、团队建设、院士带培，培养一批农业科技领军人才和专业技术人才。[②] 健全国内外专家来湘工作激励和补贴机制，引进农业科技高层次人才 30 名以上（5 年计划数，下同），对引进的海外农业科技高层次人才给予每人 50 万—100 万元一次性补助。支持省属高等院校建设国内农业农村一级学科，增设农业农村相关学科，建立高水平的农业农村人才培养体系。湖南省建立农业科技领军人才信息库，为造就具有国际影响力的农业科学家，湖南省还制定实施了农业科研杰出人才计划并推出杰出青年农业科学家项目，评选"十佳农业科技领军人物"。

2. 支持优势特色产业创新团队发展。围绕农业十大主导产业和"一县一

---

① 参见《推动乡村人才振兴，湖南将这样做》，红网，2018 年 12 月 18 日。

② 参见陈丽安：《湖南出台乡村人才振兴行动计划农民也可以靠本事评职称》，红网，2019 年 3 月 21 日。

特一品牌"，湖南省已经有来自国内外 10 个农业科技创新创业团队参与到潇湘大地乡村振兴战略实施中。湖南省对农业科技成果转化项目以及创新创业技术投资项目都给予 50 万—100 万元补助，力争每个特色产业都有一支创新服务团队，实现"一特一队"。

3.支持企业发挥引进人才主体作用。引进、鼓励、扶持优秀企业管理人才引领乡村产业发展，湖南省要对省级以上农业产业化龙头企业和农业领域高层次急需紧缺人才，每年给予其 50 万—100 万元补贴（主要是战略性新兴产业）。对省属企业引进的高素质农业人才全部实行职业经理人制度，结合绩效确定薪酬。深化农业科技体制改革，允许科研院所和高等院校的农业科研人员到农业企业兼职①，促进农业企业研发工作。

（二）乡村人才队伍提升工程

1.壮大新型职业农民队伍。新型职业农民队伍人数越多，农业农村就越有发展动力。《湖南省新型职业农民培育办法》实施以来，湖南省各地广泛开展新型职业农民培训和职称评定工作，充分发挥各类涉农院校教育培训功能，打造教育示范基地，加快构建"专门机构＋多方资源＋市场主体"的农民教育培训体系，启动优秀农民境外培训计划，支持新型职业农民参加农业职业教育和继续教育，5 年内培养 5 万名农民大学生。② 到 2022 年，全省新型职业农民总数达到 80 万人。

2.充实农技推广和农村经营管理队伍。重建县乡村三级农技推广体系，全面实行乡镇农技推广人员"管理在县、服务在乡（镇）"管理体制。基层农技推广人才可以从农村户籍考生定向招录，也可做"农技特岗"每年公费培养。基层农村经营管理队伍可以与农业职业经理人队伍重叠，定编定员，政府与市场相结合，打造一支与农村土地"三权分置"、农村集体产权制度改革工作相适应的基层农村经营管理人才队伍。

---

① 参见《我省出台乡村人才振兴行动计划》，《湖南日报》2019 年 3 月 21 日。

② 参见《我省出台乡村人才振兴行动计划》，《湖南日报》2019 年 3 月 21 日。

3.提升农村技能人才队伍。湖南省已建立 3 个省级层面的农村实用人才培训基地，着重对农村实用人才进行有计划的培训，每年完成培训 3000 人次。实施"乡村工匠"工程，每年培育 200 名以上的田秀才、土专家，成为种田能手、传统技艺传承人。①互联网时代，农村电子商务一样具有巨大发展空间，实施农村电子商务培训计划。湖南的"行动计划"提出每村要培养至少两名懂电脑、玩转电商的实用型人才。②

4.发展社会工作人才队伍。农村社区化服务与建设，是乡村振兴战略的重要内容，社会工作专业人才紧缺，湖南省出台的"行动计划"要求乡镇民政、劳保、司法、卫生计生等部门工作人员都行动起来，直接纳入社会工作人才队伍管理范围。③

5.建强农村党组织人才队伍。党的村级组织是乡村振兴战略的具体组织者和实施者，其能力来自每一名村干部和党员。首先，把土专家、田秀才和致富能手发展成党员；其次，选优配强村党组织带头人，注重从本村能带领村民致富的党员、复员退伍军人和返乡优秀人才中的党员中培养选拔，全面提高村党组织书记能力水平；再次，完善大学生村干部制度，吸引大学生党员和各类社会精英中的党员干部到村任职；最后，对农村党员严管厚爱，加大从优秀农村干部中选拔乡镇领导和招录公务员力度。④

（三）支农助农人才集聚工程

1.选派科技人才下乡开展科教扶智。湖南省从科研院所和高校选派科技副县长，组建科技扶贫专家服务团，各地政府从教育、卫生、农业、商务、交通等部门选派科技特派员深入乡村基层和田间地头，推动科技人才向贫困县、贫困村全覆盖；深入实施"万名"工程，每年将有 1 万名科技人员服务

① 参见《土专家、田秀才只管干，十百万资金资助不在话下》，红网，2019 年 3 月 22 日。

② 参见陈丽安：《湖南出台乡村人才振兴行动计划农民也可以靠本事评职称》，红网，2019 年 3 月 21 日。

③ 参见鞠进增：《农村社区建设从重视社工人才起步》，《乡镇论坛》2008 年第 20 期。

④ 参见《湖南印发〈湖南省乡村振兴战略规划（2018—2022 年）〉》，华声在线，2018 年 12 月 12 日。

农业农村；建设科技成果转化示范县，培养专业科技服务机构，培养基层科技创新创业人才。

2.吸引城市专业人才服务乡村。走城乡结合、城乡一体发展之路是未来大趋势。只要乡村有城市一样周到的公共服务，有方便快捷的电子商务，有充分的可供选择的就业岗位，有更加广阔的事业发展空间，等等，会有更多的城市人下乡，会有更多的企业投资乡村，会有更多的新乡贤返回农村。完善下乡落户制度、提高乡村教师待遇、改善投资环境、加强基础设施建设等就成为亟须解决的大事。

3.鼓励青年人才回乡下乡创新创业。完善大学生村干部制度，继续实施高校毕业生"三支一扶"计划、农村教师特岗计划和志愿服务西部计划，引导人才向基层流动、在一线成长成才。加大公共管理和社会服务岗位政府购买力度，吸纳高校毕业生到农村基层创业就业。

4.促进第一书记更好发挥"一线尖兵"作用。坚持选优派准训强第一书记，在实现对贫困村、党组织软弱涣散村选派第一书记全覆盖的基础上，全面推行向集体经济空壳村薄弱村选派第一书记。在有条件的市州、县市区成立专门机构，探索选派乡村振兴指导员、乡村振兴驻村工作队。

（四）人才发展环境优化工程

1.创新人力资本开发方式。建立健全自主培养与人才引进相结合，职业教育、学历教育相结合，技能培训和实践锻炼相结合等多措并举的人力资源开发新机制，提高农村人才培养的针对性、科学性和实用性。建立稳定的乡村人才补充渠道，对农业专业性强的岗位，政府建立农技岗位购买制度，从在外人才中聘用一批真正懂农业、爱农村的急需专业技术型人才。

2.创新农村基层人才选拔机制。坚持把乡村一线作为培养锻炼干部的主阵地，对政治过硬、实绩突出、群众公认的干部人才，优先提拔使用。扩大乡镇公务员考录规模，落实艰苦边远地区乡镇公务员考录政策，适当降低进入门槛和开考比例，允许各地拿出一定数量的职位面向本市州、县市区户籍或在本市州、县市区长期生活工作的人员招考。每年乡镇级公务员招录中，专门面向村（社区）党组织书记、村（居）委员会主任设置职位，原则上不低于考录职位总数的2%。①

3. 创新人才待遇保障政策。允许深入基层、埋头苦干的乡村各类人才以提供的增值服务合理取酬。实施农村基层教育卫生人才特殊岗位津贴政策。实施武陵山片区教育卫生人才特殊支持政策，在配套项目支持、对口支持、资金支持和编制等方面给予适当倾斜。建立新型职业农民、乡村医生能够参加的统筹城乡的社会保障制度。提高村主干、村集体经济组织负责人岗位报酬，并可参照企业工作人员"五险"政策，享受退休待遇。

4. 创新人才发展上升机制。结合"放管服"改革，鼓励有条件的地方对服务基层、扎根乡村的党政干部实行绿色考核，在职务职级评定中适当倾斜。深化农业系列专业技术职称申报评价改革，充分发挥人才评价"指挥棒"作用，科学设置标准条件，打破学历、资历、论文限制，实行倾斜政策，向创新人才倾斜、向立足基层倾斜。积极探索"定向评价、定向使用"的评价办法。强化服务基层的业绩贡献评价。

5. 创新人才激励奖励措施。在推荐、选拔国家百千万人才工程人选、享受国务院政府特殊津贴专家、湖南省优秀中青年专家、湖湘青年英才、湖南好医生、湖南省优秀教师、最美基层文化人等国家级或省级人才时，注重向在农村工作时间长并为农业农村作出突出贡献的专业人才倾斜。设立"湖南省十佳农民"资助项目，每年评选一次，每人资助10万元。

由省委组织部牵头，成立省委人才工作领导小组，加强对乡村人才振兴工作统一领导，将乡村人才振兴工作纳入目标责任制考核体系，纳入实施乡村振兴战略实绩考核重要内容。②财政部门要加强财力统筹，优先保障乡村

---

① 参见《推动乡村人才振兴，湖南将这样做》，红网，2018年12月18日。

② 参见《郴州市推进乡村人才振兴的十条措施》，《郴州日报》2020年3月27日。

人才振兴所需资金。要加大政策宣传和舆论引导力度，营造全社会关心支持乡村人才发展的良好氛围。

第三节　鼓励社会人才投身乡村建设

鼓励和吸引社会各界投身乡村建设，包括动员大学专家教授、医生律师、企业家、机关单位干部、各类社会精英名流和技能人才，组织志愿者团队，开展持续的知识技能培训、投资兴业和社会服务，不断推动乡村事业发展。

一、鼓励社会人才积极投身乡村建设

（一）新乡贤回归乡村

新乡贤主要是两类人，一类是长驻农村的基层干部、身边的道德模范、返乡创业青年、优秀传统传承者等；另一类是选择回乡生活的退休干部、教师、企业家等。他们文化素养较高，社会经验丰富，运用各种社会资源能力强，是现代与传统最好的结合者，能引领乡村潮流，是实施乡村振兴战略不可多得的力量。[1]

1.促进人才"止血"回流。近年来，因大量劳动力外出务工，我国农村人才"失血""贫血"现象日益凸显，留在农村的大多是"38、61、99部队"。随着党的十九大提出乡村振兴战略和2018年、2019年中央一号文件的强力推出，国家对"三农"问题空前重视，新乡贤返乡留乡发展迎来了更好的机遇，很多乡贤积极为乡村建设献计献策、引资引智，乡村社会获得了发展生机。新乡贤是乡村众多人才中一股重要"血液"，对乡村振兴起着十分重要的作用。

2.补齐乡村人才短板。新乡贤是新时代乡村社会新思想、新观念、新科

---

① 参见袁楠楠：《培育新乡贤助力乡村振兴》，《改革与开放》2019年第11期。

技的宣讲者和影响者，在与乡村社会再次融合过程中，与传统文化碰撞将产生强烈震荡，将深深地影响着乡村发展的未来。这一过程相辅相成，既吸引更多的优秀人才返乡助乡，又能激发乡村原本力量不断成长成熟，把他们对乡村的情感和对乡村发展的渴望发挥到极致。这是新乡贤"输血"与"原有血液"的相互作用和乡村更好发展的共同促进。

（二）"三支一扶"助力乡村

2006 年，中组部、人事部等八部门联合发出《关于组织开展高校毕业生到农村基层从事支教、支农、支医和扶贫工作的通知》，启动高校毕业生"三支一扶"计划已经连续 14 年，我国每年都招录超过 2 万名高校毕业生，主要安排到农村基层从事 2 年至 3 年的支教、支农、支医和扶贫工作。① 这一计划的实施对深刻改变边贫地区人才奇缺问题具有特殊意义。

1.加强培养使用，注重作用发挥。中央每年都会对"三支一扶"人员有不少于 8000 人次专业技术和技能培训，各地也要将"三支一扶"人员纳入行业人才培训对象范围，认真组织实施相关能力提升计划，开展岗前、在岗和离岗培训；各地要严管厚爱"三支一扶"人员，落实各项管理制度，明确岗位职责，做好"传帮带"；要依据政策安排推选"三支一扶"人员兼任基层服务单位相关职务；鼓励"三支一扶"人员积极参与开展网络扶贫工作。

2.提高补助标准，完善服务保障。自 2018 年 9 月 1 日起，中央财政提高"三支一扶"人员工作生活补助标准，东、中、西部地区分别按每人每年 1.2 万、2.4 万、3 万元给予补助，其中新疆、西藏有关地区按每人每年 4 万元给予补助；新招募且在岗服务满 6 个月的人员可获得一次性安家费 3000 元。地方政府加大配套资金支持力度，按时足额发放工作生活补贴，全面落实社会保险政策，确保各项待遇落实到位。有条件的地方为"三支一扶"人员缴纳"五险一金"，建立年度考核奖励机制。

3.加强关心关爱，促进干事创业。各地要安排好"三支一扶"人员包括

---

① 参见《八部门联合启动"三支一扶"计划》，《领导决策信息》2006 年第 11 期。

食宿、交通、休假等在内的基本工作生活条件，解决后顾之忧。要在思想上加强沟通、生活上加强关心、工作上加强指导，搭建多渠道、多形式交流平台，组织开展节日慰问座谈等活动，用事业留人、感情留人，激发"三支一扶"人员投身基层干事创业热情。要积极做好在艰苦边远地区扶贫一线服务的"三支一扶"人员安全管理工作，提高安全防范意识，建立安全风险保障机制，加强安全防范措施。

4.强化期满服务，鼓励扎根基层。以鼓励留在基层为重点，完善期满流动政策，加强服务，促进有序流动、多渠道发展。可以从考核合格人员中定向招录公务员和优先招聘进事业单位工作。帮助期满人员享受落户、升学、就业、创业等政策，举办专场招聘会、扶持基层创新创业、落实升学加分等。要将留在基层继续工作的"三支一扶"人员纳入高校毕业生基层成长计划，重点跟踪培养，构建短期与长期相结合、服务与工作相配套的引导鼓励高校毕业生到基层工作体系。

5.开展主题宣传，营造良好氛围。要注重开展思想教育，通过组织培训、演讲、征文比赛、论坛等活动，弘扬以"勇于担当的责任意识、甘于奉献的精神追求、全心全意的服务态度、锐意进取的创新激情"为主要内容的"三支一扶"精神。持续开展主题突出、形式多样的宣传报道活动，宣传"三支一扶"计划的重要意义，宣传优秀典型的先进事迹，扩大社会影响力，营造良好社会氛围。全国"三支一扶"办将适时开展最美基层大学生主题宣讲活动，展示新时代大学生投身基层、勇于实践的新作为新风貌。①

（三）"乡村合伙人"发展乡村

2019年2月，湖南省广电系列乡村振兴文旅纪实节目《乡村合伙人》一经播出就引起社会各界关注。节目中的典型村庄，明星与企业家组成的

---

① 参见中共中央组织部办公厅人力资源社会保障部办公厅等九部门办公厅关于做好2019年高校毕业生"三支一扶"计划实施工作的通知，人力资源市场司，2019年3月14日，见 http://www.mohrss.gov.cn/SYrlzyhshbzb/jiuye/zcwj/renliziyuanshichang/201903/t20190318_312353.html。

"乡村合伙人"深入乡间田舍，发掘特色文旅产品，带来合伙发展新点子，为乡村发展办实事。什么是"乡村合伙人"？《乡村合伙人》执行制片人黄杏认为乡村振兴不是政府也不是个人力量就能够做成的，而是要靠社会力量共同来完成。黄杏认为合伙人有4类，第一类是村民，第二类是企业家，第三类是文旅专家，第四类就是媒体。

1. 众人拾柴效果显著。在《乡村合伙人》首期节目中，3位"合伙人"通过对邵阳市隆回县崇木凼村的考察，达成合作意向。"合伙人"湖南雪峰山生态文化旅游公司董事长陈黎明说，合伙模式放大了乡村的资源优势，将资源变成资本。合伙项目推动了当地基础设施建设，解决了本地居民的就业和创业问题。湖南省文化和旅游厅党组成员、副厅长高扬先认为，通过"合伙"，能够吸引社会各界有识之士投身乡村，可以探索乡村振兴的"湖南模式"。政府支持、专家策划、企业投资、媒体宣传、村民肯干——五家"合伙"可谓众人拾柴火焰高。

2. 博采众长精准"合伙"。《乡村合伙人》节目先后走进比较原始的村落、开始接触外界的村落和已有基础的村落。黄杏说，"合伙人"不仅要帮落后村落发展，也要总结发展中的村落经验，要取长补短。"合伙人"还通过借鉴国内外乡村振兴经验，选取可行模式与当地特色融合；多渠道招募"合伙人"，让越来越多的有识之士参与乡村振兴；"合伙人"围绕产业振兴、人才振兴、文化振兴、生态振兴、组织振兴五个方面，精准解决乡村发展中的各类问题。①

二、构建社会人才投身乡村建设的政策环境

农村基层党组织要坚持党管人才原则，采取多种方式培养壮大人才队伍，为乡村振兴提供人才支撑。乡村振兴要靠人才、靠资源，要抓好招才引

---

① 参见田美琪、高慧：《湖南：旅游＋综艺"乡村合伙人"助力乡村振兴》，《中国旅游报》2019年4月16日。

智，我们要让各路英豪都乐意"上山下乡"，到农村广阔舞台建功立业。乡村振兴，农村基层党组织责任重大，要把人才工作做好，吸引、培养各类优秀人才投身乡村振兴建设。

（一）创新聚才政策

近年来，湖南省积极创新人才政策，努力破解农村人才瓶颈制约。2018年，湖南省推出"芙蓉人才行动计划"，全面掀起专业技术人才、大学毕业生到农村扶贫、扶智、扶业新高潮。随后，出台《关于切实加大工作力度进一步推进芙蓉人才行动计划落实落地的方案（2018—2020年)》，全面实施固基兴业扶才工程，扶持基层基础，引导人才向老少边贫地区和基层一线流动。

1.培养和造就乡村本土人才。打造一支有文化、懂技术、会经营的"乡村能人"队伍，让本土人才发挥"领头雁"作用，是推进乡村人才振兴的关键举措。湖南省在全省110多个县市区大力实施新型职业农民培育工程，通过强化能力素质培训、生产经营服务、产业政策扶持等，帮助职业农民在农业现代化的实践中快速成长。根据全省各地产业规模、农业人员规模、新型职业农民培育需求，轮训新型农业经营主体带头人。同时，通过开展农村实用人才带头人和大学生村干部示范培训、美丽乡村示范创建村支部书记培训、农产品加工和休闲农业企业职工技能培训等，为脱贫攻坚、乡村振兴铸就了一支强有力的生力军。

2.鼓励和引导人才向乡村流动。（1）升级科教"扶智"模式，支持更多人才到乡村奉献才智。近几年，湖南省在全省推进团队式、成建制人才对口帮扶，有针对性地为51个贫困县选派了科技特派员，并任命一名科技副县长，组成不少于10名科技扶贫专家的服务团，对贫困县、贫困村全覆盖。（2）突出青年人才培养，引导更多人才回乡下乡振兴事业。出台鼓励高校毕业生到基层工作的意见，提出一系列创新举措。每年实施高校毕业生"三支一扶"计划、农村教师特岗计划、志愿服务西部计划，每年分别招录大学毕业生400人、5000人、150人，还实施了"定向师范生""农村订单定向医学生""农技特岗生"公费培养计划。每年各类专项计划共引导近1.5万名大学生服务农村基层，大大增强基层公共服务能力。①

（二）做实基础工作

汇聚外部力量，引导社会各类人才投身乡村建设。推动建立统一的城乡人才管理机制，完善城乡一体的社会保障体系，畅通要素流动通道，吸引外出农民工、农村大学生、退伍军人等热爱农村、返乡创业，引导社会人才、新乡贤关注农村、支持农村、服务农村。②目前，基层农村特别是贫困地区人才引不进、留不住的情况还是比较突出。为解决这一问题，湖南省在农村基层人才选拔、工作保障、上升空间、发展环境等方面加大了工作力度。

1.注重人才选拔。可以在乡镇公务员考录中，拿出相当数量职位面向本地区户籍或在本地区长期生活工作的人员招考，甚至可以降低门槛、开考比例。落实艰苦边远地区乡镇公务员考录政策。在每年的公务员考录中专门面向村（社区）党组织书记、村委会（社区）主任设置职位，近年来专门安排了131个乡镇职位计划面向在任的优秀村（社区）党组织书记、村委会（社区）主任招录。

2.加强工作保障。针对连片特困地区农村教育卫生人才匮乏的突出问题，实施武陵山片区教育卫生人才特殊支持政策，配套项目支持、对口支持、资金支持和编制适当倾斜。实施农村基层教育卫生人才特殊岗位津贴政策，湖南省财政每年投入5亿多元，惠及农村10万名教师、2万名医生。

3.拓展上升空间。在专业技术人才职称申报评审时可以适当倾斜，在学历、任职年限等方面放宽要求，要结合其在边贫地区和基层工作的工作业绩、服务年限以及工作效果，打消顾虑，坚定服务乡村基层的信心和决心。

4.改善发展环境。加大对农业科技园区、返乡青年创业园区、农业企业、涉农高校院所、农民专业合作社和其他农村技术服务组织的支持扶持力度，比如，落实双创扶持政策、完善基础公共服务、增加政府购买比重，等

---

① 参见孙敏坚：《六大工程助力芙蓉人才行动计划落地》，《湖南日报》2018年7月13日。

② 参见施建荣：《乡村振兴战略下农民教育与人才培养的探究》，《中国农村教育》2020年第16期。

等，使之有更大的吸纳能力，成为社会各界人才都能大显身手的舞台。

（三）实施倾向性政策

1.提升乡村吸引力。乡村吸引力一方面来自乡村的文化底蕴、自然风景、社会和谐、宜居怡情，另一方面则是比较完善的基础设施和公共服务、比较理想的薪资报酬、比较广阔的发展空间。各级地方要优化人才引进条件，完善人才激励机制，改善乡村面貌，加大乡村经济发展，缩小城乡差距，引导文化认同。

2.实施倾向性政策。为一切愿意投身乡村振兴的各界人才提供政策支持和人文关怀是基层政府和农村基层组织应尽的责任。在住房、教育、就业、医疗、养老等方面加大政策倾斜力度。适当放宽落户条件，为下乡返乡人才制定专门的创新创业扶持政策，在资金、项目、服务方面特事特办。①

（四）培养乡村干部

一名合格的乡村干部和一支优秀乡村干部队伍对于乡村发展是必不可少的。乡村干部包括村支"两委"一班人，也包括乡镇政府工作人员。可以完善大学生村干部选拔任用制度，可以把致富能手、土专家、农业经理人、复转军人等优秀分子选进村级班子，提高村干部工资待遇，加强村干部培训；提高乡镇干部福利水平，落实职级待遇，通畅选拔通道。总之，充分调动一线干部干事创业热情和激情。②

三、创新社会人才投身乡村建设的体制机制

体制机制说到底就是成长环境。社会各类人才能否发自内心、全心全意投身乡村振兴的伟大实践，根本来说还要在涉及创业兴业、安居乐业上下功夫。需要在实施大学生村干部、"第一书记"、"三支一扶"等人才计划过程中创新体制机制，需要在吸引企业家、专家学者、离退休人员、党政干部以

---

① 参见王文成：《为乡村振兴提供人才"引擎"》，《人民论坛》2018年第30期。

② 参见李仪：《为乡村振兴提供智力支撑和创新动力》，《学习时报》2018年8月3日。

及各类精英人才返乡下乡中创新体制机制。

（一）允许符合要求的公职人员回乡任职

2018 年中央一号文件提出，要研究制定管理办法，允许符合要求的公职人员回乡任职。①"公职人员回乡任职"具有广阔的体制发展空间，这一制度设计对于加强乡村干部建设和人才振兴意义重大。哪些人可以回乡任职？回哪里任职？政策设计应该是，在职或临近退休公职人员，包括城市政府中的公务员、国有企事业单位、高校以及科研院所工作人员可纳入范围，已退休的上述公职人员也可回乡任职。原则上要返回原籍，主要是回到村里。

1.激发干部创业热情。我们可以通过探索创新，打破城乡分割的体制藩篱，通过建机制、搭平台、强优惠、给荣誉，鼓励公职人员回乡任职。可以建立相关配套措施，比如原职务保留、闲置宅基地农房优惠租赁、提高新乡贤话语权等。可以允许回乡公职人员参加村干部竞选。

2.改善干部生活条件。回乡任职一般指回村任职，条件自然没有城市单位好。要留住回乡任职的公职人员，应该先关心和帮助他们解决生活难题，比如住房问题；落实回乡任职人员福利待遇；引导村民对回乡任职人员的认同，使回乡任职人员有归属感。

3.创新干部培养方式。做好公职人员回乡任职前的思想动员和对优秀干部的选派。建立干部回乡任职档案，严格在村任职期间业绩考核，考核作为选派单位考核依据，任期考核将是干部提拔任用的重要依据。

4.探索干部交流机制。许多公职人员空有理论知识，没有基层工作经验，这对于我们国家的发展和建设是很不利的。我们应当用更加大胆的交流机制，培养、选派国家公职人员到村竞选村干部，重点选派县处级、科级后备干部到村任职，鼓励他们积极投入乡村振兴建设工程。

---

① 参见唐怡岚：《"五机制"让公职人员回乡任职》，《中国乡村发现》2018 年第 2 期。

（二）开展乡村振兴"巾帼行动""青春建功行动"

1.乡村振兴"巾帼行动"。为深入学习贯彻党的十九大精神，贯彻落实全国妇联《关于开展"乡村振兴巾帼行动"的实施意见》和湖南省委、省政府《关于实施乡村振兴战略开创新时代"三农"工作新局面的意见》，团结动员广大妇女积极投身乡村振兴的伟大实践。2018年5月21日，湖南省妇联下发《湖南省妇联"乡村振兴巾帼行动"实施方案》。方案明确指出，农村妇女在培育文明乡风、淳朴民风、良好家风中发挥着独特作用，要求认真研究解决农村留守妇女儿童生存发展、权益保障方面的突出问题；开展创建"文明家庭"、"最美家庭"和"农村妇女素质提升计划"等系列活动，培养新型职业女农民，提升农村妇女致富能力，让乡村女性成为风景。①

2.乡村振兴"青春建功行动"。2019年3月，团中央印发了《关于深入开展乡村振兴青春建功行动的意见》，以服务、凝聚、培养青年人才为切入点，组织动员广大青年投身乡村振兴的伟大实践。②我们要建立青年乡村建功机制，保护创业成果和合法权益，设立研究基金，建立乡村振兴人才培训交流储备平台和青年人才智库。③据悉，共青团十八大以来，湖南共青团先后开辟了3万多个就业岗位，多次举办返乡青年创业就业推进会，为各类青年人才投身乡村搭建了平台。

（三）创新乡村人才培育引进使用机制

乡村人才培育与引进因其发展环境、人文环境和历史背景，使其具有特殊性，在人力资源开发、城乡人才交流互动时就应充分考虑现实矛盾，创新方式方法，促成社会各类人才会聚到乡村振兴战略的实施中来。

1.激活人才要素。多途径增加人才储备，通过政府购买服务提升新型职业农民培训效率，通过设立各种奖励基金培养乡村本土人才；改善乡村发展

---

① 参见《长沙市妇联开展"乡村振兴巾帼行动"》，潇湘女性网，2018年7月16日。

② 参见李立红：《团中央部署开展乡村振兴青春建功行动》，《中国青年报》2019年3月28日。

③ 何翠云：《青年乡村建功的长效机制》，《中华工商时报》2019年4月17日。

环境吸引资本下乡恋乡；保障乡村人才利益，深化农业系列职称改革，建立双聘机制，支持技术入股，实现股权分红。

2.引进与培育相结合。可以在县域内探索人才统筹使用和乡村人才定向委托培养相结合的制度，实行岗位编制适度分离，引领社会各类人才投身县域和农业农村发展，通过政策招揽、岗位吸引和培训提高，为县域经济社会发展打造一支创新发展主力军。①

3.加强队伍管理。只有纪律严明的队伍才是最具战斗力的队伍。加强乡村人才队伍建设，重在管理。改善条件、提高待遇、打造平台等都是为了使乡村人才能安心农村，更好工作。严管厚爱，要把平时考核和年度考核结合起来，要把群众满意不满意作为衡量工作能力的重要标准，要真正体现乡村人才精神风貌，也是这支队伍能在未来担当大任的重大考验。

---

① 参见郭晓鸣等：《实施乡村振兴战略的系统认识与道路选择》，《农村经济》2018年第1期。

第十一章　强化乡村振兴投入保障

投入是乡村振兴的关键要素，《乡村振兴战略规划（2018—2022年）》对乡村振兴投入保障机制提出了十分明确的要求。乡村振兴投入主体多元化，财政要充分发挥优先主体地位，同时要充分激发和调动社会投资主体的积极性和主动性；乡村振兴的投入保障机制多元化，财政优先保障，金融重点倾斜，社会资本积极参与；要创新投融资机制，确保各主体对乡村振兴投入力度不断增强，总量持续增加，从而有效保障乡村振兴投入可持续发展。

第一节　完善乡村振兴多元投入保障机制

乡村振兴战略要求投入主体多元化。财政投入优先保障，确保财政投入持续增长，逐步提高财政投资比例，突出财政重点扶持领域；金融重点倾斜，明确各类金融机构职能定位，完善金融支农服务体系，加快乡村振兴征信体系建设；引导乡村振兴社会资本投资，大力推进政府与社会资本合作，积极规范引导社会资本参与乡村振兴。

一、强化乡村振兴财政投入保障

（一）确保财政投入持续增长

建立健全实施乡村振兴战略财政投入保障制度，公共财政加大向"三农"倾斜力度，确保财政投入与乡村振兴目标任务相适应。优化财政供给结构，推进行业内资金整合与行业间资金统筹相互衔接配合，增加地方自主统筹空间，加快建立涉农资金统筹整合长效机制。充分发挥财政资金的引导作用，撬动金融和社会资本更多投向乡村振兴。切实发挥全国农业信贷担保体系作用，通过财政担保费率补助和以奖代补等，加大对新型农业经营主体支持力度。加快设立国家融资担保基金，强化担保融资增信功能，引导更多金融资源支持乡村振兴。支持地方政府发行一般债券用于支持乡村振兴、脱贫攻坚领域的公益性项目。鼓励地方政府试点发行项目融资和收益自平衡的专项债券，支持符合条件、有一定收益的乡村公益性项目建设。规范地方政府举债融资行为，不得借乡村振兴之名违法违规变相举债。加强涉农资金监管，提高涉农资金使用效率。

（二）逐步提高财政投资比例

调整土地出让收入使用范围，进一步提高农业农村投入比例。贯彻习近平总书记关于解决土地出让收益长期以来"取之于农，用之于城"问题的重要指示，配合有关部门调整完善土地出让收入使用范围，分阶段逐步提高用于农业农村的投入比例。落实高标准农田建设等新增耕地指标和城乡建设用地增减挂钩节余指标跨省域调剂政策，加强资金收支管理，将所得收益通过支出预算全部用于支持实施乡村振兴战略和巩固脱贫攻坚成果。

（三）突出财政重点扶持领域

政府投资重点支持农业绿色生产、可持续发展、农村人居环境整治、基本公共服务等领域和薄弱环节。采取设立产业投资基金、先建后补、以奖代补等方式提高投资效益，允许相关政府性投资基金以资本金方式投入"三农"领域确需支持并符合条件的经营性项目。落实以绿色生态为导向的农业补贴和对农民直接补贴制度，完善农机购置补贴政策。推进行业内涉农资金整合与行业间涉农资金统筹，加快建立涉农资金统筹整合长效机制。

二、加大乡村振兴金融支农力度

（一）厘清各类金融综合服务系统的职能定位

在实施乡村振兴战略中，要明确各类金融机构的职能定位，发挥好各自的特点和优势，防止一哄而上打乱仗。政策性金融作为一种结构性的资源配置手段，坚持社会效益优先，为国家特定的战略意图和产业目标服务，是解决不平衡不充分发展问题的重要抓手。发挥好政策性金融的先导引领和示范带动作用，努力争当金融支持乡村振兴的主力和骨干。大型商业银行要立足普惠金融事业部等专营机制建设，完善专业化的"三农"金融服务供给机制，明确支农责任，严防脱实向虚，重点在支持农村产业发展上发力，特别是加大对地方主导产业及大中型龙头企业的支持。农商行、农信社等合作性金融机构要发挥机构网点优势，进一步下沉服务重心，把支持"三农"作为主战场，不离农、不脱农，重点支持农村中小企业、新型农业经营主体和农户发展生产。

（二）健全金融综合服务系统支农组织体系

完善金融综合服务组织体系，为乡村新设金融机构开辟绿色通道，鼓励更多的金融机构在乡村设立分支机构。加大农业银行、邮政储蓄银行对乡村振兴的支持力度。发挥国家开发银行、农业发展银行支持乡村振兴的职责作用，加大长期政策性信贷支持，保持农村商业银行地位和数量总体稳定。完善村镇银行准入条件，鼓励企业法人、自然人等各类社会资本参与村镇银行的设立和增资扩股，实现村镇银行县域全覆盖。通过财政补贴、税收减免、通信优惠、专项资金支持等形式，对积极参与农村支付服务环境建设的机构给予支持。

（三）加快乡村振兴征信体系建设

制定乡村振兴信用体系建设考核办法，调整完善信用建设评价指标，通过优先授信、优惠利率，发放无抵押免担保的贴息贷款和小额信用贷款；建立适合中小企业特点的信用征集系统、评级发布制度以及失信惩戒机制，提高企业信用透明度。建立农户信用信息档案管理系统，完善信用平台建设和公共信用信息共享机制。推动"三农"征信数据库建设，重点做好农村低收入群体、小微企业等基础信息收集、加工和评价工作。

（四）湖南省金融支持乡村振兴整体情况

湖南省农村金融市场在改革的同时逐步建立起包括政策性银行、商业性银行、合作性金融机构在内的多层次农村金融体系。同时，创新投入机制，改进投入方式，引导民间金融机构、小额信贷组织以及新兴涉农互联网金融机构投入乡村振兴。

金融支持乡村振兴的力度不断加大，涉农信贷规模逐年增加。截至2019年底，全省金融机构本外币涉农贷款余额12533.03亿元，同比增长11.03%，占各项贷款比重为23.7%，高于上年1.1%。其中，农业银行涉农贷款余额1115.7亿元，同比增长19.1%；国开行涉农贷款余额1108.6亿元，同比增长15.9%；农发行涉农贷款余额1842.5亿元，同比增长11.8%；全省农商行系统涉农贷款余额4258.6亿元，同比增长9.5%；邮储银行涉农贷款余额688亿元，同比增长5.3%（见表11—1）。

表11—1　2019年湖南省主要涉农金融机构涉农贷款情况统计表

金融机构	2019年（亿元）	较2018年增加（亿元）	同比增长（%）
农业银行	1115.7	179.1	19.1
国家开发银行	1108.6	152.3	15.9
农业开发银行	1842.5	194	11.8
农村商业银行系统	4258.6	348	9.5
邮政储蓄银行	688	34.3	5.3

资料来源：中国人民银行长沙中心支行。

从地域分布看，农村（包括县及县以下，下同）贷款11226.15亿元，同比增长11.79%，占各项贷款比重22.6%。其中，农户贷款5954.88亿元，比上年同期增加510.73亿元，同比增长9.7%，占各项贷款比重11.23%；农村企业及各类组织贷款6171.26亿元，比上年同期增加673.3亿元，同比增长12.25%，占各项贷款比重12.8%（见表11—2）。

表11—2　2019年湖南省金融机构本外币涉农贷款分地域统计表

贷款类别	余额（亿元）		当年新增额（亿元）		同比增长（%）
	本期	占各项贷款比重（%）	本期	占各项贷款比重（%）	
（一）农村贷款	11226.15	27.5	1184.03	22.6	11.79
1.农户	5954.88	12.4	510.73	11.23	9.7
2.农村企业及各类组织	6171.26	15.1	673.3	12.8	12.25
（二）城市涉农贷款	1306.88	3.2	61.39	1.2	4.94
1.企业及各类组织涉农贷款	1266.25	3.1	49.45	0.9	4.08
2.非农户个人农林牧渔业贷款	40.63	0.1	11.94	0.2	41.29

资料来源：中国人民银行长沙中心支行。

从受贷主体看，个人涉农贷款5095.51亿元，同比增长11.42%；企业涉农贷款7090.78亿元，同比增长10.81%；各类非企业组织涉农贷款346.74亿元，同比增长9.85%（见表11—3）。

表11—3　2019年湖南省金融机构本外币涉农贷款分受贷主体统计表

贷款类别	余额（亿元）		当年新增额（亿元）		同比增长（%）
	本期	占各项贷款比重（%）	本期	占各项贷款比重（%）	
（一）个人涉农贷款	5095.51	12.5	522.67	10	11.42
1.农户贷款	5054.88	12.4	510.73	9.7	11.23
2.非农户个人农林牧渔业贷款	40.63	0.1	11.94	0.3	41.29
（二）企业涉农贷款	7090.78	17.4	693	13.2	10.81
1.农村企业贷款	5854.62	14.3	645.09	12.3	12.36
2.城市企业涉农贷款	1236.36	3	47.91	0.9	4.04
（三）各类非企业组织涉农贷款	346.74	0.9	29.76	0.6	9.85
1.农村各类组织贷款	316.64	0.8	28.21	0.5	10.29
2.城市各类组织涉农贷款	30.1	0.1	1.55	0.1	5.43

资料来源：中国人民银行长沙中心支行。

三、引导乡村振兴社会资本投资

（一）大力推进政府与社会资本合作

创新项目商业运营模式、挖掘项目内部价值，建立项目合理收益机制，将项目建设与优质资产资源开发整体打包，吸引社会资本积极主动参与乡村振兴。同时要激发和调动农民投身乡村振兴，为乡村振兴投资、投劳。农民用于乡村振兴的投资、投劳，不能当作加重农民负担。我国农村是集体所有制经济，要深化农村集体产权制度改革，挖掘集体土地等各类资源资产的价值潜力，增加集体经济收入。集体经营性建设用地入市交易试点成功并转化成为法律制度后，对土地增值收益的调节收入，坚持取之于土用之于农的原则，全部用于乡村振兴。区分乡村公益性和经营性建设项目，撬动更多社会资金投入乡村振兴。推动建立完善国家、集体、社会资本和农民之间合理的利益分享机制，推动各类生产经营主体与农民建立紧密的利益联结机制。

（二）积极规范引导社会资本参与乡村振兴

深化行政审批制度改革，优化投资环境，减少社会资本投资乡村振兴的制度障碍，凡是法律没有明文禁止的领域，社会资本都可以参与。地方政府制定鼓励引导工商资本参与乡村振兴的办法，简化和落实融资贷款、配套设施建设补助、税费减免等政策。应注重引导社会资本投向农村集体经济组织和农户干不了、干不好的领域。例如，应引导社会资本到农村发展适合企业化经营的现代种养业、农业服务业、农产品加工业，引领农业供给侧结构性改革和转型升级。完善政务公开制度，通过多种渠道和形式，及时发布财政支农项目政策、项目申报信息等，确保项目立项公平公正。

第二节　创新乡村振兴投融资机制

创新乡村振兴财政、金融、社会资本投融资机制，创新财政保障方式，用好用足用活农村土地政策；明确金融支持范围，扩大金融支持受益范围，积极探索金融支农服务创新，营造良好金融生态；创新社会资本参与乡村振兴机制，搭建投融资创新服务平台。

一、创新乡村振兴财政投入机制

（一）创新财政保障方式

一是优化财政投入方式。探索农业农村领域有稳定收益公益性项目推广PPP、特许经营权模式的实施路径。采取设立产业投资基金、先建后补方式提高投资效益，允许相关政府性投资基金以资本金方式投入"三农"领域确需支持并符合条件的经营性、准经营性项目。

二是创新财政支持方式。持续推进涉农专项资金统筹整合，增强乡村振兴财政资金支持合力。落实农村金融机构定向费用补贴政策，研究出台新一轮小微企业信贷风险补偿和奖励政策。加大涉农贷款财政贴息力度，支持农民合作社、家庭农场、农业产业化龙头企业发展。完善农业保险保费补贴政策，推广农业保险"以奖代补"创新项目做法。

三是加大产业基金投资力度。通过省级预算新增资金、相关专项资金筹集资本金政府筹资部分等途径，引导省内国有资本、金融机构、社会资本参与，设立乡村振兴基金，招募基金管理机构募集社会资本，重点支持湖南省乡村振兴主导产业、龙头企业做大做强。加大对郊区和乡镇产业园区建设、一二三产融合发展、污水管网建设和污水处理等投资；推动湖南省创业投资引导基金、天使投资引导基金大力支持符合条件的农业科技企业，湖南地区投资额不低于基金总投资额的70%。

（二）用好用足用活农村土地政策

农村土地所有权、承包权、经营权分置改革，是继家庭联产承包责任制后农村改革的又一重大制度创新。一是村庄整治、土地整理等节约的建设用地，优先保障新产业新业态发展需要。调整优化农村集体建设用地布局，鼓励乡村振兴建设等用地复合利用，全力发展农村一、二、三产融合产业。对乡村振兴中所需各类生产设施和附属设施用地，在不占用永久基本农田的前提下，纳入设施农用地管理，没有必要办理转用审批手续。二是严格落实乡（镇）总体空间规划，预留少量（不超过5%）规划建设用地规模，用于零星分散的单独选址农业设施、乡村旅游设施等建设。鼓励收储乡村闲置建设用地发展乡村振兴新产业新业态。农村建设用地使用权经评估后，可以作价入股与社会资本合股建设经营乡村旅游、产品加工等设施，所建设施经营权等可以转让。在不改变农村集体土地所有权、农民宅基地使用权、逢建必报的前提下，允许农村居民利用自有宅基地与社会资本、城市居民合作建房，租赁合作经营房产，共享收益。三是探索发行乡村振兴专项债券，以乡村振兴债券推动农村土地资本化，支持符合条件、有一定收益的乡村振兴项目建设，债券可支持乡村宅基地复垦、产业项目、基础设施等。如四川省泸县是全国农村土地制度改革试点县，先后开展了宅基地制度改革、农村集体经营性建设用地入市和农村土地征收改革试点。2018年发行乡村振兴债券第1期，总规模5亿元，期限5年，债券年利率3.75%，筹资成本明显低于商业银行贷款。债券支持的乡村振兴项目包括宅基地制度改革、产业发展、基础设施、生态环境保护等四大类，其中，宅基地制度改革项目为农村宅基地权属人自愿有偿退出，并对旧宅基地进行土地复垦整理，节余土地形成建设用地指标；产业发展项目包括花椒产业建设、果园产业建设和蔬菜产业基地建设；基础设施项目实施内容为村内通组路、公路桥、渡改桥和"四好"农村路建设；生态环境保护项目包括污水处理厂及配套管网设施改造、公共服务设施和区域共享垃圾压缩中转站建设。从改革试点县情况看，土地净收益比例在30%左右，实现项目内部收益平衡没有问题，2015年至2019年8月，泸县共出让集体经营性建设用地18宗，入市土地595亩，完成征改面积720亩，户均补偿4.2万元，村集体平均收益100万元（运行模式见图11—1）。

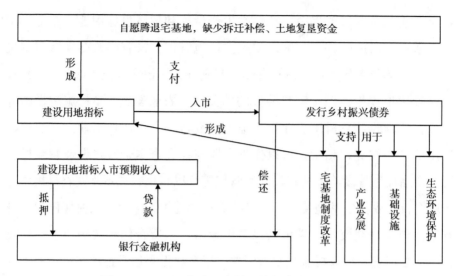

图 11—1　四川省泸县农村土地制度改革示意图

（三）货币政策用好用活

对符合条件的银行机构，加大再贷款、再贴现支持力度，对乡村振兴的再贷款需求给予全额满足。积极运用"先贷后借"报账模式发放再贷款，提高资金使用效率。加强乡村振兴再贷款合账管理，强化政策效果评估，确保乡村振兴再贷款资金全部用于发放乡村振兴贷款，优惠利率政策有效传导至乡村振兴经济主体。用好抵押补充贷款资金，提供低成本资金支持。中国人民银行对贷款资金的投向、用途和利率等定期开展监测评估和现场核查，金融机构保持同口径涉农贷款余额持续增长，实现普惠型涉农贷款增速总体高于各项贷款平均增速。适当提高不良贷款容忍度，金融机构普惠型乡村振兴贷款不良率高出自身各项贷款不良率 3 个百分点（含）以内的，可不作为监管评级和内部考核评价的扣分因素。对不良容忍度之内的普惠型涉农贷款，信贷相关人员已按规定履职并无重大过失的应予以免责。

二、创新乡村振兴金融综合服务机制

（一）厘清思路，明确金融支持重点领域

一是聚焦精准脱贫。扶持建档立卡贫困户，用好用足农户小额信用贷款、扶贫小额信贷、助学贷款、创业担保贷款、康复扶贫贷款等优惠政策，满足建档立卡贫困户生产、生活、创业等合理贷款需求。推动金融扶贫和产业扶贫结合发展，按照穿透式原则，建立金融支持与帮扶贫困户脱贫的挂钩机制。

二是聚焦粮食安全。开展高标准农田建设和农村土地整治信贷业务，推进农业科技与资本有效对接，持续增加对现代种业提升、农业科技创新和成果转化的投入。结合粮食收储制度和价格形成机制市场化改革，探索支持多元市场主体市场化粮食收购的有效模式。

三是聚焦产业融合。满足农产品粗加工、精加工业、智慧农业产品技术研发推广、农产品冷链仓储物流及烘干等现代农业重点领域的合理融资需求。大力发展农业产业化龙头企业及联合体，补链、强链、延链提高农产品附加值。充分发掘本地特色资源，推动休闲农业、乡村旅游、民宿和农村健康养老等产业发展。加大对现代农业产业园、农业科技园、农业产业强镇、特色小镇等的金融支持力度，推动产村融合、产城融合发展。

四是聚焦经营主体。针对不同主体特点，建立分类、分层的农业经营主体金融支持体系。支持农民合作社、家庭农场、龙头企业、农业社会化服务组织等新型农业经营主体，可以通过土地流转、土地入股、生产性托管服务等形式实现规模化，增强金融资源承载力。鼓励发展乡村振兴供应链金融，将小农户纳入现代农业生产体系，优化利益联结机制，依托龙头企业提高小农户和新型农业经营主体融资可得性。

（二）下沉重心，扩大金融支持受益范围

一是优化基层金融网点布设。各类涉农金融机构和组织进一步下沉服务重心，将县域存款主要用于当地乡村振兴经济发展，优化乡村金融基层网点布局，扩大乡村金融机构覆盖面，建立和完善以政策性金融、合作性金融、商业性金融为主，新型农村金融机构为辅，多层次、覆盖各乡村、功能较完善、分工较合理、可持续的乡村振兴金融服务体系。支持农村信用社县域法人地位长期总体稳定，继续发挥好支农主力军作用；培育和发展村镇银行、农村资金互助社、小额贷款公司等新型农村金融机构，鼓励、规范和引导民间资本进入金融领域；鼓励政策性和商业性金融机构回归乡村合理布局；规范发展乡村民间融资中介，建立分工合理、功能互补、竞争有序的多层次乡村金融组织架构。

二是优化农村支付服务环境。引导移动支付便民工程全面向乡村延伸，稳妥推进移动支付等方式覆盖县域及以下农村地区。推动助农取款服务点与金融扶贫服务站、农村电商服务站融合共建，升级改造助农取款服务，鼓励金融机构开发针对乡村电商的专属贷款产品和小额支付结算功能，打通乡村电商资金链条。积极推广"乡村振兴卡"，引导银行创新乡村振兴支付、信贷和信息化建设等解决方案。优化银行账户服务，推动支付结算服务从农民生活向农业生产、农村生态延伸。

三是加强农村就业创业金融服务。发挥湖南省创业担保贷款担保资金作用，简化担保手续，引导商业银行加大对新型职业农民、返乡创业大学生创业担保贷款投放。对金额 50 万元以下个人创业担保贷款，借款人免予提供抵、质押方式的反担保。推动省属金融机构做好新一轮农村综合帮扶，因地制宜创新金融服务。推动金融机构加强对农村集体经济组织资金的托管、理财、委托贷款等服务，满足农村集体资产保值增值需求。

四是加强公共服务金融支持。引导金融机构积极参与乡村医疗、教育、养老和健康产业投资，推出符合湖南乡村特色的文化、旅游、民宿信贷产品。推动保险机构对农村儿童、妇女、老人、残疾人、生活困难农户等特殊人群提供人身意外伤害保险、补充医疗保险和长期护理保险等关爱保障服务。

（三）开阔视野，积极推动金融支农服务创新

一是创新支农金融产品。着力从利率、额度、期限、风险控制、流程等方面入手，创设符合乡村振兴特点、满足农民需求的金融产品和服务。引导金融机构开展与农业生产经营周期相匹配的流动资金贷款和中长期贷款业务，简化贷款审批流程。加强续贷产品开发和推广，向优质涉农企业推广无还本续贷模式。推动创新农业大型机械、生产加工设备等融资租赁产品。通过农户小额信用贷款、财政风险补偿基金、核心企业增信等方式，支持小农户发展生产。积极对接农资供应、农技农机等农业经营性服务组织的资金需求，帮助小农户融入现代农业生产体系。

二是创新支农服务方式。发展数字普惠金融，大数据、区块链、运用互联网、人工智能、物联网等技术整合各类涉农主体数据，探索业务申请、身份认证、支付结算和实时授信等全流程在线操作金融服务。加强涉农信贷数据积累和共享，创新农村经营主体信用评价模式，在做好风险防范的前提下，逐步提高放贷比重。依托"新农直报平台"等数字化平台，进一步丰富数字化平台线上金融产品和服务功能。

三是创新农业信贷担保机制。配合农村土地制度改革、农村集体产权制度改革进程以及农业产业化，积极推动农村土地承包经营权、集体建设用地使用权、农民住房财产权、宅基地使用权、林权、公益林（天然商品林）补偿收益权等权属，开展抵押、质押贷款业务。推动以厂房和大型农机具、运输工具为标的的新型抵押担保，做实应收账款质押、订单融资、保单融资等业务。

四是拓宽农业保险范围和领域。农业保险是金融支农的重要内容，也是分散农业生产经营风险的重要手段。近年来的中央一号文件都强调要扩大农业保险覆盖范围，创新农业保险产品和服务，加快建立农业保险大灾风险分散机制。金融、保险机构要按照保护农民利益、支持农业发展和"扩面、增品、提标"要求，提高农业保险服务能力，优化农业保险运行机制。

五是创新资本融资方式。支持涉农企业在主板、中小板、创业板以及新三板等上市和挂牌融资。充分发挥区域性股权市场作用，建立拟上市挂牌企业资源库，培育上市挂牌资源，为非上市涉农企业提供综合金融服务，引导风险资金大力支持初创期涉农企业。安排地方政府一般债券、专项债券额度时，优先考虑乡村振兴重大项目资金需求。

六是创新乡村绿色金融。支持政策性银行、商业银行、金融租赁公司等发行绿色金融债。探索耕地地力指数保险，助推绿色农业生产。面向知名农产品企业推出品牌质押、专利权质押等无形资产信贷产品。为绿色农业管控体系试点提供综合金融服务，助推实现农资产品全程监管。

（四）营造良好金融生态

一是加快推进农村信用体系建设。按照政府主导、中国人民银行牵头、各方参与、服务社会的整体思路，全面开展信用乡镇、信用村、信用户创建活动。推动县（市、区）层面建立乡村信用信息数据库，稳步推进乡村经济主体电子信用档案建设，创新新型农业经营主体信用评价机制。发挥信用信息服务农村经济主体融资功能。强化部门间信息互联互通，推行守信联合激励和失信联合惩戒机制，不断提高乡村地区各类经济主体的信用意识，优化乡村金融生态环境。稳步推进农户、家庭农场、农民合作社、农业社会化服务组织、乡村企业等经济主体电子信用档案建设，多渠道整合社会信用信息，完善信用评价与共享机制，促进乡村地区信息、信用、信贷联动。

二是加强金融知识宣传教育。开展形式多样的"金融知识下乡"活动，实现乡村地区金融宣传教育全覆盖。依托省级综合服务平台、村级益农信息社、基层营业网点、便民服务点，设立金融知识宣传柜台，向农民提供通俗易懂的金融知识读本。推动金融机构加强对金融产品和服务的信息披露和风险提示，提高农民风险识别、自我保护的意识和能力。

三是加强农民金融消费权益保护。督促金融机构建立健全金融消费权益保护内控制度，畅通消费者投诉处理通道。严格执行国家关于涉农金融服务收费的各项规定，对于不合理收费、服务欺诈等行为依法严肃问责。加强乡村违法违规金融活动整治，加强对逃废债行为的惩罚。

三、创新社会资本参与乡村振兴机制

湖南省是社会资本比较活跃的地区，有关部门应抓紧研究出台专门的政策文件，鼓励和引导社会资本更多、更快、更好参与乡村振兴和新农村建设。

（一）界定社会资本参与的领域

鼓励社会资本发挥自身优势，按照乡村振兴战略总要求，坚持"共享共荣、互利互惠"原则，积极参与美丽乡村建设、乡村产业、乡村旅游、乡村生活、农业生产服务业、优质高效农业、绿色循环产业、农业科技装备业等领域（见表11—4）。

表11—4　乡村振兴各领域具体内容表

领域	具体内容
美丽乡村建设	盘活农村自然资源、农民房产、集体资产，拓展农村生产、生活、生态和文化等功能，提升农村一、二、三产业融合发展水平。
乡村产业	立足农村土地、原料、劳动力等优势，依托乡镇工业园区和现代农业产业园区，推动产业布局向乡村延伸，深度开发特色农产品、传统工艺品和其他轻工业品。
乡村旅游	发展农村休闲观光、健康养老、文化体验等产业，增加农业农村生态产品供给。鼓励农村居民发展民宿、采摘、农家乐等富民产业。
乡村生活	城市物业管理、医疗卫生、教育服务、商贸物流等向农村集中居住区延伸服务。依托城市近郊农房农地、农村生态优势，投资建设经营创客村、创意园等，吸引城市资源要素向乡村流动。
农业生产服务业	为小农户提供农机作业、统防统治、粮食烘干、农产品商品化处理和销售等社会化服务。
优质高效农业	引入现代生产经营理念，发展智慧农业、设施农业，打造高标准、高附加值的绿色优质农产品生产基地，对接城市消费市场。
绿色循环产业	建立农作物秸秆、畜禽粪便等收储体系，大力发展有机肥、秸秆饲料、生物质燃料等产业。
农业科技装备业	投资现代种子种苗、农产品精深加工、农业物联网、智能农业机械等产业技术创新领域，推动科技型企业兼并重组。

（二）构建社会资本投入多赢格局

完善社会资本与农户利益联结机制。通过乡村振兴链条合理分工，社会资本集中在农产品加工、农业服务业等环节，农户负责种养环节，完善"公司＋基地＋农户""公司＋中介组织＋农户""民企＋行政村自然村＋农户""龙头企业＋合作社＋农户"等模式，发挥各自优势，企业与农户之间形成"利益共享、风险共担"的共同体。通过"资源变资产、资金变股金、农户变股东"改革，带动农民和农村集体经济组织发展乡村振兴项目，形成长期、稳定的收益分享机制。

探索社会资本投入的合理回报机制。鼓励进入乡村振兴的社会资本通过"PPP、特许经营权、委托代建、先建后补"等模式，提高运营效率，降低项目成本；通过适当的资源配置，如矿产、土地占补平衡指标、优质旅游资源打包、项目建设用地指标等，挖掘涉农项目商业价值，合理提高项目回报水平。从财政部PPP综合信息平台数据来看，目前该类项目主要采取可行性缺口补助回报机制。

优化社会资本投资环境。深化行政审批制度改革，清除社会资本投资乡村振兴的制度障碍。完善政务公开制度，多渠道、多形式及时发布财政支农项目政策、项目申报信息等，确保不因信息不对称影响社会资本投入。

四、搭建乡村振兴投融资创新服务平台

"欲唱戏，先搭台。"搭建贯彻落实国家、省、市、区县提出的"健全多元投入保障机制，坚持财政优先保障，加大金融支农力度，引导和撬动社会资本投入农村"政策措施实施统筹资源整合的服务平台，构建政府、市场、社会、农户、财政、金融、产业、企业等各类主体发挥作用协同推进的乡村振兴参与组织机制。

（一）建立乡村振兴综合服务平台

充分利用当地资源优势，建立乡村综合服务平台，平台按照"精准传达上级政策，及时反映基层情况"的原则，无缝对接省、市、县乡村振兴项目

系列政策，主动服务乡村振兴主体的生产、加工、销售等活动。

（二）搭建市场化乡村振兴投资平台

建立"借、用、管、还"市场化投融资机制，将政府信用转化为公司和项目信用开展投融资。采取多种方式整合集体资源闲置、"撒胡椒面"资金和低效经营收益，组建集资源承载、资金对接、项目建设、产业投资和利益共享于一体的农村集体经济投融资平台，为村集体经济提供强大资金支撑。如株洲村镇建设开发集团有限公司、高安市村集体经济发展投资有限责任公司等乡村投融资平台。

——株洲村镇建设开发集团有限公司。2017年，株洲市天元区设立株洲村镇建设开发集团有限公司，注册资本10亿元。村镇公司主动适应市场化转型，注重混合经济发展，做实政府投资运营主体和市场经营主体，与广大农民共建美好家园。截至2019年底，公司总资产20亿元，净资产10.02亿元，资产负债率49.9%。公司前期已建设兴湖安置小区二期、小湖塘社区公园及多条城市配套道路，打造金龙建材工业园等。目前，正在致力于打造石三门现代国家农业公园、建宁驿站、城乡客运站等城乡公共公益配套设施。

表11—5　株洲村镇建设开发集团有限公司投资情况表

经营范围	股东构成	投资
房地产、基础设施、产业、农业项目的投资；生态农业旅游投资；文化旅游产业投资与管理；房地产开发经营；土地管理服务；建设工程施工；棚户区、旧城区的改造建设；城乡基础设施建设；城镇化建设、储备土地前期开发及配套建设；建筑物拆除（不含爆破作业）；物业管理（依法须经批准的项目，经相关部门批准后方可开展经营活动）。	湖南天易集团有限公司100%。	对外投资：1.株洲市天元区保障住房开发建设有限公司；2.株洲市腾逸开发建设有限责任公司；3.株洲石三门农业发展有限公司；4.株洲村镇建设工程有限公司；5.株洲村镇颐宁管理有限公司；6.株洲嵩山置业有限公司；7.株洲村镇公共交通有限公司；8.湖南上橙有机生态农业发展有限公司；9.株洲市天元区砂石经营管理有限公司；10.株洲景秀建设开发有限公司；11.株洲鑫石置业有限责任公司。

——高安市村集体经济发展投资有限责任公司。2019 年 8 月，江西省高安市通过"投、并、划、整"等方式，由市财政筹集 5 亿元资本金（3 亿元作为村级组织配股，全市 300 个村每个村配股 100 万元），合并划转 30 家市属和部门所属企业及资产，引导全市村集体闲置资产资源入股，共同组建高安村投。高安村投搭建资源承载、资产运营、产业投资、项目建设和利益共享平台，努力把资源变资产、资产变股权、股权变资金、资金变项目、项目变收益，促进全市村集体经济发展和乡村振兴。目前，高安村投总资产约80 亿元，其中国有资产每年经营性收入达 3000 多万元。

表 11—6 高安市村集体经济发展投资有限责任公司投资情况

经营范围	股东构成	投资
乡村基础设施及人居环境建设；农业、文化旅游产业项目投资及运营管理；乡村旅游开发、特色小镇开发及田园综合体开发；农产品生产种植与销售；城市基础设施建设；土地整治、土地储备业务；资产管理、资产租赁、产业投资、金融服务业及股权投资（依法须经批准的项目，经相关部门批准后方可开展经营活动）。	高安市发展投资集团有限公司 100%。	对外投资：1. 高安市发展投资集团有限公司；2. 高安市供销农业生产资料有限公司；3. 高安市上游水库综合养殖有限公司；4. 高安市乡村振兴建设发展有限公司；5. 高安市保安服务有限公司；6. 高安市水利投资有限公司；7. 高安市上游水库发电有限公司；8. 高安市烟花爆竹专营有限公司；9. 高安市供销再生资源有限公司。

（三）健全乡村振兴招商服务平台

建立乡村振兴投资信息平台，及时发布发展规划、行业动态、产业政策、各地招商引资等信息，有针对性地向各类资本推荐。引导支持地方政府建立乡村振兴招商引资专门机构，强化职能部门乡村振兴招商引资能力，推广重大投资项目"专员服务制"，充分利用会展、考察、洽谈等多种形式，加大招商引资力度。

（四）完善产权交易平台

加强乡村产权交易市场建设，为投资者建立良好的产权交易环境。拓展平台服务功能，积极与金融机构对接合作，开展乡村资源资产评估、抵押，打造"互联网＋交易鉴证＋抵押登记"抵押融资服务链条。扩大进场交易品种和频率，完善管理制度和交易准则。打造"互联网＋产权交易"服务平台，在符合国家有关政策前提下，可以开展网络竞价交易，提高交易效率。

（五）建设科技支撑平台

建立省级、市级、县级乡村振兴科技创新资源交流平台，聚集国内外具有核心竞争力的涉农科技创新成果和资源，加快科技创新成果源向企业流动。根据企业创新需求，推动高校、科研单位与企业共建产业技术中心、重点实验室、试验示范基地等创新创业平台，健全以企业为主体的创新协同机制，开展技术创新与转化。加强现代农业产业体系专家团队建设，密切团队专家和企业间的联系机制。

（六）打造乡村振兴人才集聚平台

选拔一批引领作用大、发展潜力好的创新型企业、经营主体，建立重点联系，"一企一策"协调解决企业人才需求。建立涉农高职院校与企业间订单培训机制，根据需求为企业培养实用型人才。建设农村实用人才培训基地，全面推行"企业订单、就业者选单、培训机构列单、政府补贴"的培训服务模式，构建政府扶持、面向市场、多元化的农村人才培育平台。

第三节 健全乡村振兴投入保障机制

健全乡村振兴思想保障、机制保障、规划保障、人才保障，夯实基础、抓好落实、完善监管考核，是充分调动多元化主体积极性、主动性，确保各主体对乡村振兴投入力度不断加大、总量持续增加的根本保证。

一、统一思想

党的十九大明确提出实施乡村振兴战略，并将其作为七大战略之一写入新修订的党章总纲部分。2019 年 9 月，中共中央、国务院印发了《乡村振兴战略规划（2018—2022年)》。湖南省委、省政府审议通过了《湖南省乡村振兴战略规划（2018—2022年)》，各地州市正按照中央及省委、省政府的要求，狠抓落实，积极组织乡村振兴政策宣传。通过全方位、多层次的系统培训，上下统一思想，准确把握乡村振兴利好，为乡村振兴顺利推广奠定了坚实的思想基础。

二、机制保障

强化乡村振兴联动，乡村振兴涉及方方面面的工作，农业农村、自然资源、文化旅游、民政、卫计等各个方面都与实施乡村振兴投入息息相关，在这一战略任务实施中具有各自的职责与任务。因此，实施乡村振兴战略，就不得不建立健全联动协调机制，强化部门之间、上下级之间的联动协调，整合各个部门、各个领域的资源，共同推动乡村振兴各项工作，防止出现各自为政、各抓一头的"单打独斗"问题，为全社会、各领域、各方面参与乡村振兴构建完善的投入机制、营造良好的环境。

三、规划保障

明确乡村振兴的路径。乡村振兴的方向必须明确，不能盲目行动，绝不能在乡村振兴工作中成为"无头苍蝇"。编制好乡村振兴规划，把十年二十年后的事情考虑清楚，至少要有一个阶段性的目标和最终的目标，推进过程中的措施制定才会具有针对性，乡村振兴各项事业才能有的放矢、有处着力。乡村振兴规划编制要坚持城乡统筹发展理念，不能把乡村发展人为割裂开来，城市和乡村发展是一个整体，是分不开的"难兄难弟"，必须坚持统筹谋划、统一部署、统揽推进。

四、人才保障

实施乡村振兴战略，关键在干部，出路在人才。一是多措并举"育人才"。为此，只有强化引智聚才，扎实推进人才振兴，突出人才队伍培育，才能汇聚乡村振兴的强大力量。要在强化组织保障上下功夫，发挥党管人才的政治优势和组织优势，完善人才工作领导小组，明确人才工作责任，强化协调配合，形成人才培育工作合力。要在强化制度保障上下功夫，制定一系列人才培育扶持政策，不断完善制度机制，着重围绕乡村振兴、支柱产业培育等领域，大力培养引进实用型人才。要在积极培育本土人才上下功夫，积极实施人才计划，通过组织"土专家、田秀才、致富带头人"等人才外出培训、开展科研合作等方式，把本地人才培育好、传承好、积淀好。二是海纳百川"聚人才"。在推进脱贫攻坚与乡村振兴的有机衔接中，只有以更宽阔的视野、更深远的战略眼光、更加开放理念"聚天下英才而用之"，才能做好乡村振兴的大文章。要创新方式招才，通过实行"项目＋人才"一体化引进模式，以大学生创业园、现代农业产业园、科技孵化器（园）为载体，把招商引资与招才引智结合起来，引进一批高层次人才团队。要拓宽渠道引才，打破身份制约，促进不同地域、不同单位和不同行业之间的人才协调发展，鼓励和引导人才向艰苦地区和基层一线流动。要建强平台聚才，着力打造一批高水平的院校、园区、高科技企业和各类科技研发平台，不断集聚乡村振兴所需的各类人才。三是优化环境"留人才"。人才要引得来，更要留得住，关键还是服务保障要到位，做到政治上关心、工作上支持、生活上照顾。要充分尊重和信任人才，落实好领导干部联系、服务专家工作制度，定期走访看望慰问高层次人才，邀请专业人才列席重要会议和参加重大活动，推荐优秀人才到党政机关、人民团体和社会组织任职，增强人才的成就感和归属感。要重视解决人才在工作上存在的实际困难，对工资、职务、职称等方面进行倾斜，帮助解决工作上存在的问题。要加强对人才的关心关怀，把人才当知己、当亲人，多了解所想所需，多关注身心健康，通过开辟人才服务绿色通道一站式解决人才落户、医疗保健、子女就学、证照办理、减免税费等实际问题，营造拴心留人环境。学习借鉴外部农业发展经验，推动湖南省农业农村高质量发展。

五、夯实基础

各有关部门要研究完善配套政策，加强政策解读和检查指导，推动政策落地。要创新支持政策，积极引导扶持，为社会资本投入乡村振兴创造良好环境。对乡村振兴重点领域投入的项目规划、立项、融资、投资、建设、运营各个环节，均进行严格把控系统考虑，特别是在项目规划、融资、投资、运营等环节的统筹与推进工作，确保项目能按进度推进、顺利实施，将后期与合作方发生争议的概率降至最低。

六、抓好落实

乡村振兴投入以项目为抓手，关键在于抓好项目落实。要按乡村振兴总体规划和各专项规划的项目建设开发要求，区分中短期、中期、中长期目标三阶段，制定具体实施落实规划，形成具体项目"施工图"，列明牵头单位、责任部门、起止时间、目标路径、成果形式等要素，有计划、有秩序推进有效落实。包括成立乡村振兴战略领导小组下专业工作落实班子、制定具体实施细则、出台考核办法、构建风险管理体系、加强社会信用体系建设、产业投行赋能、智库顾问支持、引进金融投资机构等保障落实措施。

七、完善监管考核

乡村振兴项目收益期长、风险性强，乡村振兴中小金融机构承担风险的能力总体偏弱，因此，在开展乡村振兴创新时，利用好科技手段，需特别关注风险的预判和防范。建立目标、任务、权力、责任到区县甚至到项目制度。实施乡村振兴战略激励奖补政策，以投入和绩效作为乡村振兴财政奖补资金的主要依据，建立"区县多投入、上级多补助"的激励机制。加强乡村振兴资金的监管，从规划环节入手，建立乡村振兴项目库，提前做好项目论证、规划等前期工作。整合项目资金，注重规划之间的衔接。

第十二章 坚持城乡融合发展

所谓城乡融合发展，就是打破传统的城乡二元机制，实现城市与乡村的一体化联动。一方面运用城市资源要素、产业辐射等带动农村发展，引导公共与社会资源优先向农村投入、聚集；另一方面对标城市补齐农村短板，在诸如生态环境、宜居程度等领域激活农村的独特吸引力。城乡发展一体化是城镇化的必然趋势，城乡融合发展是城乡发展一体化的高级阶段，其本质都是更加注重内涵增长，提高城镇化发展质量。重塑新型城乡关系、走城乡融合发展之路是党的十九大作出的重大决策部署，标志着中国特色社会主义工农城乡关系进入新的历史时期。湖南作为农业大省，应该在新时代城乡融合发展中展示更大的作为。

第一节 城乡融合发展的理论概述

一、城乡融合的概念与特征

（一）城乡融合的概念

目前，经济学、地理学、社会学、系统学等都从不同的角度和方向对城乡融合进行了理论论述，但没有统一和规范的定性表述。而城乡融合这个理念最早是由马克思恩格斯提出，他们认为城乡关系在生产力进一步发展的趋势下就是走向融合。经济学家们大多认为城乡融合就是城乡人口、技术、资本、资源等要素相互融合，打破城乡壁垒的关键在于强化城乡要素的流动性①。而地理学家认为城乡融合是打破城乡分离的格局，使得城镇地域系统和乡村地域系统相互交叉、渗透融为一体的状态。② 系统论则认为城乡系统的复杂性和多元性决定了城乡融合不只是经济③一元的融合，更包含了人口、环境、社会等多维度的"双向流动"和"全面相融"，这便是城乡融合。

基于已有的文献研究，我们将城乡融合定义为：城市和乡村之间从经济、社会、生态、人口、空间等多维度的融合，进行资源互补，促使城乡差距逐渐减小直至消失，资源达到最优配置，城乡经济社会全面、协调、可持续的发展。特别要注意城乡融合是长久的、双向的且复杂的演变过程，并不是城乡之间短暂的、单一的、简单的要素流动。一方面，乡村需要城市优质的公共资源和技术人才等要素的扶持，从而促进乡村经济发展和基础设施建设；另一方面，城市不是单一的向乡村输送生产要素和资金资源，不再是片面的以工哺农、以城带乡，而是城乡之间自由的双向流动，乡村也能反哺城市，城市实现与乡村资源全面共享，共生发展。

（二）城乡融合的主要特征

中国特色社会主义进入新时代，社会主要矛盾发生转化，在这样背景之下的城乡融合具备了以下特征。

"融"是城乡融合的首要特征。原国家卫生部部长高强指出：城乡发展融合的核心在于"融"，城乡之间要融为一体，水乳交融，发生化学性变化。④"融"包含了两个目标：一是实现农业农村现代化，把城市的资金、人才吸引到农村，形成产业化、规模化、集约化。二是基础设施建设的重心向农村转移，使农村居民与城市居民享受同等的公共服务。"融"是打破长

---

① 参见张英男等：《城乡关系研究进展及其对乡村振兴的启示》，《地理研究》2019 年第 3 期。

② 参见刘彦随：《中国新时代城乡融合与乡村振兴》，《地理学报》2018 年第 4 期。

③ 参见刘学敏、张生玲：《中国企业绿色转型：目标模式、面临障碍与对策》，《中国人口·资源与环境》2015 年第 6 期。

④ 参见班娟娟、金辉：《城乡融合发展是乡村振兴的治本之策》，《经济参考报》2019 年 8 月 21 日。

期以来"城强乡弱"二元经济体制的关键，为构建新型城乡关系指明了方向。

"新"是城乡融合的时代特征。"新"体现新时代中国特色社会主义发展道路的新要求，体现社会主要矛盾的转化，体现新的发展观，体现新型城乡关系，体现新农村建设和美丽乡村建设的标准。

"人"是城乡融合的第三个特征。新时代背景下城乡融合更重视"人的因素"，以人为本推动新农村建设，城乡实现高效化、精细化和智能化管理，使得城乡居民的获得感、幸福感、安全感接近一致。

"长期性"是城乡融合的第四个基本特征。城乡融合发展不是一蹴而就的事情，需要城乡实现经济融合、社会融合、人口融合、生态融合、空间融合等各个方面，这些融合都是艰巨且缓慢的过程。

二、城乡融合发展的理论追踪

（一）经典作家的城乡融合发展思想

1. 城乡的分离及其对立：生产力发展的必然结果。在马克思、恩格斯看来，乡村和城市不是从来就有的，而是生产力发展的产物，社会分工导致了乡村和城市出现，进而彼此分离、对立。恩格斯在《家庭、私有制和国家起源》中指出：游牧部落从其余的野蛮人群中分离出来——这是第一次社会大分工——农业产生。由此标志着人类从以天然动植物为食物的"攫取经济"阶段跨越到自己生产食物的"生产经济"阶段。乡村的形成与农业生产内在相连，居住在乡村村落、从事农业生产的人就成为农民。农业的发展促进手工业的产生，"如此多样的活动，已经不能由同一个人来执行了；于是发生了第二次劳动大分工——手工业与农业分离了"[①]，手工业的生产目的不是自用，而是出售，随之出现了固定的交易场所——集市，集市逐步演变成了城市。随着商品生产和商品交换的发展，社会生产进行特有的、有决定意义的重要分工，第三次社会大分工——创造了商人，创造了一个不从事生产而只

---

① 《马克思、恩格斯、列宁、斯大林论妇女解放》，中国妇女杂志社1958年版，第88页。

从事产品交换的阶级——商人，因此，乡村与城市的产生都是生产力发展和社会分工的结果。

2.城乡对立的根源：生产力有所发展但又发展不足。按照唯物史观，生产力发展是历史进步的根本动力。在社会发展到一定历史阶段产生了城乡分离乃至对立，其根本原因在于"生产力有所发展但又发展不足"。此外，私有制的产生为城乡分离提供了制度保障，私有制的发展成为促使城乡分离的直接原因。

正如列宁所言："城市是人民的经济、政治和精神生活的中心，是进步的主要动力。"① 从生产关系角度看，资本主义私有制的发展使城乡分离逐步强化，马克思、恩格斯在《德意志意识形态》中指出："城乡之间的对立只有在私有制的范围内才能存在。城乡之间的对立是个人屈从于分工、屈从于他被迫从事的某种活动的最鲜明的反映，这种屈从把一部分人变为受局限的城市动物，把另一部分人变为受局限的乡村动物，并且每天都重新产生二者利益之间的对立。在这里，劳动仍然是最主要的，是凌驾于个人之上的力量；只要这种力量还存在，私有制也就必然会存在下去。"在资本主义社会，为了维护其阶级统治地位和保护自身的财产，开始加快了城市化建设的步伐，使人口、资源、财富等物质条件不断向城市集中。乡村已沦为城市的附庸，处于被统治、被剥削的地位。

由此可见，城市与乡村的分离直至对立是由生产力发展水平决定的，也是资本主义私有制发展的必然结果。然而，以唯物主义史观看，城乡分离与对立是一个在原阶段的历史现象，随着生产力的发展和生产关系的演进，这种分离与对立最终被消灭。

3.城乡关系的发展趋势：公有制基础上的融合。马克思、恩格斯从当时的城乡发展状况出发，批判地吸收了空想社会主义的观点，深刻地阐述了资本主义城市产生和发展的规律，揭露了资本主义城市本质，进而论述了城乡

---

① 《列宁全集》第23卷，人民出版社2017年版，第358页。

融合、建设与发展等许多重要问题，迈出了由空想社会主义走向科学社会主义的关键一步。

马克思在《政治经济学批判》中首次提出了"乡村城市化"理论，他指出实现共产主义必须消灭城乡差别、工农差别、体力劳动与脑力劳动之间的差别。恩格斯在《共产主义原理》中最先阐述了城乡融合理论，即要通过融合城市与乡村，使工人和农民之间的阶级差别和人口分布不均衡现象消失。随着生产力的发展，城乡对立不仅阻碍了乡村农业的进步，更束缚了城市工业的升级。

（二）西方学者对城乡融合模式的设计

1."乌托邦"模式。早在欧洲文艺复兴时期，空想社会主义学说的创始人托马斯·莫尔在《乌托邦》中就描绘了这样一幅图景："乌托邦是一个城乡发展一体化的社会，农村没有固定的居民，而是由城市居民轮流种地。农村到处都是间隔适宜的农场住宅，配有足够的农具。城乡物资是交流的，农村无法得到的工业品就到城市去取。农作物的收割是突击性的，选好一个晴朗的天气，城乡居民一起出动，在短期内全部完成。"《乌托邦》中城乡发展一体化社会的雏形引发了人们对二元对立城乡社会的反思，后继理论家在此基础上提出了不同的城乡发展模式。

尽管理想非常美好，但空想社会主义者只看到了城乡差别的表象，却不理解城乡对立的根源，也无从调和城乡间的矛盾，因而他们的城乡发展一体化理想只能是空想。

2."田园城市"模式。针对英国"大工业时代"的城市过度膨胀、乡村衰微破败等一系列问题，英国城市学家德怀特·霍华德于 1898 年出版了《明日：一条通往真正改革的和平道路》（1902 年再版时改为《明日的田园城市》）一书，倡导实施重大的社会变革。霍华德的理想是逐步消灭大城市和土地私有制，用"城乡一体化的新社会结构形态来取代城乡对立的旧社会结构形态"。他在著作中指出："城市和乡村都各有其优点和相应缺点，而'城市—乡村'，则避免了二者的缺点。……这种该诅咒的社会和自然的畸形分隔再也不能继续下去了。城市和乡村必须成婚，这种愉快的结合将迸发出新的希望、新的生活、新的文明。"为形象地说明上述观点，霍华德绘制了著名的三磁铁图，列城市、乡村、"城市—乡村"对人民的吸引力：城市集中了经济社会发展的各种资源和市场，却远离自然；乡村生活环境美好，但缺乏社会性、土地闲置；"城市—乡村"的形式则兼具了城市乡村的有利条件而克服了不利条件，被霍华德称为"田园城市"，在"田园城市"中，农业区、工业区和居住区有机结合，容纳了规模适度的人口（32000人）。当人口超过这一数量，则应当另建新的"田园城市"，这样，随着时间的推移，便会形成由放射交织的道路相连而成的城市群，霍华德把这样的城市群称为"社会城市"。

霍华德的"田园城市"思想超越城乡对立的思想禁锢，对未来的城乡结构做了有益探索。不过，"田园城市"的意义远不止于城乡规划，更在于社会变革。因为霍华德最关心的不是解决城市的某些局部问题，而是发展大势，这就需要依靠社会基本活力——广大劳动人民。

3."广亩城市"模式。"田园城市"理论引起了建筑界广泛的兴趣，在1929—1933年的大萧条时期，美国建筑家弗兰克·赖特从文化意蕴和设计理念角度对当时的城市规划进行反思。赖特提倡把工业化的城市转化为一种农业化的乡村景观，并于1932年正式提出"广亩城市"模式。赖特认为，城市化是一个"过重的负担"，人们会抛弃乡村而居住在过度拥挤的大城市这种想法是十分可笑的，集中化的城市正在通过"租金"创造出来，消磨人的个性。现代城市既不能适应现代生活的需要，也不能象征现代人类的愿望，因而是一种反民主机制，必须取消。在《消失的城市》中，赖特写道，未来城市应该是无所不在又无所在的。他在随后出版的《宽阔的田地》中指出，人们应该走出城市的束缚，将集中的城市重新分布在一个地区性农业的网格上，发展一种完全分散的、低密度的生活、居住、就业相结合的新型城市——"广亩城市"。

三、城乡融合发展的正式提出

新中国成立后，我党就一直重视城乡协调发展。20世纪50年代，毛泽东同志就提出消灭"三大差别"的思想；邓小平作为改革开放总设计师，十分重视城乡发展，中国的改革大幕从农村拉开，至今42年，这42年由中共中央下发的42个一号文件中，有22个是关于"三农"方面的。

（一）党的十六大提出统筹城乡发展——破除二元结构的重大战略

2002年党的十六大明确指出："统筹城乡经济社会发展，建设现代农业，发展农村经济，增加农民收入，是全面建设小康社会的重大任务。"党的十六届三中全会通过的《中共中央关于完善社会主义市场经济体制若干问题的决定》，将"统筹城乡发展"作为总要求列在"五个统筹"之首。这一首要要求，正是针对中国城乡二元结构提出来的，是在深刻总结国内外城乡关系的经验教训和科学分析中国全面建设小康社会所面临的主要问题的基础上提出的。其实质是要改变"重城抑乡""重工轻农"的传统观念和"城乡分治"的政策体制，从而更多地关注农村、关心农民、支持农业，实现城乡平等而和谐的发展。

统筹城乡经济社会发展战略，是在深刻把握了"三农"问题的症结后作出的科学决策，顺应了城乡经济的发展规律和新世纪中国经济社会发展的时代要求，是破除城乡二元结构从而实现工农和城乡协调均衡发展的重大战略。

（二）党的十八大提出城乡发展一体化——解决"三农"问题的有效途径

2007年党的十七大明确要求建立以工促农、以城带乡长效机制，以形成城乡经济社会发展一体化新格局。2012年党的十八大进一步对推动城乡发展一体化作出新的制度性安排，报告指出："解决好农业农村农民问题是全党工作重中之重，城乡发展一体化是解决'三农'问题的根本途径。要加大统筹城乡发展力度，增强农村发展活力，逐步缩小城乡差距，促进城乡共同繁荣。"

（三）党的十九大正式提出城乡融合发展——破解城乡发展失衡的根本出路

改革开放以来，城乡发展空间严重不平等。城市因征用农村土地版图不断扩大，而相应的农村版图在不断缩小。特别是城乡在公共服务、社会保障、养老体系等方面也存在着严重的不平等。尽管自党的十六大以来，政府在消除城乡不平等方面作了很多努力，但是城乡之间的差距仍然很大。这主要是由于在推进城乡"统筹"和"一体化"过程中，政府主导力量过强，市场在资源配置中力量不足，从而导致资源和要素过多地配置到城市，效率低下。为此，党的十九大明确提出"实施乡村振兴战略"，强调优先发展农业农村，建立健全城乡融合发展体制机制和政策体系，加快推进农业农村现代化。

乡村振兴战略通过城乡高度融合来实现城乡协调发展。这意味着农村不仅仅是为了服务于城市，农业也不仅仅是为了服务于工业。城乡融合不在于乡村是否变成城市、农民是否变成市民，而关键在于农村和城市居民的生产生活水平和人居环境差别是否缩小和逐步消除，在于城乡公共福利和公共服务是否均等。可见，城乡融合发展强调平等互动和共建共享，是实现城乡平衡协调发展的根本途径。从"统筹城乡发展"到"城乡发展一体化"再到"城乡融合发展"，既反映了中央政策的一脉相承，又符合新时代的阶段特征和具体要求。

四、城乡融合发展的重要意义

城乡融合发展是一个自然的历史过程。随着生产力的不断提高和工业化进程的加快，必然要求突破城乡的分割，从而走向城乡互动的融合发展道路。根据世界经济的发展经验，我国目前已经发展到了推进城乡融合的历史时期。特别是我国城乡发展的二元结构还没有破除，因而，应时顺势地大力推进城乡融合发展，不仅具有历史的必然性，更有着现实的紧迫性。

（一）我国已经发展到城乡融合的特定阶段

1.社会生产力的高度发展必然导致城乡关系趋向融合。改革开放 40 多年来，我国城乡生产力均实现了快速发展。随着经济的不断发展和社会的全面开放，我国的城乡关系日益紧密，城乡相互作用日益加强，城乡融合发展的趋势不可阻挡。正如马克思恩格斯所认为的，社会生产力的高度发展到城乡融合是必然趋势。

2.工业化进程已到了以工促农、以城带乡的发展阶段。在工业化进程中，工业结构的变动规律为：轻纺工业起步（劳动密集型产业），发展为重工业化（资本密集型产业），然后发展为高技术化（技术密集型产业）。随着工业结构的变动，工农业关系的变动规律为：在工业化初期，农业对国民经济的贡献作用较大，但随着工业化水平的提升而逐渐下降，农业仍然是推动国民经济社会发展的主导产业，此时工农业关系为"农业哺育工业"阶段（即第一个趋向）；在工业化中后期，工业成为国民经济的主导产业，此时工农业关系为"工业反哺农业"阶段（即第二个趋向）。工农业关系发展的"两个趋向"是世界各国工业化发展的客观规律。在工业化过程中，能否正确处理工农业关系、城市与乡村关系是关系国家兴衰和现代化成败的关键之一。尤其在进入工业化中后期，统筹城乡发展、努力缩小城乡差距和工农业发展差距，是世界各国在推进国家现代化过程中遵循的普遍规律。

"两个趋向"也是我国经济社会发展的必然选择和趋势所向。我国成立初期总体上还是一个传统农业国、工业化水平较低，客观上要求农业积累和提供工业化初期发展所需要的资金。所以新中国成立后较长时期内，都是农业支持工业、农村支持城市发展的政策，这极大地促进了我国工业化的发展。自改革开放政策实施以来，我国的工业化、城镇化、现代化发展日益加速。

（二）市场经济的深化客观要求城乡融合发展

市场要素包括土地等自然资源、劳动力和资本等有形要素，也包括劳动者技能、知识、技术和信息等无形要素。市场经济是以这些要素为基础条件的，要素的自由流动是市场经济深化发展的必要条件和必然要求。

市场是各种经济要素发生作用的场所，也是联结城乡关系的重要纽带，市场融合是城乡要素自由流动的关键环节，只有在城乡融合条件下，城乡要素的自由流动才能真正实现，城乡贸易、协作和城乡投资的相应壁垒才能真正消除。将城乡作为一个相互依存、有机联系的统一体，在同一空间内统一谋划城乡发展，统一城乡资源配置，统一城乡建设规划等将成为必然趋势。

（三）经济全球化凸显城乡融合发展的紧迫性

纵观发达国家城乡发展的历史，其城乡关系大致也经历了如下发展阶段：城市于农村中孕育—城市与农村的分离与对立—城市辐射农村—城市反哺农村与农村对城市逆向辐射—城市与农村相互促进、融合与共同繁荣。目前，发达国家总体上已进入后现代化社会阶段和城市化的成熟发展阶段，城乡基本实现了融合发展，城乡联系紧密，工业与农业发展相互依存，农业实现产业化发展，农场经营集中化、规模化、资本化和企业化，农民收入水平和社会地位大幅提升，基本与城市居民在社会地位上平等。因此，受国外发达国家城乡发展一体化的影响和经济全球化背景下的国际竞争压力的影响，我国应加快破除城乡二元结构、推动城乡融合发展，通过城乡融合发展提高经济的内在活力和竞争力。

第二节　城乡融合发展的现状分析

走城乡融合发展之路，我们已经具备了有利条件，并在实践中取得了重要进展。当然，也存在一些值得注意的问题。

一、推进城乡融合发展具备有利条件

城乡融合发展是一项复杂的系统工程，是由区域内外部的诸多现实因素共同驱动的。从城乡融合发展的内部驱动因素来看，主要有农业现代化

和农村城镇化发展、城市的现代化发展、城乡融合发展实践积累了经验、市场主体的不同利益诉求助推等。从目前湖南省城乡发展的状况来看，城乡融合发展已具备了上述的内外部基础和条件，可以说，无论在政策支持，还是人、财、物支持等各方面，湖南省都有能力有实力促进和实现城乡融合发展。

（一）农业现代化发展加速：城乡基础坚实

农业现代化是指用现代工业、现代科学技术和现代管理方法武装传统农业，将传统农业向现代农业转化的过程和实现现代农业后的一种状态。农业现代化的主要内容是通过现代生产方式逐步扩大农业产业规模，大力发展集约化经营提升农业生产效率。鉴于新世纪以来湖南省农业现代化面临的新挑战、城乡差距不断拉大、城乡区域发展不协调的现实情况，湖南省加快了农业现代化步伐，特别是中央一号文件连续关注"三农"问题。湖南紧跟中央步伐，农民收入持续较快增长，农业农村经济发展取得巨大成绩，为经济社会持续健康发展提供了有力支撑。

（二）城市现代化水平迅速提高：反哺有余

城市现代化的过程是城市不断实现城市化、工业化、市场化和信息化的过程。在此过程中，随着城市现代化水平的提高，城市的产业结构也不断升级，市场化、信息化水平不断提高，居民物质文化生活也得到快速改善。湖南省城市现代化发展成效显著。2018 年湖南省 GDP 为 36425.78 亿元，增速为 7.8%。2018 年产业结构一、二、三产业比重为 8.5∶39.7∶51.8，按城市现代化的发展阶段，湖南城市化已经进入完全实现现代化门槛。

（三）市场主体的不同利益诉求：呼唤"融合发展"

在市场经济中，居民、企业、政府是市场中的三大主体。在湖南省统筹城乡发展、促进城乡融合发展的过程中，农村居民、城市居民、企业和政府各市场主体均有各自不同的利益诉求和发展意愿，这些不同的利益诉求呼唤城乡融合发展，助推了城乡融合发展的进程。

二、城乡融合取得的重要进展

（一）经济融合：城乡经济水平快速提高

地区生产总值反映一个地区的整体经济状况，而地区良好的城乡经济状况又是城乡融合发展的必要条件。近年来湖南省城乡经济快速发展，2009 年湖南省 GDP 为 13043.86 亿元，到 2018 年底翻了一番达到 36425.78 亿元，三次产业结构由 2009 年的 10∶47.3∶42.7 变为 2018 年的 8.5∶39.7∶51.8[①]，产业结构得到优化。2018 年第一产业增加值 3083.59 亿元，比 2009 年增加了 1226.01 亿元，城乡经济高度繁荣。2014—2018 年 5 年来湖南省三次产业增加值稳步增加，尤其是第三产业增加值增长最为明显，第三产业增加值占 GDP 的比重稳步增加，而第一产业和第二产业增加值占 GDP 比重逐年减少，地方财政一般预算收入占 GDP 比重变化保持稳定。如图 12—1 和图 12—2 所示。

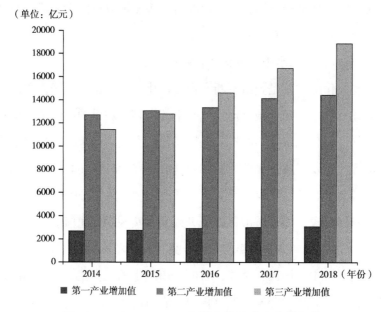

（单位：亿元）

■ 第一产业增加值　　■ 第二产业增加值　　■ 第三产业增加值

图 12—1　2014—2018 年湖南省三次产业增加值

资料来源：湖南统计年鉴。

---

① 参见中华人民共和国国家统计局，http://www.stats.gov.cn/。

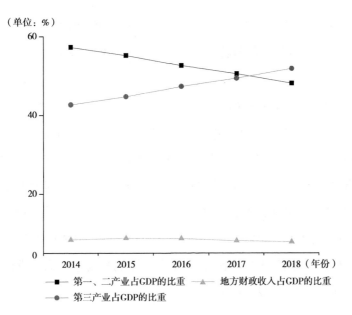

图 12—2　2014—2018 年湖南省主要经济指标比重

资料来源：湖南统计年鉴。

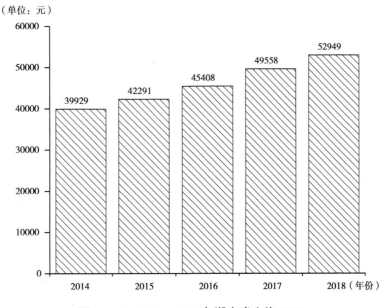

图 12—3　2014—2018 年湖南省人均 GDP

资料来源：湖南统计年鉴。

湖南省人均 GDP 由 2014 年的 39929 元增长到 2018 年的 52949 元，增长率为 32.6%。这些数据都说明近年来湖南省城乡经济发展态势良好。如图 12—3 所示。

（二）社会融合：城乡社会生活水平不断改善

社会生活水平的改善尤其是农村居民生活水平的提升是缩小城乡差距的重要前提，是城乡融合发展的重大任务。数据显示，近年来湖南省社会发展迅速，改革开放 40 多年来，湖南省大力推动住房和城乡建设事业发展，全省的城镇化水平快速提升，城镇化率由 1978 年的 11.5% 提高到 2018 年的 56.02%，年均提高 1.1 个百分点；城镇常住人口由 1978 年的 593.86 万人增加到 2018 年的 3865 万人，增长了 6.5 倍。[①] 特别是近年来，湖南省城镇化水平稳步提升。如表 12—1 所示。

表 12—1　2014—2018 年湖南省城镇化水平

年份	年末常住人口（万人）	城镇人口（万人）	城镇化率（%）
2014	6737	3320	49.28
2015	6783	3452	50.89
2016	6822	3599	52.76
2017	6860	3747	54.62
2018	6899	3865	56.02

资料来源：湖南统计年鉴。

2014—2018 年 5 年来湖南省城镇登记失业情况持续改善，城镇失业人数由 2014 年的 47.29 万人减少至 2018 年的 40.35 万人，减少了 6.94 万人；城镇登记失业率由 2014 年的 4.1% 降到 2018 年的 3.6%，降低了 0.5 个百分点。这充分说明近年来湖南省城乡社会发展顺利，就业情况得到改善。如图 12—4 所示。

近年来，湖南省城乡居民消费不断提升。2018 年湖南省城镇居民人均

---

① 参见湖南省统计局，http://tjj.hunan.gov.cn/hntj/index.html。

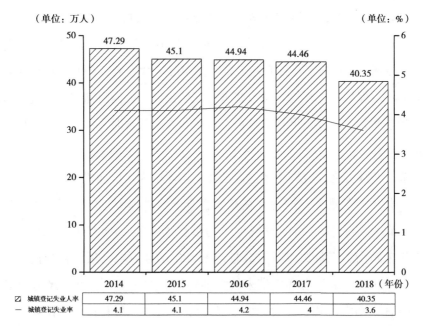

（单位：万人）　　　　　　　　　　　　　　　　　　　（单位：%）

年份	2014	2015	2016	2017	2018（年份）
城镇登记失业人率	47.29	45.1	44.94	44.46	40.35
城镇登记失业率	4.1	4.1	4.2	4	3.6

图 12—4　2014—2018 年湖南省城镇登记失业情况

资料来源：湖南统计年鉴。

消费支出为 25064.21 元，与 2014 年相比增长了近 1.4 倍；农村居民人均消费支出为 12720.54 元，与 2014 年相比也增长了 1.4 倍。另外，城镇居民人均可支配收入由 2014 年的 26570.16 元增长到 2018 年的 36698.25 元，增长了 10128.09 元；农村居民人均可支配收入由 2014 年的 10060.17 元增长到 2018 年的 14092.51 元，增长了 4032.34 元。如表 12—2 所示。

表 12—2　2014—2018 年湖南省城乡收支状况

年份	城镇居民人均可支配收入（元）	农村居民人均可支配收入（元）	城镇居民人均消费支出（元）	农村居民人均消费支出（元）
2014	26570.16	10060.17	18334.66	9024.84
2015	28838.07	10992.55	19501.37	9690.64
2016	31283.89	11930.41	21419.99	10629.94
2017	33947.94	12935.78	23162.64	11533.56
2018	36698.25	14092.51	25064.21	12720.54

资料来源：国家统计局。

（三）生态融合：城乡生态环境治理水平不断提高

习近平总书记指出："良好的生态环境是最公平的公共产品，是最普惠的民生福祉。"生态环境关乎着人类生存和可持续发展。因此，城乡融合发展必须注重保护生态环境，城市在进行现代化生产的同时需注意改善生态环境治理水平，农村在发展自身特色、自然和人文景观时需注意生态环境的可持续发展。

改革开放以来，我国出现过以牺牲生态环境为代价加快工业化进程、发展现代化生产的现象。湖南省在城乡融合发展进程中，生态环境也受到一定程度的污染。根据湖南省统计局的数据，截至 2018 年底，2014—2018 年 5 年来湖南省累计废水排放总量达 1548050.08 万吨，累计粉尘排放量达 1609548.74 吨，给生态环境带来较大的负担。这一问题引起了地方政府的高度重视，湖南省陆续出台了多个环境综合治理方案和计划，比如《湖南省"十三五"环境保护规划》《湖南省生态保护红线》《湖南省生态环境保护工作"四严四基"三年行动计划》等等，大力推动生态环境保护治理体系和治理能力现代化。湖南省城市建成区绿化覆盖率由 2014 年的 38.6%增长到 2018 年的 41.2%，增长了 2.6 个百分点，生活垃圾无害化处理率由 2014 年的 99.7%增长到 2018 年的 100%，实现了高效的垃圾无害化处理。同时，农业在发展现代化生产时注重生态环境的承载程度，提倡绿色生产，农药使用量逐年下降。2018 年农药使用量相比 2014 年的 12.43 万吨，减少了 1.01 万吨，生态环境治理效果显著。数据显示，近年来湖南省内受灾面积急剧减少，由 2013 年的 3047.2 千公顷减少到 2017 年的 1217.7 千公顷，减少了 60%。可见，近年来湖南省生态环境治理水平在不断提升。如图 12—5、图 12—6、图 12—7 所示。

（四）公共设施融合：城乡公共服务和基础设施建设不断优化

提升地方公共服务水平尤其是农村公共服务水平有利于城乡更好地融合发展，合理配置公共资源和完善社会保障体系是城乡融合发展的重要手段。基础设施反映一个地区的生产力水平和物质生活丰富程度，是经济正常运行

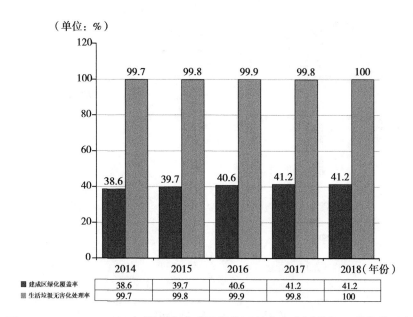

（单位：%）

	2014	2015	2016	2017	2018（年份）
建成区绿化覆盖率	38.6	39.7	40.6	41.2	41.2
生活垃圾无害化处理率	99.7	99.8	99.9	99.8	100

图 12—5　2014—2018 年湖南省建成区绿化覆盖率和生活垃圾无害化处理率

资料来源：国家统计局。

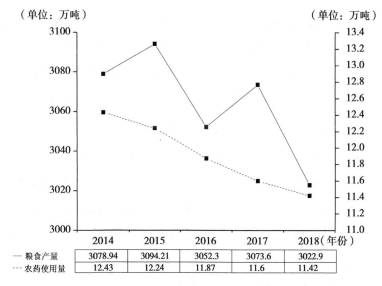

	2014	2015	2016	2017	2018（年份）
—— 粮食产量	3078.94	3094.21	3052.3	3073.6	3022.9
---- 农药使用量	12.43	12.24	11.87	11.6	11.42

图 12—6　2014—2018 年湖南省粮食产量和农药使用量

资料来源：国家统计局。

（单位：千公顷）

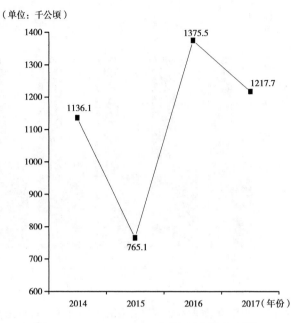

图 12—7　2013—2017 年湖南省受灾面积

资料来源：国家统计局。

的重要基础。城乡基础设施更是城乡融合发展的血脉根基，基础设施的建设情况关乎城乡生产要素流动速度和范围，更关乎乡村振兴战略的实施，与人们的幸福感、满足感紧紧相连。城乡公共服务和基础设施水平的提升将加速打破城乡二元经济结构壁垒，优化资源配置和加快产业融合，实现生产要素在城乡之间双向流动，促进城乡全面融合发展。

教育方面。据湖南统计年鉴和国家统计局的数据，截至 2018 年底，湖南省城镇共有普通中学学校数 2587 所，招收学生人数达 102.89 万人，比 2009 年的学校数和招收学生人数分别增加 739 所和 26.82 万人；农村共有普通中学学校数 1325 所，比 2009 年的 2184 所学校数减少了 859 所，招收学生人数达 16.07 万人，比 2009 年的 31.58 万的招生人数减少了 15.51 万人。2018 年湖南省普通高等学校本科在校学生人数达到 72.38 万人，是十年前的1.3 倍。近几年来湖南省普通中学学生人数稳步增加，截至 2018 年底，湖南省普通高中、初中、小学在校学生人数分别为 114.63 万人、229.63 万人、

511.66 万人，九年义务教育基本得到全面普及。

卫生事业方面。2014—2018 年，湖南省医疗卫生机构数略有波动，保持在固定水平，但是 2009 年到 2018 年这十年间湖南省各类医疗卫生机构急速增加，由 14455 个增长到 56239 个，增长幅度为 289%。另外，卫生从业人数一直在增加，截至 2018 年底达到了 55.78 万人，相比十年前增加了 0.98 倍。同时，湖南省城乡每万人医疗机构床位数也在逐年增加。这些都表明近年来湖南省医疗卫生事业得到良好的发展。如图 12—8 和图 12—9 所示。

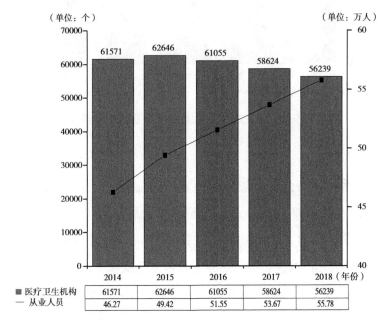

	2014	2015	2016	2017	2018（年份）
■ 医疗卫生机构	61571	62646	61055	58624	56239
— 从业人员	46.27	49.42	51.55	53.67	55.78

图 12—8　2014—2018 年湖南省医疗卫生机构和从业人员情况

资料来源：湖南统计年鉴和国家统计局。

养老保险方面。2014—2018 年，湖南省城乡居民社会养老保险参保人数不断增加，2018 年湖南省城乡居民社会养老保险参保人数达到 3405 万人，比 2014 年增加了 106.7 万人。2018 年湖南省基本养老保险基金收入 2129.22 亿元，超过 2014 年养老保险收入 1317.68 亿元，2014—2018 年省内城镇职工基本养老保险基金收入增长迅速，增长幅度为 162%。另外，2014—2018

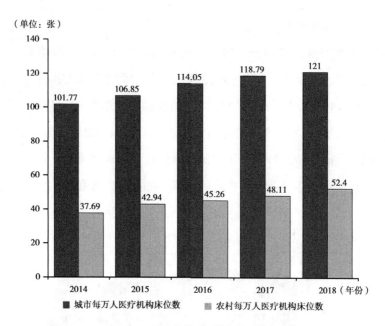

（单位：张）

图12—9　2014—2018年湖南省城乡医疗机构床位数

资料来源：湖南统计年鉴和国家统计局。

年湖南省城乡居民基金收入也保持着稳步增长态势，2018年城乡居民养老保险基金收入为175.8亿元。总体来看，养老基金收入规模可观，具备较强的支撑能力。支出方面，2018年湖南省城镇职工基本养老保险基金支出共计1610.25亿元，城乡居民社会养老保险基金支出135.6亿元。近5年来湖南省养老保险支出规模不断扩大，全省社会保障水平进一步提高。如图12—10所示。

运输与邮电方面。2014—2018年，湖南省城乡基础设施建设水平显著提高。湖南省内公路里程数由2014年的23.63万公里增长至2018年的24.01万公里，增长率为1.6%。同时，城市宽带接入用户数由2014年的594.8万户增长到2018年的1115.1万户，增长率超过87%；农村宽带接入用户数由2014年的150.1万户增长到2018年的520.2万户，增长幅度高达247%。种种数据表明，近年来湖南省城乡基础设施建设水平在快速提升，尤其是农村基础设施建设，这都在进一步促进城乡融合发展。如图12—11所示。

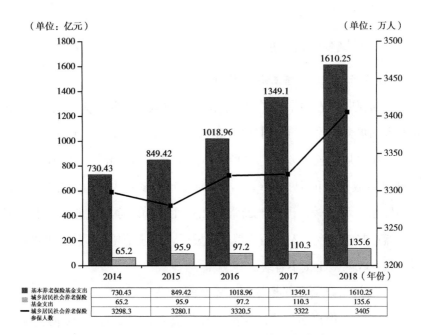

（单位：亿元）　　　　　　　　　　　　　　　　　　（单位：万人）

	2014	2015	2016	2017	2018
基本养老保险基金支出	730.43	849.42	1018.96	1349.1	1610.25
城乡居民社会养老保险基金支出	65.2	95.9	97.2	110.3	135.6
城乡居民社会养老保险参保人数	3298.3	3280.1	3320.5	3322	3405

图 12—10　2014—2018 年湖南省养老保险

资料来源：湖南统计年鉴。

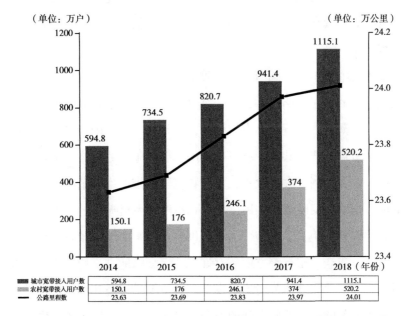

（单位：万户）　　　　　　　　　　　　　　　　　　（单位：万公里）

	2014	2015	2016	2017	2018
城市宽带接入用户数	594.8	734.5	820.7	941.4	1115.1
农村宽带接入用户数	150.1	176	246.1	374	520.2
公路里程数	23.63	23.69	23.83	23.97	24.01

图 12—11　2014—2018 年湖南省公路里程数及城乡宽带接入用户数

资料来源：国家统计局。

三、推进城乡融合发展的主要问题

（一）城乡居民收入差距缩小缓慢

城乡居民收入差距指数是以农村居民家庭人均纯收入为1，通过城镇居民家庭人均可支配收入与农村居民家庭人均纯收入的比率来测算的。在收入结构上，城乡居民收入差距也逐步缩小。2005年城乡收入比值为3.054∶1，2010年城乡收入比值为2.946∶1，到2017年城乡收入比值是2.624∶1。但是与国际水平相比较，国际上通常把2.5∶1作为城乡居民收入差距的警戒线，虽然这些年城乡收入差距取得较大发展，但还是超过了国际警戒线，因此减少城乡收入差距刻不容缓。

（二）城乡公共资源供给差距悬殊

公共资源是指自然生成或自然存在的资源，它能为人类提供生存、发展、享受的自然物质与自然条件，这些资源的所有权由全体社会成员共同享有，是人类社会经济发展共同所有的基础条件。城镇化不仅表现为人口向城镇的集聚，更体现在土地、劳动力等自然资源与教育、医疗等公共资源的城镇化过程。

1.基础设施差距大。湖南城乡基础设施建设仍不均衡，特别是部分偏远或纯农业地区的农村，路、桥、电、燃气、公交及污水垃圾处理等公共基础设施建设仍显薄弱。习近平总书记强调，要补齐农村基础设施这个短板，逐步建立全域覆盖、普惠共享、城乡一体的基础设施服务网络，重点抓好农村交通运输、农田水利、农村饮水、乡村物流、宽带网络等基础设施建设。总书记的话直击农民反映强烈的民生痛点，指明了乡村振兴的发力点。

2.公共服务差距大。湖南公共服务供给多年来向城市倾斜，农民群众在上学、看病、养老、出行等方面还有许多不满意的地方。均等化并非数量上的绝对平均，也并非全体公民均要享受到等质等量的公共服务，而是要在基本民生中最大限度缩小彼此之间的差距，最大限度确保城乡居民均可以享受到基本公共服务。即便这一要求"不高"，但是由于基本公共服务供给总量有限、基本公共服务供给绩效缺位、基本公共服务供给质量失衡等原因，城乡基本公共服务均等化长期处在困境之中。一是基本公共服务供给总量受限。在湖南部分地区，农村基本公共服务的供给明显不足，甚至可以说，在个别农村地区还无法享受到城市居民能够享受到的基本公共服务。比如，看病难、看病贵，上学难、上学贵的难题依旧存在。对很多农村家庭来说，看病和受教育是十分沉重的负担，而城市教育系统发展良好，生活在城市中的孩子能享受到良好、低成本的教育福利和教育便利。此外，对部分农村地区来说，医疗卫生资源的供应十分有限，即便近年来湖南省推行了"新农合"，但不断增加的保险费用和有限的报销项目，使得农民的就医压力依旧很大。二是基本公共服务供给绩效缺位。政府在基本公共服务领域内的投资与快速增长的财政支出和经济体量相比还相差甚远，特别是在部分民生与公共安全领域，其投资增长更加缓慢，难以充分满足城乡居民对基本公共服务的诉求。此外，在基本公共服务供给实效方面，由于供给主体较为单一，政府始终处于垄断位置。更为重要的是，部分地方政府的不同部门之间经常出现职责模糊、办事效率低下、监管不力等问题，使得基本公共服务的供给更加低效。三是基本公共服务供给质量失衡。一个基本的事实是，对于同种类的基本公共服务，乡村的质量较差，城市的质量较高。基于此，城市居民的维权意识与参与意识要明显超过农村居民。与此同时，由于城市在法律和监督机制方面配套更加完善，所以城市居民可以针对政府提供的基本公共服务进行充分监督，促使政府提供更高质量的基础公共服务。可是，在很多农村地区，由于政府财力十分有限，人们对政府行为的监管相对缺位，使得农民的参与意识和维权意识相对薄弱。而一旦利益诉求和表达渠道受阻，就给农村基本公共服务的供给带来诸多隐患。

（三）城乡要素自由流动尚未建立

"聚人气、添动能、增活力。"劳动力、土地、资本等是决定农村发展的关键要素。湖南省要素市场改革明显滞后，要素在城乡之间的流动受到诸多限制，要素价格扭曲和市场分割现象仍然存在，严重制约城乡融合发展水平的提升。

1.农民进城的门槛依然较高。虽然 21 世纪以来，户籍以及城市就业、社会保障等制度改革改善了农民向城市流动的环境，也降低了农民在城市就业和居住的成本。但是促使农民家庭整体迁入城市的制度环境依然没有建立，特别是城市的住房、子女教育等成为农民在城市定居的最重要限制因素。第一代农民工由于年龄、知识、家庭等原因，逐渐开始离城返乡，第二代农民工成为主力军。新时代如何使两代农民工能够进得来，留得住，使他们成为市民，是湖南省城镇化进程中面临的难题。

2.土地城镇化快于人口城镇化。土地财政以及城乡二元土地市场刺激了城市蔓延扩张，土地城镇化速度显著快于人口城镇化速度。其结果一方面造成了土地利用的低效率，同时也使得农民无法同等分享城镇化发展的好处，加剧城乡发展不平衡程度。土地城镇化大于人口城镇化是湖南在城镇化道路上出现的一个突出问题。湖南以前的城镇化更多的是城市建设，过分注重城市规模的扩张和经济的发展，而忽视了居民的幸福感，使得许多农民失去了赖以生存的土地，但同时却无法融入城市，成了失根的人。要想让农民真正融入城市、在城市扎根，需要实现土地城镇化和人口城镇化的同步发展。

3.城乡金融市场存在严重藩篱。资本是农村发展的动脉，负责向各组织输送新鲜血液，是维持农村活力的基础保障。资金缺乏有效的双向流动，特别是商业化改革以来，随着国有银行城乡金融规模的不断扩大，城乡金融机构分布更加失衡，现存湖南农村金融机构如农村银行网点、邮政储蓄以及信用社等金融机构，一度扮演"抽水机"的角色，将农村资本进行汇集再向城市输送，留给农村的资本在其放贷份额中占比较小。农村正规金融资本流失，资金短缺问题突出，催生出一些非正规金融机构，但以民间借贷的方式满足农村发展需求隐含较大的金融风险。不仅仅是借贷成本高、风险大、利率高，而且限制农村金融规模扩张，阻碍农村资本要素市场健康发育，导致农村"造血"功能缺失，陷入发展瓶颈。与此同时，由于现行土地制度的缺陷，城市资本适度合理进入农村土地市场的机制也未建立起来。

第三节　进一步推进城乡融合发展的建议

推进城乡融合发展需要多措并举。其中，提升思想境界、细化顶层设计、丰富融合载体、优化经济布局不可或缺。

一、提升思想境界，充分认识城乡融合发展的紧迫性

（一）实施乡村振兴战略、实现"两个一百年"奋斗目标需要城乡融合发展

实现第一个百年奋斗目标，全面建成小康社会，短板在农村，难点是农村贫困人口脱贫；实现第二个百年奋斗目标，全面建成社会主义现代化强国，短板仍然在农村，难点是实现农业农村现代化。2018年，虽然湖南省城镇化率达到56.02%，乡村常住人口仍有3034.1万。如果不进一步破除城乡二元体制、实现城乡融合发展，城镇化的虹吸效应会让乡村一步步走向衰落，这数千万人就不可能同步实现现代化，乡村振兴战略目标就无法实现，整个湖南省也无法跟上"两个一百年"奋斗目标的前进步伐。

（二）破解城乡二元问题、释放乡村活力需要城乡融合发展

新中国成立70年来，湖南农业农村发展取得了举世瞩目的成就，但城乡发展不平衡、乡村发展不充分的问题仍然突出，是新时代我国社会主要矛盾在湖南的突出表现。从城市看，以城带乡的功能还不强。长期以来形成的二元户籍制度以及依附于其上的二元福利制度阻碍了农民市民化进程，农民工徘徊于城乡之间，"半拉子"城镇化、不彻底的转移不仅影响城镇化健康发展，也影响农业经营规模的扩大，阻碍农业劳动生产率的提升，农业比较效益长期处在较低水平，进而又将优质要素资源不断挤出乡村，影响乡村经济社会的发展。从乡村看，活力没有充分发挥。乡村基本公共服务在制度层面取得积极进展，但服务水平和质量仍然较低；乡村基础设施落后，污水处理普及率还很低，无害化卫生厕所普及率也不高，城乡人居环境差距还很大；城乡要素市场一体化还处于试点阶段，人、地、钱总体上还处于从乡村

向城市单向流动状态，导致乡村严重"失血"、活力不足。解决这些问题，迫切需要城乡融合发展。

（三）尊重乡村发展规律、发现乡村价值需要城乡融合发展

中国特色社会主义进入新时代，乡村的经济价值、生态价值、社会价值、文化价值和政治功能日益显现。乡村是涉农二、三产业的发展载体，也在成为一些高科技产业的新发展空间，能为建设现代化经济体系开辟新领域。乡村是生态产品的主要供给者，能提供更多优质生态产品以满足人民日益增长的优美生态环境需要。乡村是中华民族5000年文明的发源地和主要传承地，农耕文明是中华文明的根，乡村文化关系着民族文化和民族精神的维系。乡村是我们党最稳定、最牢固的执政基础，具有特殊的政治功能。全面认知和充分发挥新时代乡村的价值和功能，不仅要补乡村的短板，更要扬乡村的长处，实现城乡功能互补、融合发展。

（四）克服城市中心主义和民粹乡村主义的影响需要城乡融合发展

目前，思想理论界存在的城市中心主义思潮认为，城市是先进的，农村是落后的，城镇化水平提高了，农民进城了，"三农"问题就可以迎刃而解。其不仅主张通过"非农化"来破解城乡二元结构，还主张用城市来改造乡村，用城市规划、理念来指导乡村建设。在这一思潮的影响下，很多地方在一定程度上存在城市和工业优先的思想认识，在工作部署、资源配置、政策制定、制度保障等方面对农业和农村支持不足。这一思潮有片面性。而城乡融合发展强调城市和乡村各有自身的价值和功能，应在保持城乡各自特色基础上实现相互促进、协调发展。湖南要践行城乡融合发展，避免重视一头、轻视另一头的情况。

二、细化顶层设计，实施城乡融合的规划引领

2019年4月，中共中央、国务院发布《关于建立健全城乡融合发展体制机制和政策体系的意见》。2019年9月，湖南省人民政府发布《关于建立健全城乡融合发展体制机制和政策体系的实施方案》。现在的主要工作是立

足各地实际，把政策措施细化，使之"落地生根"。

（一）在发展布局上，把"三步"走好

第一步，到2022年，城乡融合发展体制机制初步建立，城乡要素自由流动制度性通道基本打通，城市落户限制逐步消除，城乡统一建设用地市场基本建成，金融服务乡村振兴的能力明显提升，农村产权保护交易制度框架基本形成，基本公共服务均等化水平稳步提高，乡村治理体系不断健全，经济发达地区、都市圈和城市郊区在体制机制改革上率先取得突破。第二步，到2035年，城乡融合发展体制机制更加完善，城镇化进入成熟期，城乡发展差距和居民生活水平差距显著缩小，城乡有序流动的人口迁徙制度基本建立，城乡统一建设用地市场全面形成，农业农村现代化基本实现。第三步，到本世纪中叶，城乡融合发展体制机制成熟定型。城乡全面融合，乡村全面振兴，全体人民共同富裕基本实现。

（二）在生产要素流动方向上，促进各类要素更多向乡村流动

要建立健全有利于城乡要素合理配置的体制机制。包括有力有序有效深化户籍制度改革，放开放宽城市落户限制，建立健全由政府、企业、个人共同参与的农业转移人口市民化成本分担机制；制定财政、金融、社会保障等激励政策，吸引各类人才返乡入乡创业；改革完善农村承包土地制度，稳慎改革农村宅基地制度，建立集体经营性建设用地入市制度等。其中，户籍制度改革旨在让为城市建设、发展和繁荣作出贡献的外来人口特别是农业转移人口住有所居、学有所教、病有所医、老有所养、心有所安，不断提高城市化水平和质量，增强城市竞争力和反哺农村的能力，为最终完成工业化和农业现代化创造条件。

（三）在工作重点上，加快补齐乡村发展短板

针对城乡公共服务不均等、基础设施差距大、产业发展水平差异以及城乡居民收入差距等问题，要建立健全有利于城乡基本公共服务普惠共享的体制机制、有利于城乡基础设施一体化发展的体制机制、有利于乡村经济多元化发展的体制机制、有利于农民收入持续增长的体制机制。今后，要把公共

基础设施建设的重点放在乡村，坚持先建机制、后建工程，加快实现城乡基础设施统一规划、统一建设、统一管护；要完善农企利益紧密联结机制，实现乡村经济多元化和农业全产业链发展；必须落实以人民为中心的发展思想，鼓励勤劳致富，统筹提高农民的工资性、经营性、财产性、转移性收入；要用城市的科技特别是农业科技改造乡村传统农业，用城市的工业延长乡村农业产业链条，用城市互联网产业等服务业丰富农村产业业态。

三、丰富融合载体，构建合理的新型城镇体系

（一）提高长株潭城市群发展水平

深入推进长株潭"两型社会"综合配套改革试验区建设，加快实施产业结构调整升级、基础设施建设、节能减排全覆盖、湘江流域综合治理、示范区建设、城乡统筹示范、长株潭综合交通运输一体化、三网融合等八大工程。支持长沙、株洲、湘潭三市利用"两型社会"综合配套改革试验区建设先行先试的优势，加快发展。统筹规划环长株潭城市群资源开发、产业布局、基础设施和市场体系建设，大力推进高速公路、城际铁路、机场、港口等现代交通网络建设，推动人口、产业、技术、资本和市场的聚集和融合。通过长株潭城市群的辐射带动，把长株潭地区建设成全省城乡融合发展的重要引擎。与此同时，支持各地因地制宜发展不同类型、不同层次的城市群，在城市群内统筹城乡规划、产业布局、设施建设、公共服务、社会管理。

（二）发挥区域中心城市的带动作用

在发挥长株潭城市群核心增长极引擎作用的同时，要进一步强化其他11个市（州）政府所在地城市的区域中心地位，适当扩大城市规模，完善城市功能，突出城市特色，提升城市品位，增强区域中心城市在经济、金融、信息、商贸、科教和文化等方面的辐射和带动作用，使之成为带动区域城乡融合发展的重要平台和要素集聚中心。

（三）做大做强县城和中心镇

坚持把县城和中心镇作为统筹城乡发展、推进城乡融合的关键节点和重

要纽带，建设成为生产要素集聚和承载农村人口转移的重要区域。加快 86 个县、市城区的扩容提质，增强城镇综合承载能力，提升产业发展水平，完善公共服务，使之成为县域经济社会发展的核心。加快发展中心镇。每个县、市合理确定 1—3 个中心镇，重点支持发展，建成高品质、特色型的生态宜居精品城镇。

（四）引导集镇、山镇发展

集镇、山镇虽然规模不大，但对既有分散村落、村民的作用大，要积极引导其发展。

四、优化经济布局，统筹城乡生产力发展

（一）调整城市产业结构，增强城市产业带动能力

一要优化产业空间布局，立足自身优势和产业基础，加快改造提升传统产业，发展战略性新兴产业，壮大特色产业，承接产业转移，推进集群化发展；大力发展金融、保险、物流、会展、创意设计等生产性服务业，提升商贸、文化、旅游、保健、社区服务、家政服务等生活性服务业。二要坚持以新型城镇化承载新型工业化、以新型工业化带动农业现代化，大力发展城乡关联产业，在布局、培育和发展城市二、三产业项目时，要优先支持发展带动农业产业链延伸、传统农业改造和农村劳动力转移的项目。三要大力发展劳动密集型产业，吸引农民进城就业和落户，为农民增收和农业规模经营创造条件；大力发展农产品加工业，培育壮大一批起点高、规模大、带动能力强的大型农产品加工龙头企业，实现农产品由初级加工向精深加工转变，由农村小批量低层次加工向城镇现代化规模加工转变；大力发展农业机械制造、农村信息、支农化工等涉农支农助农产业，为农业现代化发展提供技术装备支撑；大力发展物流配送、连锁超市、电子商务等现代流通方式，加快形成城乡一体的新型流通网络，实现城市大型批发市场、专业市场、商贸超市与农村市场及农产品基地有效对接。

（二）引导农村非农产业向县城和中心镇集中

强化县城和中心镇的产业支撑，科学规划县域产业布局，因地制宜推动人口向城镇集中、产业向园区集中、土地向规模经营集中。根据产业集聚和城镇发展需要，每个县城建设一个节约集约、设施完善、服务配套的产业园区，引导县域企业进入园区发展，原则上新建项目均要落户园区，形成集群发展。建立项目审批、资金支持、用地供应、标准厂房、节能减排等激励约束机制，引导产业有序发展和集聚发展。城乡统筹的电力、交通、通信、环保、给排水等基础设施建设应主要与县城和中心镇衔接，医疗、文化、体育、养老等公共服务设施要重点向县城和中心镇集中，商贸、流通、金融等社会化服务设施应重点向县城和中心镇布局，以增强对企业和农民的吸引力。

（三）引导工商资本下乡，推进农村一、二、三产业融合发展

目前，一方面，城市的工商资本寻找资金出路，积极进入有发展潜力和相对安全的农业领域，选择成本洼地，扩大发展空间；另一方面，随着城市居民对乡村绿水青山、民俗文化的向往，以及对特色农产品多样性、定制化需求的旺盛，农业领域对工商资本的吸引力也逐渐加大。工商资本下乡带来的先进理念、技术、管理以及人才、资金等因素，以及外部需求市场的拉动，可以推动湖南省农村以特色农业为基础的一、二、三产业融合发展。

第十三章　加强党对乡村振兴工作的领导

在大变革大调整时期，我国面临经济下行压力加大、外部环境发生深刻变化的复杂形势，做好乡村振兴工作具有特殊重要性。加强社会主义新农村建设，实现乡村振兴，关键在于坚持党的领导。加强和完善党对乡村振兴工作的领导，具有统揽全局的意义，有利于发挥集中力量办大事的制度优势。

第一节　强化党管农村的主体责任

建立健全科学的工作机制和领导体制是加强改善党对乡村振兴工作领导的重要内容，也是坚持和落实民主集中制的必要条件，乡村振兴工作千头万绪，并不单纯是乡村之事，更牵涉城镇发展等外部性因素，需要明确建设者的主体责任和责任边界，也需要从顶层设计入手，继续探索更加科学民主的议事机制，以确保乡村振兴等国家战略的有序推进。建立和完善党对乡村振兴工作科学领导体制机制，首要任务就是强化各级党委和政府的主体责任。面对农村基层多重组织力量、多方群众的参与，乡村振兴战略的有效推进需要以主体责任的落实为着力点。一旦缺失了关于主体责任的明确，乡村振兴中的"头雁"效应就难以充分发挥，责任"发动力"的带动链条就容易拉断，组织力量的衔接和要素流动就易于遭受梗阻，只有落实了党管农村主体责任，才能确保农村基层领导体制机制发挥出最大效能，党对"三农"工作的领导才能在广大基层落地生根。

一、优化"关键少数"的责任分工

湖南省明确要求落实实施乡村振兴战略领导责任制，确定党政主要负责人是第一责任人，五级书记抓乡村振兴。加强各级党委农村工作部门建设，做好党的农村工作机构设置和人员配置工作，充分发挥决策参谋、统筹协调、政策指导、推动落实、督导检查等职能，明确县委书记当好乡村振兴"一线总指挥"。这些举措充分说明了党对于乡村振兴过程中发挥各级领导干部作用的高度重视，习近平总书记鲜明指出，领导干部是党和国家事业发展的"关键少数"，对全党全社会都具有风向标作用。① 越是任务艰巨繁重越需要领导机关和领导干部奋勇当先、实干担当，加强党对乡村振兴工作的领导，很重要的一个方面就是在"关键少数"能否敢于担当、勇挑重担，团结和带领广大群众在乡村振兴的道路上奋发有为。要做好这一点就必须优化落实各级领导班子之间以及领导班子内部的分工协作问题。乡村振兴工作的规律决定了领导班子要做好工作，必须有分工有合作；乡村振兴项目往往涉及多个分管领导的职能范围，不能以分工为由将工作"泾渭分明"，要明确分工与合作是相对的，分工是为了更好的合作，而片面强调合作没有分工，就会责任不明，工作缺乏效率。提高领导班子的绩效，必须坚持分工与合作的统一。

二、重视乡村振兴工作骨干力量建设

要强化各级党委、政府在经济发展及党员组织管理方面的主体责任，进一步凸显党在乡村振兴工作中的领导地位。乡村振兴工作建设主体是人民群众，而发挥先锋模范作用和骨干力量的却是广大农村基层党员。广大农村基层党员是密切各级党委、政府与基层一线群众关系的关键，他们既是党管农村政策的遵守者、执行者，更是将重大党政方针路线与个人价值联系在一起

---

① 参见《习近平谈治国理政》第三卷，外文出版社 2020 年版，第 544 页。

的天然载体。离开了这一骨干力量，各级党委、政府主体责任的履行将无从入手。为此，湖南省十分重视乡村党组织带头人整体优化提升行动，在全省范围全面实现村党组织书记县级党委组织部门备案管理制度，把懂农业、爱农村、爱农民作为基本要求，坚持村干部"凡进必审"，不断净化乡村振兴工作骨干队伍。健全从优秀村党组织书记中选拔乡镇领导干部、考录乡镇公务员、招聘乡镇事业编制人员制度，以拓宽"三农部门"干部来源。

各级党委、政府在乡村振兴工作中既注重经济指标数据，更注重自身在党组织内外的动员、凝聚作用，要充分发挥广大农村基层党员参与建设的主动性和积极性，切实尊重和体现党员的主体地位。关心基层干部，从健全党员民主权利保障制度入手，确保权责统一，让基层干部工作有动力、待遇有保障、事业有奔头。

三、抓好党内外监督机构和制度建设

应增强党领导乡村振兴工作的信息透明化和可见度，既要开展党内有效的自我监督，也要虚心接受外界群众的客观评价，以强化各级党委和政府的主体责任。为此，必须加强乡村振兴工作数据的统计监测工作，湖南各级党委坚持规划先行、注重质量、因地制宜、分步实施，把抓党建促乡村振兴作为市、县、乡党委书记抓基层党建述职评议考核的重要内容，不断提升党和政府信息公开的广度和深度，优化市县党政领导班子和领导干部推进乡村振兴战略的实绩考核意见，并将考核结果作为考核评价领导班子和选拔任用领导干部的重要依据，增加客观性监督指标的权重，并加强考核结果应用。

第二节　统筹党领导下的城乡发展空间

加强党对乡村振兴工作的领导，离不开党在国民经济各项建设中的全面统筹和协调作用。习近平总书记指出，坚持党的领导，发挥党总揽全局、协

调各方的领导核心作用，是我国社会主义市场经济体制的一个重要特征。①
习近平总书记生动地以"众星捧月""中军之帅"阐述党总揽全局、协调各
方的领导核心地位和作用。总揽全局是党在政治力量格局中核心地位的体
现，是"最高政治力量"的必然要求。"协调各方"则体现了党总揽全局、
实施领导的工作着力点。长期以来，大量村庄建设缺乏发展动力与活力，
"空心村"频频出现，其重要原因在于城乡之间政策的不平衡与脱节，造成
了城乡之间发展的对立。加强党对乡村振兴工作的领导，必须统筹党领导下
的城乡关系，完善城乡政策衔接和全局统筹，消除城乡二元化体制机制下带
来的各种不利因素。

一、强化城乡政策衔接的意识

对照《国家新型城镇化规划（2014—2020 年）》所列举的问题，在乡村
建设中，要避免出现其中所指出的"部分城市贪大求洋、照搬照抄，脱离实
际建设国际大都市，建设性破坏不断蔓延，城市的自然和文化个性被破坏"
等情况，最大化减少因城市资本盲目下乡投资所产生的新型城镇化与乡村振
兴建设两方面的问题。新型城镇化建设与乡村振兴是我国现代化经济建设重
要的战略抓手，要防止出现"战略断层"和相互抵触，《中共湖南省委湖南
省人民政府关于实施乡村振兴战略开创新时代"三农"工作新局面的意见》
指出："加强各类规划的统筹管理和系统衔接，统筹考虑产业发展、人口布
局、公共服务、文化保护、土地利用、生态保护等，形成城乡融合、区域一
体、多规合一的规划体系。"应消除城乡各级政府、党委在政策执行层面对
二者存在的误区，实现政策衔接。同时，要严格限制农村地区大拆大建，照
搬城市小区模式建设新农村，简单用城市元素与风格取代传统民居和田园风
光。为此，党委、政府要有市场意识，提升对经济发展规律的理解和把握，

---

① 参见习近平：《在十八届中央政治局第十五次集体学习时的讲话》，《人民日报》2014
年 5 月 28 日。

要将坚持党的集中统一领导与遵循市场经济规律有机结合起来。

二、消除城乡竞争的内卷化发展倾向

黄宗智在《长江三角洲小农家庭与乡村发展》中，把内卷化这一概念用于中国经济发展与社会变迁的研究，他把通过在有限的土地上投入大量的劳动力来获得总产量增长的方式，即边际效益递减的方式，称为没有发展的增长即"内卷化"。[①] 发展在内部循环并日益精细化和复杂化，但因发展无法与外系统形成良性循环互动，便造成了有增长但缺乏发展的现象。城乡竞争同样带来了这样一种发展局面，即城乡之间对于有限要素的无序争夺，决定了党统筹城乡发展空间必须突破定式的内卷化发展思维。近年来，湖南坚持统筹推进乡村振兴战略和新型城镇化战略，走湖南特色的城乡融合发展之路。

一方面，健全城乡竞争的一体化市场机制。完善城乡政策衔接和全局统筹，并不是说城乡之间不能有竞争，关键要避免城乡之间的无序竞争，湖南省委、省政府《关于建立健全城乡融合发展体制机制和政策体系的实施方案》提出"城乡要素自由平等流动体系"和"建立城市人才入乡激励机制"等，致力于塑造新型工农城乡关系，要打造城乡一体化的发展平台，实现产业链从城市到农村的自然延伸。通过统一的市场内公平竞争，进而提升整个区域的生产效率。

另一方面，改革政府工作绩效评估规则。政府工作绩效评估承载着强化政府责任、提高政府工作效率的目标。要协调城乡关系，并处理乡村振兴相关的各部门关系问题，就必须在党的集中统一领导下梳理政府部门职能交叉、减少直接指标攀比现象，应进一步科学设计指标项目及权重，增加间接指标的设计，如引入部门间的协同指标作为业绩标准，并使用科学和合理的评估技术和方法等，以此消除政府行政碎片化管理，减少政府间不合理竞

---

① 参见黄宗智：《长江三角洲小农家庭与乡村发展》，中华书局 2000 年版。

争，杜绝由此引发的浮夸和虚报业绩的严重作风问题。2018年，湖南省改革市州重点工作绩效评估机制，二级指标由原来的40项减至17项，聚焦高质量发展、"三大攻坚战"、党的建设、社会稳定和安全生产四个一级指标，大大优化了党对于城乡发展空间的统筹治理能力。

三、创新社区复合共治议事体制机制

党的力量来自组织。马克思主义政党力量的凝聚和运用，在于科学的组织。发挥组织的作用在于完善农村基层党组织的议事机制。农村治理的现实情况十分复杂，存在社区党建、社区自治与行政治理等多重复合关系，"社区复合共治"① 的趋势不仅存在于城市，同样也存在于农村。要解决这些问题，就必须创新农村"社区复合共治"背景下基层党组织议事体制机制。

一要创新党建服务平台。要打造区域化党建平台，为农村基层党组织议事机制提供可能。区域化党建是社区各类治理机构横向协调合作的重要平台，是有效整合区域内党建资源、发挥社区民主的重要抓手。

二要完善议事规则。要制造农村基层党组织议事的"共同利益"，在"社区复合共治"背景下，要发挥农村基层党组织民主议事的作用，凝聚人心，统一思想，就必须通过更广泛的议事范围，将各类组织与人群充分考虑到议事要解决的问题和要实现的利益中去。

三要执行群众路线。要抓住农村基层党组织民主议事"互动活动"这个根本。随着农村城镇化的发展，村改社区的现象越来越普遍，如果在集体经济朝着社区经济转型的过程中，也使得农村基层党组织民主议事的程序、规则与实际内容更能贴近群众利益与客观发展需求，就需要农村基层党组织带头人加强与普通群众的联系，在收集群众意见方面真心实意倾听各种声音，借助各种接地气的互联网平台、渠道，让社区群众敢于、愿于吐露心声，行使自身的社区共治的民主权利。

---

① 于燕燕：《复合共治：社区治理最佳路径》，《人民论坛》2016 年第 32 期。

第三节　强化党领导乡村振兴工作的政治规矩

要以严格的党内法规确定党领导乡村振兴工作的政治规矩。政治规矩的实质是调节和处理党内外的利益关系、权利和义务关系的行为规范和惯例。① 纵观世界各国，大部分国家都是实行政党政治，政党政治是现代政治的核心，任何政党必然存在严格的政治规矩，其成员也必须毫无保留地拥护该党的政治纲领和政治主张。中国共产党历来从严治党，采取严明的政治规矩，这是我党在历史上多个时期面临政治生态危机，都能从容将其化解的根本原因。习近平总书记指出，我们党的党内规矩是各级组织和全体党员必须遵守的行为规范和规则。② 因此，要以严格的政治规矩作为党领导乡村振兴工作的重要抓手。

一、梳理完善党内法规上下层级关系与逻辑体系

中国共产党的内部规矩具体表现为党内法规和国家法律法规，而党内法规主要有四种形式：其一，总规矩，也就是党章，是党内法规中的"宪法"，具有最高的效力。此外，也包括一些对党章进行具体补充的"宪法性"文件，如 1980 年《关于党内政治生活的若干准则》，往往在党的全会上通过并颁布。其二，党的纪律。1927 年 6 月，中央召开政治局会议，对党章进行了修改，其中第六十五条明确规定"严格党的纪律是全体党员及全体党部最初的最重要的义务"。目前党的纪律主要包括政治纪律、组织纪律、廉洁纪律、群众纪律、工作纪律、生活纪律这六个方面，如中共中央印发的《中国共产党纪律处分条例》《中国共产党农村基层组织工作条例》就属于这一类型。其三，国家法律法规尽管并不是直接表现为党内法规的形式，但从内容来看，仍然

---

① 参见李斌雄、张银霞：《中国共产党严明政治纪律政治规矩的利益基础和生态分析》，《马克思主义研究》2016 年第 1 期。

② 参见习近平：《深化改革巩固成果积极拓展不断把反腐败斗争引向深入》，《中国纪检监察报》2015 年 1 月 14 日。

可视为党内法规的理论渊源和党员必须严格遵守的规定，在处理党内事务时应贯彻"纪在法前"的原则。其四，党在长期实践中形成的优良传统与习惯，同时也包含着部分中华民族传统优秀文化的因子，部分甚至以"非成文法"的形式出现并调整着党内政治生活。尤其在乡村振兴领域，一些工作习惯也逐渐成为基层党组织和党员的行为规范，这就要求我们认识到党内法规丰富而具有特色的渊源，以及各类党内法规之间的相互层级关系。

总的来说，中国共产党的党内法规体现着党的意志和政治规矩，其外延大于中国共产党党内纪律。中国共产党的党内法规是调整内外利益、权力和权利关系的一整套行为规范，体现了全国人民的共同意志。梳理规范党内法规体系的内部逻辑和层级关系，有利于全面从严治党，采取严明政治规矩，净化执政环境等策略，从而达到净化政治生态、建设廉洁政治和文明政治的目标。

二、确保各类组织朝着正确的政治方向发展

各类与乡村振兴工作相关的组织大体可以分为四大类：第一类是政治组织，包括基层党组织、村民委员会、村民大会等以及乡镇行政机关等，此外还有一些家族宗族组织，其成员不乏政商界成员，能够通过多种方式对农村的政治生活产生实际影响。第二类是经济组织，主要是指农村经济合作社、乡镇的各类企业、商业和金融组织等。第三类是社会福利组织，包括民间自发成立或政府主导成立的以增进农村社会福利为目的的系列组织。第四类是科研组织，包括由高校、科研机构、学术团体与个人成立的长期或临时研究机构。

农村组织多，从某种意义上考察也是有益的，至少说明乡村振兴工作受到了社会各界的广泛关注，而问题在于要努力使组织之间的协同关系发挥出来。20世纪30年代的日本也经历了乡村振兴，主要由民间团体自发组织领导，然而由于缺乏统一的发展目标和规划，到了后期产生"异化"现象。美国学者克里·史密斯通过研究日本这一段历史发现："作为繁荣的先决条件

的社会团结却轻易地被用来压制不同意见。存在有多种方式将经济振兴的现代思想和做法天衣无缝地与发动全面战争的全国总动员糅合在一起。"①组织振兴犹如一把双刃剑，如果不将其引导到正确的道路上来，也存在较大的隐患。

农村各类组织在工作目的上不可能天然地达成一致，一旦乡村振兴脱离了党组织的领导，怀着各种私利目的的经济组织将打着集体经济的旗号损害群众的利益。近年来，一些资本下乡项目、"能人经济"模式已经对集体经济造成了损害，党组织及其带头人在发展经济的过程中随意性仍然较大，党内法规在保护农村集体经济方面缺乏可操作性，集体经济红线标准不明确，党组织被其他社会组织和个人侵蚀的情况常有发生，直接损害了区域内群体的集体利益。《中国共产党农村基层组织工作条例》第十九条指出，党的农村基层组织应当加强对各类组织的统一领导，打造充满活力、和谐有序的善治乡村，形成共建共治共享的乡村治理格局。因此，党领导乡村振兴工作正是要确立和巩固党在农村工作中的核心领导地位，要对农村各类组织实行统一的行为和思想管理，因地制宜推动发展壮大集体经济，确保乡村振兴朝着正确的方向发展。

三、推动乡村治理与政治要求相适应

为了推动乡村治理体系和治理能力现代化，中共中央办公厅、国务院办公厅印发了《关于加强和改进乡村治理的指导意见》，明确了总体要求和17个主要任务，从制度健全、组织建设到村民自治实践、农村基本公共服务等内容都有详细要求。该意见既属于党内法规，也属于行政法规，但从2020年和2035年两个阶段性目标的时间节点来看，承担主要建设责任的都是农村基层党组织，这就说明推动乡村治理体系和治理能力现代化的关键还是在

---

① 〔美〕克里·史密斯：《危机年代：日本、大萧条与农村振兴》，刘静译，江苏人民出版社2018年版。

党，要实现这一目标，还需要继续建设党内法规体系，以适应农村全面治理的要求。应尽快做好以下两个方面的工作。

一是党建统领优化基层治理新格局。新时代农村自治要求基层群众自治组织政治上和上级党组织保持一致，但在具体的行政事务工作中基层党组织应有更大的工作自由度。可结合乡村振兴工作的新特点，优化党内法规体系的贯彻执行方式，提高执行效率。各级党委、政府应认真分析解决意见中所指出的"村级组织承担的行政事务多、各种检查评比事项多问题"，将农村基层党组织从繁重的迎检和接待工作中解放出来，上级党组织不能以通过基层党组织的行政命令来间接剥夺村民委员会的自治权，湖南省鼓励村级组织发挥议事会等自治组织作用，引导广大村民树立"自己家园自己规划、自己建设、自己管理"的理念。当前，乡镇（街道）统计电子台账建设已经具备一定成效，全部实现联网直保，正在积极推广村级基础台账电子化，建立统一的"智慧村庄"综合管理服务平台，探索区块链技术在农村基层党组织履职能力方面的评估运用。

二是以党内价值宣讲助推乡风文明。乡风文明面貌反映了农村广大群众的内心世界建设，是道德观、法治观和世界观的集合，培育乡风文明是党组织领导开展自治、法治、德治相结合的乡村治理的前提和基础。从根本上说，党内法规的价值内容与广大人民群众的根本利益是完全一致的，应以党内法规普及和价值宣讲为抓手，推动乡风文明工程建设。以《湖南省推动乡村文化振兴工作方案》为例，其目标也在于深入开展社会主义核心价值观宣传教育，巩固党在农村的思想阵地，乡风文明则是以党的价值文化为评判标准。因此，要以良好的党风、政风带动农村家风建设，传承传播优良家训；广泛开展社会主义核心价值观教育，创办农民夜校，坚持农民技能培训和道德培训相结合，弘扬崇德向善、扶危济困、扶弱助残等传统美德，用中国特色社会主义文化、社会主义思想道德牢牢占领农村思想文化阵地；指导各地开展乡规民约建设，由基层党组织在内容和程序上严格把关，争取最大范围的群众认同和自觉遵守。

第四节　加强党对乡村振兴人才队伍的领导

办好中国的事情，关键在党，关键在人，关键在人才。人才关乎党领导乡村振兴工作的成败，没有人才的支撑，各项工作将难以开展，乡村振兴本质上也是人才的振兴。习近平总书记在多个场合作出重要指示，强调人才强国的重要性，2018年6月，他在山东考察时指出："乡村振兴，人才是关键。"

一、优化乡村振兴人才的生成与培养

当前，农村生产生活环境发生了巨大变化，党管乡村振兴工作面临的长期执政、改革开放、市场经济和外部环境考验愈发严峻，推进农业农村现代化、确保国家粮食安全、提高亿万农民的生活水平和思想道德素质、促进山水林田湖草系统治理、打赢脱贫攻坚战、推进乡村全面振兴，就要在党的领导下，抓紧时间培养造就一批高素质的爱农、知农的新型农业人才和其他各方面人才。乡村振兴工作的特征决定了乡村振兴人才必然是长期扎根基层，有理论、有技能并具有农民情怀的务实工作者，这类人才必然是稀缺的，依靠外部市场输送往往难以满足基层需求。

基层党组织应利用自身的基层土壤环境，培养和帮扶本组织党员干部尽快成长为农村集体经济组织需要的各类人才，以优秀的党内人才充实基层乡村振兴干部队伍。湖南选派熟悉乡村振兴工作的干部进入党委和政府领导班子，把到农村一线工作锻炼作为培养干部的重要途径。此外，党组织要实现人才培养能力必须实现从管理型党组织向学习型、服务型党组织的转型，提升组织科研学习氛围，面向群众做好科学帮扶。在这个方面，湖南通过引导教育乡村振兴干部大兴调查研究之风，密切联系群众，加深对农民感情以不断回应顺应时代发展、推进事业发展、加强党的建设的"三个迫切需要"。通过多方举措，使农村一线基层党组织成为乡村振兴人才产生的重要源泉。

二、创新党管乡村振兴人才的方式方法

人才不仅要来，还要能留得住。习近平总书记指出："要推动乡村人才振兴，把人力资本开发放在首要位置，强化乡村振兴人才支撑，加快培育新型农业经营主体，让愿意留在乡村、建设家乡的人留得安心，让愿意上山下乡、回报乡村的人更有信心，激励各类人才在农村广阔天地大施所能、大展才华、大显身手，打造一支强大的乡村振兴人才队伍，在乡村形成人才、土地、资金、产业汇聚的良性循环。"面对人才总量不断壮大、结构组织日趋复杂、思想构成多元的客观现实，需要进一步加强党组织的政治功能，增强组织吸引力，密切党和人才的紧密联系，把各方面优秀人才团结集聚到党领导的乡村振兴工作中来，汇聚成社会主义现代化建设的磅礴力量。为此应该要创新党管乡村振兴人才的方式方法。

（一）继续发挥党的人才组织优势

扎实推进抓党建促乡村振兴，建立选派第一书记工作长效机制，全面向贫困村、软弱涣散村和集体经济薄弱村党组织派出第一书记。把到农村一线工作锻炼作为培养干部的重要途径，注重提拔使用实绩优秀的干部，形成人才向农村基层一线流动的用人导向。同时，也需要正确处理村支"两委"与农村集体经济组织的关系、基层党组织带头人与农村经济组织职业经理人的关系、党内规章制度与现代企业章程之间的关系，为乡村振兴组织的各类人才充分履职以及获得合理权益提供程序和制度保障。

（二）为各类人才扎根基层提供平台

大学生村官下乡工作是党中央作出的一项重大战略决策，是向农村"输血"的重要途径。要改变大学生村官"干三年就走"的现状，必须用感情、用事业留人，鼓励大学生村官将梦想筑在乡村，用激情点燃乡村，真心扎根基层。但是"留得住"不代表"流不动"，要建立大学生村官成才和流动的长效机制，同时要借血缘、亲缘、地缘纽带，通过搭建感情联络平台，引导扶持在外乡贤、原籍大学生以及优秀外出务工人员回乡创业兴业。

习近平总书记强调，"加快培育新型农业经营主体，让愿意留在乡村、建设家乡的人留得安心，让愿意上山下乡、回报乡村的人更有信心"。

（三）增强人才的识别和管理分类工作

在乡村振兴建设总资源有限的情况下，要发挥党组织人事考察和教育培养的优势，借助组织部门、党校、行政学院等平台资源，做好人才建档甄别遴选以及梯次分类工作。针对不同农村、不同产业发展所产生的不同类别、不同层次的人才缺口，通过调拨或政策吸引相应的人才进行补充。要使乡村振兴人才的国家计划和地方计划相协调，开展人才总量储备控制和人才的跨地区宏观调配等工作。

三、实现党管乡村振兴人才与市场机制相结合

人才市场是我国社会主义市场经济中重要的要素市场，近年来，我国人才资源开发和配置服务能力显著增强，在经济社会发展中凸显越来越显著的作用，尊重人才市场经济规律，有利于最大限度发挥人才对经济的推动作用。当前农村人才市场机制的健全还面临许多问题，比如即使乡村振兴人才在农村相对稀缺，却仍然无法获得较高的工资报酬，这违背了人才市场经济规律，实际上反映了农村人才管理的体制机制不健全，无法如城市一般将人才的价值信息在供需双方进行有效传递。需要从以下三个方面加以完善。

（一）消除城乡事权和财权的不对称性

必须化解目前农村社会发展面临的人财物相对匮乏的局面，基层社会管理和经济发展的任务重，但是财政权几乎不能独立于城市，农村与城市在人才争夺战中无法获得市场公平竞争地位，缺乏人才优惠政策的农村建立人才市场机制难度较大。从乡村振兴的角度来看，要实现党管乡村振兴人才，建立与乡村振兴发展相适应的人才市场机制。尊重乡村振兴人才市场的价值规律和市场规律。[①] 人才的价格往往能够反映出人才的价值，价

---

① 　参见马昌定：《人才价格机制与人才结构调整》，《中国人才》2011 年第 1 期。

值规律和市场规律不断调整着人才市场的供求关系，但是市场也因追求效率而存在盲目性，随着城市对人才定价的普遍高涨，城乡对立的过程中，人才总是从农村流向城市，造成乡村振兴人才的缺口持续放大。因此，要打破原有的不公平，必须从中央层面加大对乡村振兴人才补贴的转移支付力度。

（二）完善乡村振兴人才综合补贴

丰富人才价格的构成内容、要素，要认识到工资只是最基本的方面，人才的流动不仅受工资高低的影响，同时由当地基本公共服务水平、政府贷款补贴、住房补贴等多种因素所决定。即使城乡处于同一工资水平的情况下，决定人才流向的还包括许多非工资因素，比如在广大的西部和艰苦边远地区农村，如果不能保证国民享受到一些基本公共服务如子女就学等，那么农村吸引乡村振兴人才将会十分困难，这是要引起高度重视的。从2009 年开始，湖南省创新教师队伍建设举措，在全国较早实施集中连片特困地区农村教师人才津贴政策，激发了优秀教师交流到农村学校任教的强大内生动力，许多县区的教师流向发生了明显改变，有效改善了片区农村教育的投入结构，政府的教育投入从侧重于建房子、买设备等硬件建设逐步向侧重于积极改善教师的工作和生活条件、提高教师待遇水平等软件建设转变。2013 年，省委、省政府还专门出台《关于对武陵山片区农村基层教育卫生人才发展提供重点支持的若干意见》，通过项目支持、对口支持、资金支持、编制适当倾斜及职称评聘适当放宽等全方位措施，吸引和留住人才。

（三）健全乡村振兴人才待遇监督制度

充分认识健全农村人才市场机制的重要性，努力提升人才市场的公开和公平性，推动建立以劳动合同为基础的新型人才供需关系，为用人单位发现、培养以及用好人才提供及时的信息。[①]通过农村人才市场机制实现全面、

---

① 参见刘东：《人才市场：为人才成长提供良好机遇与环境》，《中国人才》2007 年第 19 期。

准确、及时的行业人才报价，这样乡村振兴人才为了获得更高的劳动报酬必然努力提升自身价值，提升素质以适应用人单位的需求。价值规律就是这样不断地调整人才在不同行业、不同地区之间的分布，使之不断地适应经济社会发展的要求，而这一切都归功于人才市场机制的建立。同时，由于农村的劳动监督部门不如城市专业且密集，农村用人企业往往缺乏外部监督，而内部自律难以得到保证，那么必须依靠党对乡村振兴人才工作的领导来实现监督机制。一方面，党领导乡村振兴人才工作，既要发展生产①，更要能够保障劳动者基本权益，那么就要求以党内自律保证经济单位内部自律，如湖南省规定高等院校、科研院所等事业单位专业技术人员到乡村挂职兼职和离岗创新创业制度，保障其在职称评定、工资福利、社会保障等方面的权益；另一方面，农村基层党组织要加强对外部监督机构的监督和指导，处理好农村基层党组织与外部无隶属关系的监督机构之间的关系，如当外部机构为某县劳动仲裁委员会，农村基层党组织唯有通过其双方共同上级党组织来实现这一监督，党内协调制度的建立，也是确保乡村振兴人才市场公平公正的重要环节。

第五节　加强党对乡村社会组织的领导

综观世界各发达国家，大都经历过一段乡村振兴运动的历史，如韩国的"新村运动"、日本的"造村运动"、德国的"村庄更新"计划等，不同国家的国情不同，治理手段有较大差异，不同发展阶段乡村衰落的内在逻辑不同，促进乡村振兴的策略也必须相应调整，但共同点在于，促进乡村振兴有必要营造社会氛围、集聚人气，只有凝聚强大的合力，组织全社会各方面分工有序合作，才能实现乡村的良性可持续发展。

---

① 党对乡村振兴企业具有一定领导责任，特别在集体经济兴盛的农村，党本身就是乡村振兴企业的领导力量，基层党支部书记兼任经济合作组织书记将进一步强化这种责任。

一、构建社会协同推进机制

乡村振兴是一项极其复杂的社会系统工程，从乡村社会管理的发展趋势来看呈现主体多元化发展的特征，就乡村而言，其经济成分、组织形式、就业方式、利益关系和分配方式日益多样化，单位覆盖的范围越来越小，越来越多的"单位人"变成"社会人"，这为乡村振兴背景下如何凝心聚力提供了思考空间。

20世纪70年代以来，新公共管理运动兴起，伴随全球化、信息化时代的来临，传统新政管理机构无法应付自身机构的不断膨胀、无力应付巨额的财政赤字，提供公共服务的能力有限，而公众的需求持续扩张，面对这些情况，英国撒切尔内阁、美国里根政府等率先开始对公共部门进行改革，实行了不同于政府有限论和以市场解救"政府失灵"的一种公共管理模式。创新乡村社会管理体制，需要结合我国国情制定相应的对策，不能简单地将目标定为"小政府、大社会"，一旦这样就有可能陷入西方管理理论的陷阱之中。

创新乡村社会管理体制，需要重视两个方面的工作：一是政策和资源要向基层倾斜，要建立健全农村基层社会管理服务体系以及机制体制，由于历史上形成的城乡差异在短时期内无法消除，必须将人力、财力、物力更多投到基层，壮大基层管理组织，整合基层力量，优化基础工作，培养基层的自治及可持续发展能力，要做到这一点，仅靠党委、政府、市场、社会某一方面发力很难取得实质性效果，需要广泛凝聚各方面力量，比如不少企业经营者有乡村情怀，但不懂政策、不懂技术，这就需要党委、政府创设好的机制、提供好的平台，而这都是市场失灵所不能解决的，西方的新公共管理理论显然不符合我国乡村振兴的实际情况。

二是寓管理于服务之中。进一步加强和完善乡村流动组织和人口的监测，建立乡村振兴组织和人口的基础信息库，实行动态跟踪管理，只有掌握了农村的基本面，才能进行资源有效整合和服务。

习近平总书记指出："我们最大的优势是我国社会主义制度能够集中力量办大事。这是我们成就事业的重要法宝。"我国之所以能创造一个个世界经济和工程奇迹，根本原因在于我们坚持社会主义制度，坚持党的领导，能够在短时期内集中力量办大事，这种制度优势是任何国家制度都无法比拟的。这就为我们提供了一种新的社会治理模式，即党委领导是根本，政府负责是前提，社会协同是依托，公众参与是基础。在乡村振兴战略中，要继续巩固党在基层的执政基础，加强党对乡村振兴工作的全面领导，强化政府乡村治理的职能，要求各类事业单位认真履行好本职服务功能，引导各类社会机构拓展业务范围、增强服务能力，支持人民团体和公民个人参与乡村治理和公共服务，组建志愿者队伍，充分发挥群众参与社会管理的基础作用，构建党委、政府、市场、社会协同的大发展格局。

二、发挥党的群团组织动员优势

2020年，湖南省将"着力发挥好群团组织作用"写入省委一号文件之中，并归于"抓实建强农村基层党组织"部分，可见群团组织建设对于乡村组织振兴的重要意义。群团组织又称党的群团组织，新中国成立以后，将党组织以外的其他具有社会影响力的社会组织力量进行重新调整和统一规范，命名为群团组织。党的群团组织具有以下根本特征。

首先，具有强烈的政治属性。2015年，习近平总书记在中央党的群团工作会议上强调："政治性是群团组织的灵魂，是第一位的。群团组织要始终把自己置于党的领导之下，在思想上政治上行动上始终同党中央保持高度一致，自觉维护党中央权威，坚决贯彻党的意志和主张，严守政治纪律和政治规矩，经得住各种风浪考验，承担起引导群众听党话、跟党走的政治任务，把自己联系的群众最广泛最紧密地团结在党的周围。"群团组织在政治上拥护党的领导，在具体工作中具有一定的自主性和灵活性。其次，群团组织是党联系特定阶层和人民团体的制度渠道，群团组织往往具有自己的组织网格，特定阶层和人民团体通过认可该群团组织的章程加入其中。最后，群团组织是中国特色社会主义民主政治的有机组成部分，通过代表特定阶层和人民团体，以政治协商的方式把群众参政议政的民主权利体现到国家治理的方方面面。

改革开放以来，党和国家加强了经济和社会体制改革，进一步承认了群团组织工作的自主性和灵活性，政治模式变得更为开明包容，空前地激发了群团组织参与经济建设的热情。1989年《中共中央关于加强和改善党对工会、共青团、妇联工作领导的通知》明确提出"工会、共青团、妇联是党领导的工人阶级、先进青年、各族各界妇女的群众组织，是党联系群众的桥梁和纽带，是国家政权的重要社会支柱"。2018年《中共中央　国务院关于实施乡村振兴战略的意见》进一步提出发挥工会、共青团、妇联、科协、残联等群团组织的优势和力量，支持农村产业发展、生态环境保护、乡风文明建设、农村弱势群体关爱等。

由于党的群团组织属于我国政党体系中的组成部分，这使其天然地具备协同开展国家治理的责任和使命，并参与乡村振兴工作。党的群团组织与党组织的联系，与国家行政机关的联系以及与特定社会基层和人民团体的联系，党的群团组织围绕着自身的任务和使命与党组织、国家机构、特定社会阶层建立起了各种密切的组织网络和制度性通道。[1] 这种组织形态使党的群团组织成为乡村振兴中一支不可忽视的组织力量，能够应对复杂的乡土社会环境，同时群团组织为各人群的代表性组织，在长期专门的工作中积累了大量针对特定人群的工作方法和工作经验，能够用专门知识和力量弥补农村基层党组织在基层治理方面的不足。广大群团组织针对职工、青年、妇女、少儿、老年举办学习活动的综合阵地和平台，为党在基层的执政基础添砖加瓦，赢得了人民群众的广泛好评。从浙江经验来看，诸如科协等还能组织更多专家型人才加强与群众的联系，通过他们，把科协组织打造成为"下接上

---

① 李笑宇：《国家治理现代化视域下党的群团组织发展的理论战略探析》，《上海党史与党建》2019年第10期。

攀中联"的枢纽，带动医疗、教育、农业等资源向基层倾斜，使党的好政策真正扎根在基层。①

三、加强乡村振兴国际经验交流

我国的乡村振兴相对于自身而言是史无前例的乡村振兴整体改革，而发达国家前期走过的道路更能为我国提供经验借鉴，特别是在组织振兴领域能为党和政府重构乡村组织格局提供参考。② 任何国家要进行乡村振兴工作，必然是意识到城乡的对立，在反思的基础上由政府发起而进行的全国性运动。那么不禁要问，国家社会体制不同，为何要学习国外的经验？其实当前在乡村振兴过程中遇到的一些问题，在国外的发展历程中或许能够找到有益的线索，例如尽管日本从 20 世纪 30 年代开始的"造村运动"有许多经验教训，但在我国较少引起探讨，更多人倾向于强调国情，对国外的经济史漠不关心，而是重新摸索道路，如农村救济工程的真正受益者是谁、城乡文化差异问题、如何建立一个强有力同时又灵活高效的执行组织的问题、农村社会内部协作与培育内生动力问题、农协自主与政府引导问题，诸如这些问题都可以从国外发展历史中找到部分答案。而收集世界乡村振兴的经验教训汇成专门智库将是最强大的发展合力，最终将帮助我国缩短乡村振兴的周期，在开放经济条件下，这也是马克思主义社会相对论所能达成的现实。③ 乡村振

---

① 参见陶建群等：《科协建设助力新时代经济高质量发展——群团改革的浙江探索》，《人民论坛》2019 年第 28 期。

② 古代乡村原本具有宗族组织和乡绅组织，承担着代理中央和地方政府治理百姓的作用，同时具有高度的自治性，这是千百年来乡村社会组织结构相对稳定的基础，故存在着"皇权不下县"的说法。从新中国成立开始到改革开放，这种固有组织逐步瓦解，而基层党组织和村民自治组织既可以从古代组织结构中寻求经验教训，也有必要研究国外乡村振兴组织发展情况。

③ 由于历史发展变化带来的偶然性，各种封闭、孤立的社会发展可能处于同一起跑线上。马克思正是在这个理论上提出了东方发展之路和超越卡夫丁峡谷的思想。历史证明，新中国成立前后由于剥削社会带来的封闭所导致的社会形态差异消失了，一些少数民族直接从原始社会进化到社会主义社会，如鄂伦春族。

兴国际经验交流的方式是多样化的,除了出国访问和调研,最有效的方式就是期刊杂志交流,诺贝尔经济学奖获得者舒尔茨认为发达国家期刊杂志订阅数远远高于发展中国家①,期刊杂志特别是国际期刊杂志领域的繁荣很大程度上反映了一国对于通过国际交流获取外部经验的热情,这也是确立国家在某一建设领域全球话语权的重要方面。此外,随着世界农业发展越来越呈现共性趋势,国际农业合作日益深化,农业早已经不是一国利益相关,而是通过国际分工传递给合作方国家,加强乡村振兴国际经验交流有利于实现国际利益最大化。新时代加强党对乡村振兴工作的领导,应该用开放包容的态度进一步拓展全球视角,以"一带一路"互学互鉴为契机,借鉴吸收其他国家的优秀文化成果。

---

① [美]西奥多·舒尔茨:《经济增长与农业》,郭熙保译,中国人民大学出版社2015年版。

主要参考文献

习近平：《之江新语》，浙江人民出版社 2013 年版。

《习近平谈治国理政》，外文出版社 2014 年版。

习近平：《做焦裕禄式的县委书记》，中央文献出版社 2015 年版。

习近平：《决胜全面建成小康社会　夺取新时代中国特色社会主义伟大胜利——在中国共产党第十九次全国代表大会上的报告》，人民出版社 2017 年版。

习近平：《谋划好"十三五"时期扶贫开发工作　确保农村贫困人口到 2020 年如期脱贫》，《人民日报》2015 年 6 月 20 日。

习近平：《认清形势聚焦精准深化帮扶确保实效　切实做好新形势下东西部扶贫协作工作》，《人民日报》2016 年 7 月 22 日。

习近平：《在深度贫困地区脱贫攻坚座谈会上的讲话》，《人民日报》2017 年 9 月 1 日。

《中共中央关于推进农村改革发展若干重大问题的决定》，人民出版社 2008 年版。

《中共中央关于全面深化改革若干重大问题的决定》，人民出版社 2013 年版。

《中共中央　国务院关于落实发展新理念加快农业现代化实现全面小康目标的若干意见》，人民出版社 2016 年版。

《中共中央　国务院关于实施乡村振兴战略的意见》，人民出版社 2018 年版。

《乡村振兴战略规划（2018—2022 年)》，人民出版社 2018 年版。

《〈中共中央关于坚持和完善中国特色社会主义制度、推进国家治理体系和治理能力现代化若干重大问题的决定〉辅导读本》，人民出版社 2019 年版。

《国务院关于促进乡村产业振兴的指导意见》（国发〔2019〕12 号)。

《中共中央办公厅　国务院办公厅印发〈关于加强和改进乡村治理的指导意见〉》，新华网，2019 年 6 月 23 日。

后 记

乡村振兴是篇大文章，写好这篇文章必须付出长期的、艰苦的努力，必须多方协同、举全国之力。作为农业大省，湖南省在乡村振兴战略实施中，要显示担当和作为。自新中国成立以来，特别是党的十八大以来，湖南省认真贯彻落实党中央决策部署，按照习近平总书记对湖南省提出的"三个着力"指示要求，深入推进农业供给侧结构性改革，大力推进农业现代化，农业农村发展取得重大成就，为实施乡村振兴战略打下了坚实基础。党的十九大正式提出乡村振兴战略的命题之后，湖南省按照产业兴旺、生态宜居、乡风文明、治理有效、生活富裕的总要求，加快推进农业全面升级、农村全面进步、农民全面发展，奋力谱写新时代乡村振兴的湖南篇章。

2018 年中央一号文件出台时，我们就开始思考农业大省的乡村振兴问题。《湖南省乡村振兴战略规划（2018—2022 年）》的颁布和实施，促使我们把想法付诸行动。经过一年多的努力，书稿终于成形。中共湖南省委党校（湖南行政学院）非常重视本书的写作，为本书提供了大力支持。本书是中共湖南省委党校（湖南行政学院）"教—科—咨"一体化创新工程的集体成果，由常务副校（院）长曹建华教授、教育长吴厚庆教授担任主编，经济学教研部副主任胡新良教授、科研部高辉副教授担任副主编。书稿写作的具体分工如下：第一章洪艳、邓建华；第二章孙翊锋；第三章胡新良；第四章来亚红；第五章徐芳；第六章高辉；第七章姜耀辉；第八章郝涛；第九章李宇；第十章宋安平；第十一章沈素索；第十二章吴厚庆、严恒；第十三章王搯欣。

感谢人民出版社蒋茂凝社长的精心指导和责任编辑段海宝老师为本书出版付出的艰辛劳动。本书作者在写作中参阅了许多专家学者的研究成果，限于篇幅不能一一列出，我们对研究成果的原作者表示衷心感谢。

由于作者水平有限，书中还存在不足，敬请读者谅解，并请提出宝贵意见。

责任编辑：段海宝

封面设计：胡欣欣

图书在版编目（CIP）数据

农业大省的乡村振兴之路研究／曹健华，吴厚庆　主编 . — 北京：
人民出版社，　2021.12

ISBN 978－7－01－024220－0

I.①农… II.①曹… III.①农村－社会主义建设－研究－湖南
IV.① F327.64

中国版本图书馆 CIP 数据核字（2021）第 248947 号

农业大省的乡村振兴之路研究
NONGYE DASHENG DE XIANGCUN ZHENXING ZHI LU YANJIU

曹健华　吴厚庆　主编

胡新良　高　辉　副主编

人 民 出 版 社 出版发行

（100706　北京市东城区隆福寺街 99 号）

北京九州迅驰传媒文化有限公司印刷　新华书店经销

2021 年 12 月第 1 版　2021 年 12 月北京第 1 次印刷

开本：710 毫米 × 1000 毫米 1/16　印张：19.5

字数：280 千字

ISBN 978－7－01－024220－0　定价：70.00 元

邮购地址 100706　北京市东城区隆福寺街 99 号

人民东方图书销售中心　电话（010）65250042　65289539

后　记

随着人工智能与信息技术的日益成熟，"21世纪技能""深度学习""核心素养"已成为描述"新时代新型人才"的热门词语。当今教育如何应对挑战？课程教学如何走向变革？这是每个中小学校长必须深入思考的问题，并需要通过提升领导力来从容应对。助力更多的中小学校长走上专业办学之路，正是我们研究团队不懈努力的方向。

2019年初，鉴于"深度学习"对我国教育教学改革的影响，我们选定以"深度学习视域下中小学校长教学改革领导力研究"为主题，开展课题研究和论著撰写。经过一年多的艰辛努力，书稿终于破茧而出，这要感谢课题组全体成员的团结协作和辛勤付出。论著具体任务分工为：张旺提出研究问题并确定写作选题，设计著作整体思路和写作框架，对全书进行审定，并撰写了序言；戴军撰写了"绪论"；刘津池撰写了第一章"深度学习视域下中小学校长教学改革领导力现状及影响因素"；党书坡撰写了第二章"深度学习视域下学校教学改革愿景模型构建"；陈禹撰写了第三章"深度学习视域下校长教学改革领导力目标体系构建"；何香仪撰写了第四章"深度学习视域下校长教学改革内驱力的提升"；李长娟撰写了第五章"深度学习视域下校长教学改革决策力的提升"；单丽撰写了第六章"深度学习视域下校长教学改革执行力的提升"；林琳撰写了第七章"深度学习视域下校长教学改革领导力实践探索"；李佳萍撰写了第八章"深度学习视域下校长教学改革领导力提升的保障"。党书坡、戴军和林琳在体例编排、资料梳理、组织研讨、著作统稿等方面承担了大量工作。

感谢参加研究的陈福校长、丁国君校长、关庆海校长、李丽辉校长、李庆哲校长、吕慧校长、钟梅校长、周文雁校长以及参与访谈和问卷调查的各位校长及教师，感谢他们给予我们实证的素材、精准的数据、智慧的启发和前行的动力。感谢本书所参考和引用的文献的作者；感谢前行中所有的同路人！本书的出版得到吉林人民出版社的大力支持，在这里，我们向吉林人民出版社的领导和编辑致以最诚挚的谢意！

回首写作的日子，我们经历了阅读的积累、实地的走访、思路的交流、观点的碰撞。一页页文字虽无法尽善尽美，亦未能穷尽想要表达的一切，但作为我们校长专业发展研究基地全体成员共同完成的第一个成果，已打开了一扇瞭望新视域的窗牖。书稿收官，沉淀下记忆与回响。且研且思在路上，且歌且行致远方！

课题组

2020年10月